京华通览

历史文化名城

主编／段柄仁

图解故宫

定界／著

北京出版集团公司

北 京 出 版 社

图书在版编目（CIP）数据

图解故宫 / 定界著. — 北京：北京出版社，
2018.8
（京华通览）
ISBN 978-7-200-13497-1

Ⅰ．①图… Ⅱ．①定… Ⅲ．①故宫—北京—图解
Ⅳ．①K928.74-64

中国版本图书馆CIP数据核字（2017）第267047号

出版人 曲 仲
策 划 安 东 于 虹
项目统筹 刘 迪 陶宇辰
责任编辑 陶宇辰
封面设计 田 晗
版式设计 云伊若水
责任印制 燕雨萌

本书中部分图片由全景网、微图网、林京提供。为了保留京华古韵和突出本丛书的特色，在本丛书封面和扉页等处设计了"京华通览"繁体字样式，以作为本丛书的特有标志，其他出版物非经同意不得使用。

京华通览
图解故宫
TUJIE GUGONG
定界 著

北 京 出 版 集 团 公 司
出版
北 京 出 版 社
*
（北京北三环中路6号）
邮政编码：100120

网 址：www.bph.com.cn
北京出版集团公司总发行
新 华 书 店 经 销
天津画中画印刷有限公司印刷
*
880毫米×1230毫米 16开本 15.25印张 70千字
2018年8月第1版 2022年11月第3次印刷
ISBN 978-7-200-13497-1
定价：89.00元

如有印装质量问题，由本社负责调换

质量监督电话：010-58572393

《京华通览》编纂委员会

《京华通览》编辑部

序 擦亮北京"金名片"

段柄仁

北京是中华民族的一张"金名片"。"金"在何处？可以用四句话描述：历史悠久、山河壮美、文化璀璨、地位独特。

展开一点说，这个区域在 70 万年前就有远古人类生存聚集，是一处人类发祥之地。据考古发掘，在房山区周口店一带出土的远古居民的头盖骨被定名为"北京人"。这个区域也是人类都市文明发育较早、影响深远之地。据记载，早在 3000 年前，就形成了燕、蓟两个方国之都，之后又多次作为诸侯国都、割据势力之都；元代作为全国政治中心，修筑了雄伟壮丽、举世瞩目的元大都；明代以此为基础进行了改造重建，形成了今天北京城的大格局；清代仍以此为首都。北京作为大都会，其文明引领全国、影响世界，被国外专家称为"世界奇观""在地球表面上，人类最伟大的个体工程"。

北京人文的久远历史和生生不息的发展，与其山河壮美、宜生宜长的自然环境紧密相连。北京坐落在华北大平原北缘，"左环沧海，右拥太行，南襟河济，北枕居庸""龙盘虎踞，形势雄伟，南控江淮，北连朔漠"，是我国三大地理单元——华北大平原、东北大平原、蒙古高原的交汇之处，是南北通衢的纽带，东西连接的龙头，东北亚环渤海地区的中心。这块得天独厚的地域，不仅极具区位优势，而且环境宜人、气候温和、四季分明。在高山峻岭之下，有广阔的丘陵、缓坡和平川沃土，永定河、潮白河、拒马河、温榆河和蓟运河五大水系纵横交错，如血脉遍布大地，使其顺理成章地成为人类祖居、中华帝都、中华人民共和国首都。

这块风水宝地和久远的人文历史，催生并积聚了灿烂文化，文物古迹星罗棋布，不少是人类文明的顶尖之作，已有1000余项被确定为文物保护单位。周口店遗址、明清皇宫、八达岭长城、天坛、颐和园、明清帝王陵和大运河被列入世界文化遗产名录，60余项被列为全国重点文物保护单位，220余项被列为市级文物保护单位，40片历史文化街区，加上环绕城市核心区的大运河文化带、长城文化带、西山永定河文化带和诸多的历史建筑、名镇名村、非物质文化遗产，以及数万种留存至今的历史典籍、志鉴档册、文物文化资料，《红楼梦》、京剧等文学艺术，早已成为传承历史文明、启迪人们智慧、滋养人们心灵的瑰宝。

中华人民共和国成立后，北京发生了深刻的变化。作为国家首都的独特地位，使这座古老的城市成为全国现代化建设的领头雁。《北京城市总体规划（2016年—2035年）》的制定和中共中央、国务院的批复，确定了北京是全国政治中心、文化中心、国际交往中心、科技创新中心的性质和建设国际一流的和谐宜居之都的目标，大大增加了这块"金名片"的含金量。

伴随国际局势的深刻变化，世界经济重心已逐步向亚太地区转移，而亚太地区发展最快的是东北亚的环渤海地区、京津冀地区，而北京正是这个地区的核心，建设以北京为核心的世界级城市群已被列入实现"两个一百年"奋斗目标、中国梦的国家战略。这就又把北京推向了中国特色社会主义新时代谱写现代化新征程壮丽篇章的引领示范地位，也预示了这块热土必将更加辉煌的前景。

对于北京这张"金名片"，如何精心保护，全面展示其风貌，尽力挖掘其能量，使之永续发展、永放光彩并更加明亮？这是摆在北京人面前的一项历史性使命，一项应自觉承担且不可替代的职责，需要做整体性、多方面的努力。但保护、展示、挖掘的前提是对它的全面认识，只有认识才会珍惜，才能热爱，才可能尽心尽力、尽职尽责，创造性完成这项释能放光的事业。而解决认识问题，必须做大量的基础文化建设和知识普及工作。近些年，北京市有关部门在这方面做了大量工作，先后出版了《北京通史》（10卷本）、《北京百科全书》（20卷本），各类志书近900种，以及多种年鉴、专著和资料汇编等，为擦亮北京这张"金名片"做了可贵的基础性贡献。但是这些著述大多是服务于专业单位、党政领导部门和教学科研人员。如何使其承载的知识进一步普及化、大众化，出版面向更大范围群众的读物，是当前急需弥补的弱项。为此我们启动了《京华通览》系列丛书的编写，采取简约、通俗、方便阅读的方法，从有关北京历史文化的大量书籍资料中，特别是卷帙浩繁的地方志书中，精选当前广大群众需要的知识，尽可能满足北京人以及关注北京的国内外朋友进一步了解北京的历史与现状、性质与功能、特点与亮点的需求，以达到"知北京、爱北京，合力共建美好北京"的目的。

这套丛书的内容紧紧围绕北京是全国的政治、文化、国际交往和科技创新四个中心，涵盖北京的自然环境、经济、政治、文化、社会等各方面的知识，但重点是北京的深厚灿烂的文化。突出安排了"历史文化名城""西山永定河文化带""大运河文化带""长城文化带"四个系列内容。资料大部分是取自新编北京志，并进行压缩、修订、补充、改编。也有从已出版的北京历史文化读物中优选改编和针对一些重要内容弥补缺失而专门组织的创作。作品的作者大多是在北京志书编纂中实干型的骨干人物和在北京史志领域著述颇丰的知名专家。尹钧科、谭烈飞、吴文涛、张宝章、郗志群、姚安、马建农、王之鸿等都有作品奉献。从这个意义上说，这套丛书中不少作品也可称"大家小书"。

总之，擦亮北京"金名片"就是使蕴藏于文明古都中的丰富多彩的优秀历史文化"活"起来，充满时代精神和首都特色的社会主义创新文化强起来，进一步展现其真善美，释放其精气神，提高其含金量。

2017年11月

紫禁城全景图

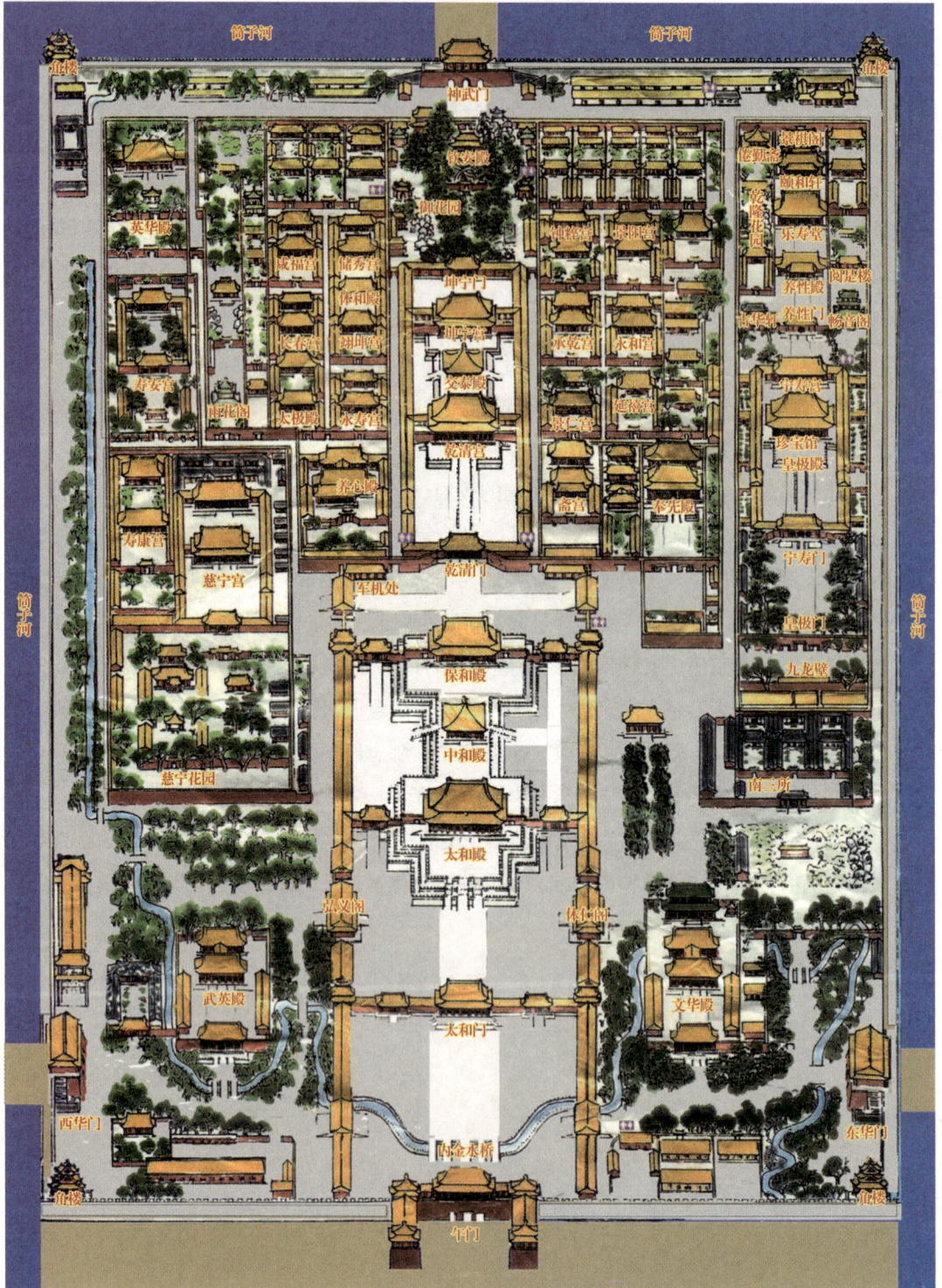

筒子河　　筒子河

角楼　　角楼

神武门

筒子河　　筒子河

英华殿
御花园
钦安殿
景祺阁
倦勤斋
颐和轩
乐寿堂
乾隆花园
咸福宫　储秀宫
体和殿
长春宫　翊坤宫
养性殿
符望阁　养性门
畅音阁
钟粹宫　景阳宫
坤宁门
坤宁宫
承乾宫　永和宫
寿安宫
雨花阁
太极殿　永寿宫
交泰殿
乾清宫
延禧宫
景仁宫
一寿堂
珍宝馆
皇极殿
养心殿
斋宫
奉先殿
寿康宫
慈宁宫
军机处
乾清门
宁寿门
皇极门
九龙壁
保和殿
慈宁花园
中和殿
太和殿
南三所
弘义阁
体仁阁
武英殿
文华殿
太和门
西华门
东华门
内金水桥
角楼　　角楼
午门

目 录

001 | 至高无上的紫禁城

007 | 紫禁城的神秘元素

伟大中轴线上的奇迹 / 008

外城·内城·皇城·宫城 / 009

紫禁城的营建 / 010

天帝所居的紫微垣 / 012

角楼 / 013

护城河——筒子河 / 014

紫禁城的用料 / 015

紫禁城的排水、照明 / 016

紫禁城的用药、便器 / 017

紫禁城的取暖、消暑 / 018

紫禁城主体建筑的颜色 / 019

紫禁城的妃嫔数目 / 020

紫禁城的太监数目 / 021

紫禁城的门钉、9999间半房 / 022

紫禁城皇帝乘坐的轿子 / 023

紫禁城皇帝的进膳 / 024

紫禁城妃嫔的归宿 / 025

紫禁城宫女的生活 / 026

027 | 走进紫禁城

天安门 / 028

金水桥、华表、石狮 / 031

端门 / 032

午门 / 033

037 | 外朝三大殿

太和门 / 038

太和殿 / 042

中和殿 / 055

保和殿 / 056

059 | 内廷后三宫

乾清门 / 060

军机处 / 063

乾清宫 / 065

交泰殿 / 074

坤宁宫 / 078

081 | 御花园

御花园中路 / 082

御花园东路 / 086

御花园西路 / 089

神武门 / 092

093 | 养心殿

103 | 西六宫

永寿宫 / 104

太极殿 / 109

长春宫 / 112

翊坤宫 / 116

储秀宫 / 119

咸福宫 / 127

129 | 东六宫

景仁宫 / 130

承乾宫 / 136

钟粹宫 / 140

延禧宫 / 145

永和宫 / 147

景阳宫 / 151

155 | 斋宫、毓庆宫、奉先殿

斋宫 / 156

毓庆宫 / 158

奉先殿 / 162

165 | 宁寿宫区域

九龙壁与皇极门 / 166

皇极殿与宁寿宫 / 169

养性殿 / 179

乾隆花园 / 182

畅音阁、阅是楼 / 186

乐寿堂 / 189

颐和轩 / 193

景祺阁、珍妃井 / 196

201 | 太后宫区域

慈宁宫 / 202

寿康宫 / 206

英华殿 / 211

建福宫区域 / 213

215 | 文华殿区域

文华殿 / 216

文渊阁 / 220

南三所 / 223

内阁 / 225

东华门 / 227

229 | 武英殿区域

武英殿 / 230

断虹桥 / 233

西华门 / 234

至高无上的紫禁城

　　紫禁城，又称故宫，是中国明清两代王朝在北京的皇宫，它不仅是中国现存最大、最完整、最壮丽的古代宫殿建筑群，也是中国历代皇宫建筑的集大成者。紫禁城从明永乐四年（1406 年）开工，到永乐十八年（1420 年）才最终建成。此后的 600 年里，紫禁城一直巍然耸立于北京城中心，掌控天下。

　　在明代之前，辽、金、元三代都以北京作为都城，也都曾兴建巍峨壮丽的皇宫，但都已在战火中灰飞烟灭。洪武元年（1368 年），明军攻占元大都，但明太祖并未考虑将都城迁至此地。他曾命人考察洛阳、长安，甚至自己的故乡凤阳，但最终还是选择自己的"龙兴之地"——富庶繁华的金陵为都城，并在金陵东南的紫金山下修建了壮丽的皇宫。而北京的元朝宫殿则被拆毁，改为皇四子朱棣的王府，称北平府。然而南京皇宫是在填湖形成的平地上建造的，日子一长，地基沉陷，导致皇宫积水，朱元璋对此深感遗憾。

▲ 俯瞰紫禁城

▲ 夜幕下的紫禁城角楼

朱元璋去世后不久，其四子朱棣便兴兵夺取皇位，朱棣看到了南京皇宫的弊端，也认识到了北方蒙古骑兵的威胁，于是他决定迁都于自己的"龙兴之地"——北平府。他在元大都的基础之上，修建了宏大的北京城。他以南京皇宫为蓝本，召集修建南京皇宫的苏州工匠，在北京城的中轴线上修建了更加壮丽的紫禁城。

这座皇宫南北长 960 米，东西宽 750 米，占地面积为 72 万多平方米，四周城墙高 10 米，外围还有 52 米宽的护城河环绕。城墙内是红墙黄瓦的"宫殿之海"，据说共有房间 9999 间半，仅比传说中的天宫房间少半间。紫禁城的建筑多是木结构、黄琉璃瓦顶、青白石底座，饰以金碧辉煌的彩画。这些宫殿沿南北向的中轴线排列，并向两旁展开，左右对称。紫禁城前半部为外朝，主要以午门、前三殿为主体，以文华殿、武英殿为侧翼，是皇帝举行各种典礼和政治活动的地方。紫禁城后半部为内廷，主要有后三宫、御花园、养心殿、斋宫以及东、西六宫等，是皇帝、后妃和皇子居住及处理日常政务的地方。

在紫禁城横空出世之前，中国古代曾出现过若干版本的皇宫。几乎历朝历代建都之时都会大兴土木，以高大巍峨的殿宇来宣示自己皇权的威严。在历朝历代的宫殿中，北京的紫禁城并不是最大的，秦代的阿房宫、汉代的未央宫、唐代的大明宫都比紫禁城大得多，甚至南京的明代皇宫也比紫禁城更加宽阔，但紫禁城建筑的雅致和优美却是历代皇宫之首。

紫禁城内的殿宇、围廊形成了大大小小的广场，在出入各门时给人以不同的空间感受。在殿宇上，庑殿顶、歇山顶、攒尖顶，单檐、重檐等交替运用，使建筑外观富于变化。在建筑细部，彩绘、藻井、脊饰、室内陈设都极尽精美，运用了鎏金、烫金、石刻、琉璃烧造、铜铸等多种复杂的传统工艺，而且这些工艺的使用都是不计工本的，而其效果也令人惊叹。

同时，紫禁城的布局处处都体现着中国古代的儒家思想，总体上是根据《周礼·考工记》中"前朝、后市、左祖、右社"的原则设计的。所谓"前朝"，即故宫南侧的百官衙署，是文武百官议政的地方。"后市"是指明清两代紫禁城的后面有一个很大的交易市场，以满足宫廷生活的需要。"左祖"即故宫左侧的太庙（现为劳动人民文化宫），是皇帝祭祀祖先的地方。"右社"即皇宫右侧的社稷坛（现为中山公园），是皇帝祭祀土地神、谷物神的场所。紫禁城的内部则按照"前朝后寝""五门三朝""左文右武"等理念布局。各个建筑的大小、饰物的多少、彩画的繁简等都严格按照等级、尊卑来安排，处处体现出帝王的尊严与权威。另外，儒家思想中的天人感应、阴阳五行也得到了充分运用，无论是宫殿布局等宏观方面，

▲ 劳动人民文化宫（"左祖"）的太庙享殿

▲ 中山公园（"右社"）的中山堂

▲ 紫禁城最宏伟的建筑——太和殿

还是建筑装饰等细节部分，都能体现古人的非凡智慧与良苦用心。

　　紫禁城自建成以来使用了将近 600 年，共有明清两代 24 位皇帝在此居住。在这近 600 年中，紫禁城一直都是中国的权力中心，它就像一个大型舞台，各色人物在舞台上轮番登场，围绕皇权演绎了一场又一场惊心动魄的宫廷争斗。这些争斗故事，或慷慨激昂，或荒诞可笑，或感人至深，或发人深省。如今皇权霸业早已灰飞烟灭，荣华富贵也成了过眼云烟，只剩这些华丽的宫殿依然矗立，作为那段历史的见证存留至今。

　　正所谓"外行看热闹，内行看门道"，对于紫禁城内的这些玄机与门道，没有一定的学术功底，是很难看出来的。作为中华民族宝贵的文化遗产，几乎每个人都有兴趣去了解紫禁城。然而如果你的了解仅仅限于那些宫殿的辉煌、帝王的奢华等表面现象，那就辜负了这片世界遗产、民族瑰宝。

　　本书深入紫禁城的各个角落，详细讲述宫廷背后的玄机、殿宇的功能与使用、建筑的等级、装饰的细节，以及发生在那里的历史故事和与之相关的历史人物等。同时，本书讲述的内容涵盖了紫禁城内的几乎所有宫殿，不仅有已经开放的三大殿、后三宫、东西六宫、宁寿宫、文华殿、武英殿，还有至今仍宫门紧锁的禁地，如慈宁宫、重华宫、建福宫、南三所、内阁大堂、南熏殿等，可使读者全面而深入地了解紫禁城，真正穿越到那个"皇恩浩荡"的时代，去感受那恢宏庄严之下一幕幕宫廷争斗的"步步惊心"。

紫禁城简史

1406 年（永乐四年），明成祖下令仿照南京皇宫营建北京宫殿。

1420 年（永乐十八年），北京宫殿竣工。次年四月发生大火，三大殿被焚毁。

1440 年（正统五年），重建前三殿及乾清宫。

1557 年（嘉靖三十六年），紫禁城大火，前三殿、奉天门、文武楼、午门全部被焚毁，至 1561 年才全部重建完成。

1597 年（万历二十五年），紫禁城大火，焚毁前三殿、后三宫。复建工程直至 1627 年（天启七年）才全部完成。

1644 年（崇祯十七年），李自成攻陷北京，明朝灭亡。李自成在武英殿登基，撤退前焚毁紫禁城，仅武英殿、南熏殿、四周角楼、皇极门等少数建筑未焚，其余建筑全部被损毁。同年九月清顺治皇帝从沈阳迁都至北京，入住紫禁城。此后历时 14 年，对中路建筑进行了修复。

1683 年（康熙二十二年），开始重建紫禁城其余被毁的部分建筑，至康熙三十四年基本完工。

1735 年（雍正十三年），乾隆帝即位，此后 60 年间对紫禁城进行大规模增建和改建。

1813 年（嘉庆十八年），天理教教徒林清率起义军攻打紫禁城。

1900 年，八国联军攻陷北京。八国联军在紫禁城阅兵。

1911 年，武昌起义爆发，清帝退位。但按照与民国签订的优抚条件，清皇室成员仍然居住于紫禁城内。

1923 年，建福宫发生火灾。

1924 年，冯玉祥发动"北京政变"，驱逐清帝溥仪。

1925 年，在紫禁城的基础上建立故宫博物院。

1933 年，故宫博物院文物南迁，以躲避日本侵略。

1948 年，故宫博物院一部分南迁文物被运往台湾。

1949 年 1 月，北平解放后，故宫博物院恢复开放。

1961 年，经国务院批准，北京故宫被定为全国第一批重点文物保护单位。

1987 年，北京故宫被联合国教科文组织列入世界文化遗产名录。

2005 年，北京故宫开始进行为期 19 年的大修。

▲ 故宫珍藏的金银器，做工精巧，件件价值连城

紫禁城的神秘元素

恢宏、华丽、森严的紫禁城，无论是其位置、营建者，还是其用料、主体颜色等，无不吸引着中外研究者、旅游者的目光。

伟大中轴线上的奇迹

　　先有中轴线，后有北京城。自元代开始，北京城即围绕纵贯皇宫的中轴线展开。明代的北京城继承了元代的中轴线，并将其延长。明清时期，京城中轴线贯通外城、内城、皇城、宫城，从城南永定门开始，依次排列着十座城门——永定门、正阳门、中华门、天安门、端门、午门、太和门、乾清门、神武门、地安门，一直向北延伸到鼓楼和钟楼，全长约8000米。而神秘的紫禁城就位于这条中轴线的中部，紫禁城内的主要建筑——午门、太和门、前三殿、后三宫、钦安殿等也都是沿着这条中轴线展开的。

　　北京的中轴线就像一部伟大的乐章，永定门是起始，鼓楼是尾音，而肃穆、威严地矗立着的紫禁城则是高潮，堪称人类建筑史上的奇迹。

▲ 俯瞰北京中轴线

外城·内城·皇城·宫城

明清北京城是在元大都的基础上修建的，有外城、内城、皇城、宫城数重城垣。

外城位于京城南部，是明嘉靖年间按照"城必有廓，城以卫君，廓以卫民"的规制而建造的。当时准备在内城四周均建外城，但因财力所限，只完成了南侧的外城。外城北接内城的南城墙，周长28里，有门七座：南侧中有永定门，左安门、右安门分列东西；东侧有东便门、广渠门；西侧有西便门、广安门。

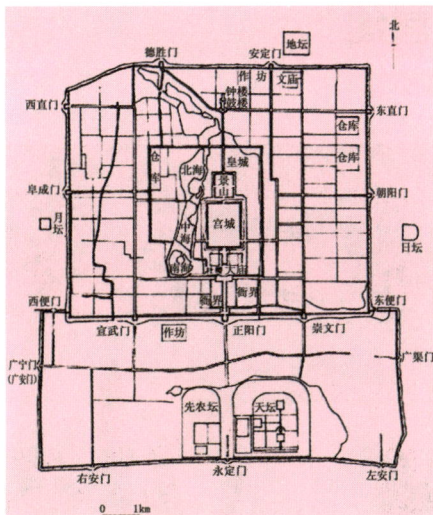

▲ 明北京城示意图

内城又称大城，是北京城的主体。城周45里，建有高大的城墙，城墙外有宽阔的护城河。内城有九座城门：南侧中有正阳门，崇文门、宣武门分列东西；东有朝阳门、东直门；西有阜成门、西直门；北有安定门、德胜门。在明代，内城和外城均为百姓的居所。到了清代，内城为旗人的居所，诸多王府也分布于城中，汉民则被迁至南城。

皇城在内城中部南侧，是朝廷办事机构的所在地。城周18里，正南有一个"T"形广场，广场有城门四座，即南为中华门（明代称大明门，清代称大清门），东西两侧为长安左门和长安右门，北侧正中为天安门（明代称承天门）。皇城东侧还有东安门，西侧有西安门，北侧中轴线上又有地安门（明代称北安门）。明清两代，皇城以内均是禁地，宫城、朝廷、西苑均位于皇城以内，百姓不得擅入。

宫城即紫禁城，位于皇城中央的中轴线上，是皇帝理政、居住之所，是真正的天下之中。古人认为皇帝的宫城对应着天上天帝所居的紫微垣，故又称紫禁城。紫禁城四周被筒子河所环绕，东南西北各开一门，南为午门，东为东华门，西为西华门，北为神武门。宫门之内就是红墙黄瓦的宫殿之海——紫禁城了。

▲ 天安门

德胜门箭楼

德胜门在京城北面，按星宿来讲，北属玄武，而玄武主刀兵，所以出兵走德胜门。取名德胜门，既有"以德取胜"，又有"旗开得胜"之意。

紫禁城的营建

▲ 明皇宫蜡像馆中朱棣迁都北京的场景

明成祖朱棣通过"靖难之役"取得帝位后不久，便召集全国优秀工匠营建北京皇宫。在这场工程浩大的建设中，许多工匠都发挥了他们的聪明才智，蒯祥、陆翔、杨青等都是他们中的杰出代表，当然还有更多优秀工匠没能留下自己的名字。历史上，紫禁城屡毁屡建，明代的维修者已不可考，但在整个清代，"样式雷"家族几乎承担了所有紫禁城及皇家园林、皇家陵寝的设计建造与维修改建，正是通过他们以及众多工匠的努力，紫禁城才能永葆青春，延续至今。

明成祖朱棣为什么要迁都北京

明朝建立后，最初定都在南京。永乐四年（1406年），明成祖朱棣下令营建北京皇宫。永乐十九年（1421年），紫禁城建成后朱棣决定把都城迁往北京，原因主要有以下几点：

（1）元朝灭亡后，其后裔经常骚扰北方，为维护北部边疆的稳定和造福子孙后代，朱棣决定迁都北京。

（2）一方面，北京是燕王朱棣的发迹之地，其起事时的宿将谋臣在功成之后难免有思乡之情；另一方面，"靖难之举"虽"义正词严"，但难免有失忠、恕、仁、义之嫌，朱棣始终有一种不安的心理。因此离开南京，将京师建在自己熟悉的北京，他心理上能得到某种平衡。

（3）北京地处联系中原、西北、东北的枢纽要地，战略地位非常重要。

（4）在朱棣内心深处有一个宏伟的天下观，他不想做一个平平淡淡的"守成之君"，他想有一番作为，以恢复因为"靖难之役"而对自己名誉造成的不利影响和证明自己的雄才伟略。

▲ 明成祖朱棣

紫禁城的建造者

据历史记载,从永乐元年(1403年)朱棣颁诏改北平为北京开始,朱棣多次从各地迁移人口至北京,拉开了营建北京城的序幕。永乐四年(1406年),

▲ 蒯祥

朱棣颁诏开始营建紫禁城,主持营建工程的有泰宁侯陈珪、工部侍郎吴中、刑部侍郎张思恭、设计师蔡信。启用了修建南京故宫时的一些工匠,如石工陆祥、瓦工杨青等。

紫禁城工程开工后不久,受到长陵建设和朱棣两次北征的影响,工程进度放慢,直到永乐十六年(1418年)才开始集中力量进行修建,这次由蔡信统筹安排,在木工蒯祥、石工陆祥、瓦工杨青的配合下于两年后基本完工。

由此可见,紫禁城的营建是众多工匠合作的结晶,木工蒯祥则是他们中的杰出代表。蒯祥(1398—1481)是吴县(今属苏州)人,世代木工巧匠出身,被奉为江南苏式建筑"香山帮"祖师,有"蒯鲁班"之称。他的祖父蒯思明技艺精湛,名闻遐迩。他的父亲蒯福曾主持南京皇宫的木作工程。北京皇宫初建时,年仅20岁、已有"巧匠"美誉的蒯祥随父到达北京。他除了参与营建紫禁城外,还参与或主持了长陵、献陵、景陵、裕陵以及南宫、西苑的兴建。三大殿被焚毁后,他又主持了重建工作。他一生历任工部主事、工部右侍郎、工部左侍郎、工部侍郎,官居二品,83岁去世,最后归葬故里。

"样式雷"家族

"样式雷"家族是清代负责主持皇家建筑设计的雷氏建筑世家,因长期掌管样式房而得名。自始祖雷发达(字明所,江西建昌人)开始,其家族七代世袭清朝样式房掌案,贯穿清朝始终。清代紫禁城的重建与修缮、西郊皇家园林、避暑山庄、清东陵、清西陵的等重大皇家建筑的设计与建造几乎都出自这一家族。

雷发达(1619—1693)是"样式雷"家族的始祖,他开始在南京谋生,康熙二十年来到北京,参与紫禁城的修复与重建。其长子雷金玉子承父业,在畅春园的营建中因技艺高超而被康熙帝召见。在雍正帝大修圆明园时,亭台楼阁的设计烫样几乎都出自雷金玉之手。第四代"样式雷"雷家玺曾操办紫禁城中宁寿宫花园工程,崇庆太后万寿庆典的点景戏台、绮春园、清昌陵等修建也都是他主持的。第七代"样式雷"雷廷昌则负责过颐和园的设计和修建。目前,中国被列入世界文化遗产的建筑中有1/5都出自样式雷家族。

"样式雷"在营建官殿前都会画好图纸,并按比例做好"烫样",上呈皇帝御览。2007年,"样式雷"建筑图档入选联合国世界记忆名录。

▲ 雷发达

"样式雷"图样

"样式雷"是对清代200多年间主持皇家建筑设计的雷氏家族的誉称。当时,主要的皇室建筑如官殿、皇陵、圆明园、颐和园等的设计都是雷氏家族负责的。

天帝所居的紫微垣

中国古人将天上星辰划分为"三垣四象二十八宿"。所谓"三垣"，即位于北天中央的紫微垣和其两侧的太微垣、天市垣。紫微垣包括北天极附近的天区，大体相当于拱极星区，如大熊、小熊、天龙、仙王、仙后等，多以皇帝和贵胄命名，如帝、太子、太尊。太微垣包括室女、后发、狮子等星座的一部分，中国古代多以大臣官职命名，如三公、九卿、虎贲、从官、幸臣等。天市垣包括蛇夫、武仙、巨蛇、天鹰等星座的一部分，中国古代多以与市井商贾有关的事物命名，如斗、斛、肆、楼等。紫微垣相当于天帝的宫殿，是天帝所居之处，这里是天上的中枢，群星皆围绕其运行。太微垣则是天帝的诸侯、大臣，天市垣则是天上的街市。

古人讲究天人感应，天上的星宿对应人间万物。北京皇宫之所称为紫禁城，其"紫"即来自紫微垣，以天子所居对应天帝所居。所谓"禁城"，是指这里是高墙和城池围起来的皇家禁地，一般人等不得擅入。

▲ 高高的紫禁城城墙将百姓与"深宫禁地"隔绝

角楼

　　紫禁城角楼是由四面"凸"字形平面组合而成的多角建筑，屋顶有三层，上层是纵横搭交的歇山顶，由两坡流水的悬山顶与四面坡的庑殿组合而成，因这种屋顶上有九条主要屋脊，故称九脊殿。中层采用"勾连搭"的做法，用四面抱厦的歇山顶环拱中心的屋顶犹如众星拱月。下层檐为一环半坡顶的腰檐，使上两层的5个屋顶形成一个复合式的整体。由于角楼的各部分比例协调，檐角秀丽，造型别致，成为紫禁城的标志，尤其是夜间从碧波荡漾的水中观赏其倒影，颇有人间仙境的景象，令人称奇。

▲ 与蓝天、白云、护城河相映照的紫禁城角楼

歇山顶

歇山顶，又名九脊顶，是古代汉族建筑屋顶样式之一，分为单檐和重檐两种，在等级上仅次于庑殿顶。因为其正脊两端到屋檐处中间折断了一次，分成垂脊和戗脊，好似"歇了一歇"，故称歇山顶。

护城河——筒子河

　　明永乐年间改建北京城时，在紫禁城外开凿了护城河。明代，外筒子河只围绕紫禁城东、北、西三面，分别称为东华门筒子河、神武门北筒子河、西华门筒子河。护城河作为紫禁城的第一道防线，起到保卫四面城垣的作用，使敌人难以攻城，即人们常说的"金城汤池、深沟高垒"。既然是护城河，就应该四面环绕，而不能南面无河。所以，清乾隆二十五年（1760年），将午门右边的紫禁城河水从西阙门外右板桥下面的暗沟引入西阙门，由午门前面石板道下的暗沟引向东流，经东阙门石板道下的暗沟流入太庙（今劳动人民文化宫）。这条长70丈9尺9寸的暗沟定名为午门暗筒子河。至此，紫禁城护城河才形成今天的模样。

　　外筒子河的水流入紫禁城内形成了内筒子河。内筒子河的水源来自神武门西靠近西北角楼城墙根下面的进水闸，由一条南北走向的地道穿过城墙转道紫禁城里改为明沟。筒子河除了防卫之外，还有防火和为紫禁城用水提供水源之用。在清代，筒子河中还种了莲藕，每年采摘后供宫中食用，用不完的则卖掉，所得银钱成为宫中内帑备用。

▲ 宽阔的护城河是护卫紫禁城的一道屏障

紫禁城的用料

木料

　　明代时修建紫禁城的木料主要使用云南、四川、广东、广西的楠木。采运木料十分艰难，这些大树生长在野兽遍布的原始森林中。"入山一千，出山五百"就是对采木工人的真实记述。大树伐下来后，先放在山上，待雨季来临，洪水暴发时将木料冲下山，编成木排，经过水路运到京城，存放在崇文门外的神木厂。到了清代，南方的楠木几乎已经采伐殆尽，康熙帝重修三大殿时找不到楠木，只能从东北采伐松木替代。如今要想看看明代金丝楠木大殿的风采，只能去明长陵祾恩殿了。

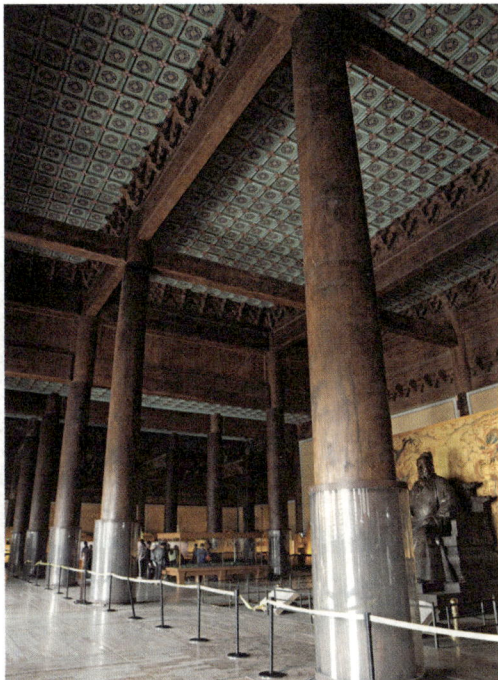

▲ 长陵祾恩殿金丝楠木柱（与明初紫禁城的木料一致）

石料、砖

　　北京周边的房山大石窟，以及门头沟、顺义、河北曲阳、蓟县盘山等都是石料的产地，品种有青白石、汉白玉、青砂石、花岗石等，尤以房山大石窝的汉白玉用量最大。

　　修建紫禁城所用的砖都是特制的，不同材料的砖来自不同的产地，城墙上的城砖和地面上使用的澄浆砖是在山东临清制作的，殿内的金砖是江南苏州等地制作的，此砖做工精细、工序复杂，造价极高，故称"金砖"。

　　另外，紫禁城墙上的红色颜料取自山东鲁山、博山，杏黄色颜料来自河北宣化烟筒山，屋顶的琉璃瓦则来自北京城南的琉璃厂。

▲ 紫禁城中的汉白玉喷水龙头

紫禁城的排水、照明

排水

紫禁城的排水问题早在营建紫禁城时，工匠们就已充分考虑到了。

当时开凿内金水河，水从紫禁城西北角城垣外护城河引入，从东南角城垣下流出，其目的之一就是供排水之用。

紫禁城内各宫殿的庭院都是中高、边低，北高、南低。其排水方法主要是利用地面坡度，使雨水通过石槽流入各种明沟、暗沟。紫禁城用于排水的明沟、暗沟纵横交织，沟通各个宫殿庭院，形成一个巨大而完整的排水网络，将东西方向的水汇流于南北走向的干线内，然后流入内金水河，排出城外。

▲ 紫禁城西六宫的排水孔

明清两代每年春季都要按时整修沟渠。因此，排水的沟渠至今仍能起到较好的排水作用。

照明

在明清两代，皇宫里夜间照明主要是用各种灯具，光源主要是蜡烛。清代末期，宫内安装上了电灯，开始用电照明。

在紫禁城的东、西一长街和东、西二长街上都有路灯。这种路灯高1米多，上面铜制的楼阁型灯框的四面镶有玻璃，里面点上蜡烛，可以照明。

紫禁城内廷各宫殿的灯具更是五颜六色、琳琅满目。特别是每逢重大节日时，各宫殿都要增设灯具。灯具上绘有各式各样的彩画，千姿百态。

目前，漱芳斋、储秀宫后殿还保留着清代末期悬挂电灯的各式灯架和灯伞。

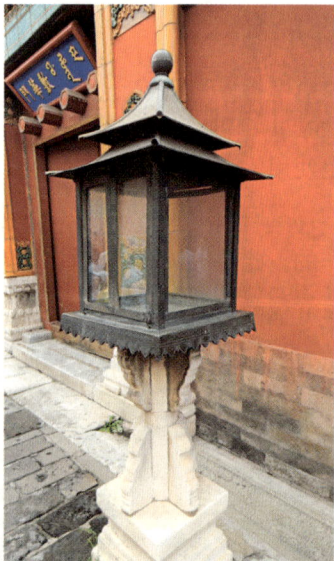

◀ 宫灯

紫禁城的用药、便器

用药

清代皇帝、后妃、皇子、公主等人生病，都由太医院的太医诊断、开方、配药，进行治疗。太医院是宫中的医疗机构，最高首领叫院使，下设御医、医士、医生等，统称太医。

▲ 宫廷嫔妃使用的各种药盒

值班太医为皇帝看病时，都要由御医房的太监带领前往。太医和太监都要在药方上签名。煎药时，太医和太监在旁边监视。煎好后分两杯装：一杯由主治太医先尝，太监也要尝一点；另一杯进呈皇帝服用。

皇帝服药后，如果病情不见好转，甚至病情加剧或死亡，太医就要被治罪，甚至被杀头。皇帝到外地出巡时也要有太医跟随，随时应召给皇帝治病。

另外，后妃、皇子、公主等人生病时，治病方法也与皇帝相同。

敬事房里的药碾子

太监用的装药罐

便器

▲ 慈禧太后用的"官房"

过去皇宫里不设厕所，是因为当时宫内没有下水道设备。如果设置厕所，宫内人员众多，天长日久，紫禁城恐怕就会被臭气笼罩。

既然宫内不设厕所，那么他们大小便用什么器具，又怎样处理粪便呢？原来皇帝、皇后、妃嫔以及太监、宫女等人的大小便都使用各种形状的便器。

皇帝和后妃使用的便器叫"官房"，有木制、锡制和瓷制的。他们大小便就在寝宫之中，便后由太监、宫女来收拾清理。

太监、宫女等使用的便器叫便盆。放置便器的地方叫"净房"，"净房"分布在皇宫内各个角落。这些地方都备有恭桶、便盆等。解大便时，盆内放炭灰，事后用炭灰撒盖，炭灰既能吸收水分，又能消除臭味。解小便后，倒进恭桶，每天由小太监清理。最后，由太监们定期将粪便运到宫外。

紫禁城的取暖、消暑

取暖

冬季的北京较寒冷，因此，紫禁城各宫殿的取暖就显得极为重要，其方法有主要三种：

一是自然取暖。紫禁城的宫殿都是坐北朝南，屋顶覆盖很厚，墙壁砖缝严密，能起到很好的保温效果。

二是炉火取暖。紫禁城前三殿冬季举行大典时，都安置火盆和熏炉。所用的木炭都是上好的红罗炭。这种木炭火热耐烧、灰白不爆。

三是地炕取暖。在帝、后居住的宫殿都有东暖阁和西暖阁。在暖阁窗外廊檐下的地面上挖有约1.5米深的地洞，洞内砌有纵横交错的火道。在洞内砌有砖炉，燃烧木炭，或放进点燃的火炉子，可使暖阁内地面升温。

▲ 紫禁城中的取暖香炉

消暑

北京属于大陆性气候，冬冷夏热。因此，紫禁城宫殿都是顶高墙厚，便于隔热防寒。尤其是宫殿前后两面都有窗户，便于夏季通风、透气。

夏季，各宫殿廊檐下都挂上窗帘，院内均搭凉棚，以遮挡强烈阳光。另外，紫禁城内设有5处冰窖，位于隆宗门外西南造办处附近。冬季御河结冰，将冰凿成方块后拉入冰窖，以备夏季消暑之用。夏季来临，长春宫、储秀宫等处都设有冰桶，可用来冰镇食物，制作冷饮。

清代自康熙以后，每到夏天，皇帝都要到圆明园、颐和园和承德避暑山庄等地去避暑。

▲ 乾清宫的雕花窗格

紫禁城主体建筑的颜色

▲ 紫禁城宫殿的黄瓦

走进紫禁城，眼前最明显的是红墙黄瓦。紫禁城的建筑为什么普遍使用红、黄二色呢？原来在我国古代阴阳五行说中，金、木、水、火、土代表东、南、西、北、中五个方位。土位居中央，代表黄色，象征皇权尊贵。皇帝认为自己的宫殿位居世界的中心，可以控制四方，因此紫禁城多用黄色。就连皇帝的衣服和用具也用黄色，别人用了就是大逆不道。

紫禁城的木柱、宫墙和门窗等大都使用红色。红色属火，象征吉祥、喜庆、美满、幸福。

当然，个别宫殿也有用其他颜色的。如文渊阁的屋顶用黑色，黑色代表水，水能克火，阁中藏《四库全书》，皇帝希望能避免火灾。

紫禁城的红墙 ▶

《四库全书》

《四库全书》是由乾隆皇帝主持，纪昀等360多位高官、学者编撰，3800多人抄写，历经13年编成的。该书分经、史、子、集四部，故名"四库"。共7.9万卷，约8亿字，基本上囊括了中国古代所有图书，故称"全书"。

紫禁城的妃嫔数目

　　中国古代民间流传着皇帝有"三宫六院七十二妃"的说法。其实，这并不确切。"三宫六院"是有的，"三宫"指乾清宫、交泰殿、坤宁宫等后三宫，六院指东西六宫。但"七十二妃"却是一个模糊的数字。皇帝到底应该有多少妃嫔，在清代以前并没有明确的规定，到康熙朝以后才逐渐确定下来，规定后宫共设八级妃嫔：皇后一位，主内治；皇贵妃一位、贵妃二位、妃四位、嫔六位，以上四级佐助皇后治理内廷；嫔以下为贵人、常在、答应三级，都没有规定数目。尽管有以上规定，但具体到每位皇帝的后妃数目还是不一样。在清朝的十位皇帝中，康熙皇帝的后妃最多，共有 55 位；光绪皇帝的后妃最少，只有三位，即隆裕皇后、珍妃、瑾妃。

▲ 瑾妃

▲ 珍妃

▲ 隆裕皇后

紫禁城的太监数目

明朝后期，皇帝长期不理朝政，听任宦官专权。在这种情况下，宦官队伍日益膨胀，竟达10000多人。鉴于明代的教训，清代前期几个皇帝比较明智，对太监严加管束。为防止太监专权，康熙朝设立了管理太监的机构敬事房，明文规定其职责。敬事房下设太监机构120多处，每处都定员定职，任务明确、具体。由于太监工作定点、定人、定任务，乾隆朝共用太监2600多名。咸丰朝以后，由于圆明园被烧，清代后期几朝的太监大致在2000人左右。清宫太监大部分来源于

▲ 清末流落街头的太监

河北的贫苦家庭，也有重犯的后代，他们在六七岁至十岁左右即受到残酷的生理摧残，招募或强迫在宫中充当太监，过着牛马不如的生活，甚至被折磨得过早死去。

晚清时期，慈禧太后独断专行，太监势力重新抬头。李莲英以善梳新髻而备受慈禧的宠信，由梳头房太监升至总管太监，以后竟然获得二品顶戴。他在皇宫数十年中干预朝政，广植私党，反对戊戌变法，使晚清政治更加腐败。

▲ 清末的总管太监李莲英

太监腰牌

这是明代太监为证明身份、出入宫廷的证件。腰牌正面为"御马监太监"字样，上端双面雕有云纹花饰，上有穿系用的穿孔。

紫禁城的门钉、9999 间半房

多用"九"数的门钉

　　门是古建筑的重要组成部分，是分隔空间、烘托气氛的重要手段。紫禁城中有不少大门上装有金光闪闪的门钉。如果仔细观察，会发现大部分官门门钉都是九路，每路九颗，共 81 颗。那么，为什么多用"九"呢？这是因为"九"与皇权有密切的关系。

　　古人以奇数为阳、偶数为阴。九为阳数之最大，再大的数其尾数也大不过九，因而常以"九"附会帝王，并称帝王为"九五至尊"，象征皇权的至高无上。

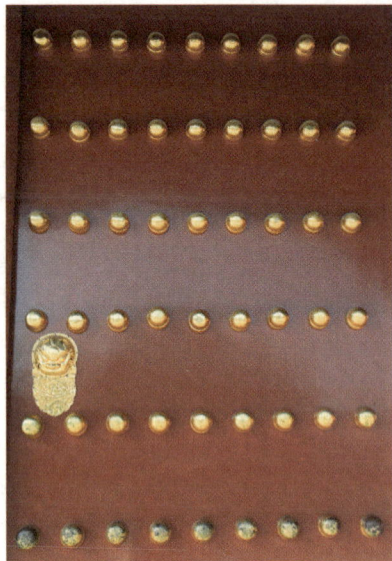

▲ 午门门钉

9999间半房

　　传说故宫的房屋数量为 9999 间半，因为天帝居住的房屋是 10000 间，皇帝自称是天帝的儿子，他所居住的房屋不能超过 10000 间，于是建造时故意少半间。

　　故宫的房屋到底有多少间呢？这首先必须弄明白古建筑的房屋间数是怎样计算的。中国古建筑的房屋间数有一种特殊的计算方法，叫作"四柱一间"，就是以大殿里四个柱子之间围成的立体空间为一间。

　　四个柱子之间的地面有的是正方形，有的是长方形，开间有大有小，但是不可能存在半间之说。现在，据有关古建筑专家最新统计，故宫的大小宫殿、堂、楼、斋、阁等共有房屋 8707 间。因此，说故宫有房屋 9999 间半并不确切，只是传说而已。

▲ 文渊阁内半间房

紫禁城皇帝乘坐的轿子

清代皇帝乘坐的肩舆，俗称轿子，共分四种，即礼舆、步舆、轻步舆和便舆。

礼舆是等级最高的一种轿子。皇帝每次到太和殿举行大典，到天坛、太庙等处祭祀时都乘坐礼舆。这种轿子用楠木制作，呈长方形，高约 2.1 米，长约 1.8 米。舆内设金龙宝座，16 人抬舆。皇帝每次乘礼舆参加活动，仪仗队伍就有 1500 多人。

步舆是皇帝在皇城内巡幸时专用的，16 人抬舆。皇帝乘坐步舆时约有 200 人的仪仗队伍陪同。

轻步舆是皇帝到皇城以外的地方巡视或狩猎时用的，16 人抬舆，皇帝乘坐轻步舆时约有 300 人左右的仪仗队伍陪同。

便舆是皇帝巡幸、巡视时，除步舆、轻步舆之外备用的乘坐用具。便舆分为暖舆和凉舆，8 人或 4 人抬舆。皇帝平时在皇宫内活动一般也乘坐便舆。

▲ 皇帝乘坐的轿子

迎娶皇后的大轿 ▶

清代四季花伞

伞原为遮雨蔽阳的器具，后发展为皇帝、贵族及官员的仪仗器物。在明清皇帝的卤簿仪仗中有华盖等多种伞盖。清初伞制甚严，只有亲王才能使用红罗绣四季花伞、红罗销金瑞草伞。

紫禁城皇帝的进膳

清代皇帝平时吃饭叫作"进膳""用膳"或"传膳"。服侍皇帝用膳的专门机构叫"御膳房"，御膳房设多名管理大臣，具体负责皇帝用膳事宜。

皇帝用膳多在自己居住的寝宫或者经常活动的地方，一般是单独摆桌，无人陪餐。不过，节假日时皇帝也邀请后妃们同桌进

▲ 皇帝的御用餐具

▲ 皇帝的御用瓷器

餐。皇帝每日用膳两次，即早膳和晚膳。早膳一般是在早晨7—9时进行，晚膳是在午后1—3时进行。早、晚膳叫正膳。另外，晚上5—7时还要进一次"晚点"（小吃）。如果临时需要什么饮食，则随时传进。

每到用膳时间，有关太监在用膳的地方设好膳桌，摆好饭菜。不过皇帝并不马上进膳，而是先看看每个菜盘里放的小银牌变不变颜色，如果菜中有毒，银牌会变颜色。另外，还要让随侍太监把每样饭菜先尝一遍，证明饭菜确实无毒，皇帝才开始食用。

御膳房做饭菜用的水，是从京城西郊玉泉山专门运来的泉水。煮饭用的米是在京西一带由专门人员种植的稻米。鸡、鸭、鱼、猪肉及新鲜蔬菜都从市场上购买。各种山珍海味、奇瓜异果等由全国各地进贡。

皇宫的生活是极其奢侈的，仅皇帝每年膳食用银即达二万余两。如果遇到重大典礼和婚丧嫁娶，其排场之豪华、耗费之巨大就不言而喻了。

▲ 宴席中的皇帝膳桌

紫禁城妃嫔的归宿

　　作为皇帝的妃嫔，是不是整日美食佳肴、歌舞升平，生活很幸福呢？其实，明代大部分妃嫔的命运都是很悲惨的。

　　明太祖、成祖、仁宗、宣宗的妃嫔大多陪皇帝殉葬了。据记载，太祖死时有妃嫔46人陪葬，成祖、仁宗死时分别有16位、5位妃嫔陪葬。殉葬妃嫔在陪葬的那天首先赴宴，宴罢被带到指定的殿内，站在小木床上，将头伸进早已挂好的绳套中，然后太监撤去小木床，这些妃嫔就被吊死了。

　　1464年，明英宗病危时下令停止妃嫔殉葬，殉葬制度遂被废止。所以，英宗之后妃嫔的命运有所好转，但由于大部分妃嫔是不愿被选入宫的，除非机遇、出身特别好，否则很难上位。她们大多在寂寞、无聊中度过余生，虽不再殉葬，但命运仍是极其悲惨的。

▲ 定陵出土的帝、后随葬品——乌纱翼善冠

▲ 定陵出土的帝、后随葬品——青花胭脂盒

▲ 废除殉葬制度的明英宗朱祁镇

紫禁城宫女的生活

▲ 明代宫女蜡像

宫女是皇帝、后妃们的奴仆，主要服侍皇太后、皇后、妃嫔们的生活起居。据记载，宫廷里有无数的清规戒律束缚着宫女的思想和行动。

宫女入宫后，先由"姑姑"（新入宫的宫女对上一代宫女的称呼）传授各种规矩。"姑姑"的权力很大，对宫女说打就打、说罚就罚。"姑姑"洗脸、梳头、洗脚等所有的事都由宫女伺候。宫女们天一亮就起床，直到深夜才能睡觉。

宫女的穿着打扮，也有严格的规定。宫女的穿着一定要朴素，不许涂脂抹粉，更不许穿得大红大绿。

宫女的伙食不错，但都不敢吃饱，更不敢吃鱼、虾、韭菜、葱、蒜，怕身上有异味。

宫女睡觉不能仰面朝天，必须侧着身子，弯曲双腿，一只手侧放在身上，另一只手平伸着。因为宫廷里的人都信神，如果宫女仰面朝天睡觉则会冲撞殿神，那可是不小的罪过。

为了消除各方面对紫禁城的觊觎和逊帝皇室妄图重返故宫的野心，同时也为了对段祺瑞政府偏袒逊帝皇室、歧视善后委员会进行回击，1925年9月25日清室善后委员会迅速召开会议，确定博物馆的名称为"故宫博物院"，并确定了它的组织机构、开院日期等。

经过善后委员会的积极准备，1925年10月10日在紫禁城乾清门前举行了故宫博物院的开院典礼，故宫博物院宣布正式成立。

1948年3月1日，前三殿的古物陈列所并入故宫博物院。从此故宫博物院扩大为前后两大部分，一直到今天。

▲ 清代待选宫女

走进紫禁城

　　自 1420 年明成祖朱棣建成紫禁城开始，紫禁城已经巍然矗立了近 600 个年头，它曾更换过多位主人，一幕幕权力争斗在此上演。自建成开始，紫禁城就注定是一个传奇，其创建维修的艰难与取材装饰的奢华都令人惊叹不已。现在就让我们从雄伟壮丽的天安门开始，慢慢走进紫禁城，逐步感受它带给我们的那种对皇权的敬畏和由衷的震撼。

天安门

天安门是明清皇城的南门，明代称承天门。它由城基、城台、城楼三部分组成，总高34.7米，城基高1.59米，城台高14.6米，由每块重420千克的石头砌成。天安门城楼面阔九间，进深五间，重檐九楹，充分体现了帝王"九五至尊"的理念。如今的天安门雄伟瑰丽，但在创建之初天安门只是一座黄瓦飞檐的三层楼式的五座木牌坊，牌坊正中高悬"承天之门"匾额，寓意皇帝"受命于天"。天顺元年（1457年），承天门遭雷击起火被焚。8年后，由尚书白圭主持重建为面阔五间、进深三间的门楼。明末李自成攻入北京，在撤离时焚毁紫禁城和京城各门楼，承天门也在被毁之列。清顺治八年（1651年），顺治帝下令在原址废墟上大规模改建，才形成今日规模，顺治帝将其更名为"天安门"，取"受命于天，安邦治国"之意。

1949年10月1日，在这里举行了举世瞩目的中华人民共和国开国大典。同时，天安门图案被纳入中华人民共和国国徽的设计中，成为中华人民共和国的象征。作为中国古代最具代表性、最壮丽的城楼之一，天安门以其杰出的建筑艺术和特殊的政治地位享誉全世界。

▲ 雄伟壮丽的天安门城楼

金凤颁诏

天安门前举行的最盛大的典礼就是金凤颁诏仪式。金凤颁诏是十六国时后赵帝王石虎发明的，他"安诏书五色纸，在木凤之口"，由楼观之上往下系，表示颁诏天下。后代效法，逐渐发展为繁文缛节的礼仪。《日下旧闻考》记载："凡国家大庆，覃恩，宣诏书于门楼上，由垛口正中，承以朵云，设金凤衔而下焉。"

明清两代，凡遇国家庆典、新帝即位、皇帝结婚、册立皇后，都会在天安门举行"颁诏"仪式。仪式前，工部会预先在天安门正中垛口设置备有黄案的宣诏台，并准备好"金凤朵云"（即漆成金黄色的木雕凤凰和雕成云朵状的木盘）。诏书放在太和殿黄案上，皇帝盖上御玺后，经过一套烦琐的礼仪，由礼部尚书用云盘承接诏书，捧出太和殿，暂放到午门外的龙亭里，然后在鼓乐和仪仗的引导下抬到天安门城楼上，再将诏书放在宣诏台的黄案上。宣诏官登台面西而立，宣读诏书。这时，天安门下金水桥南，文武百官和耆老按官位依次排列，向北行三跪九叩大礼。

诏书读完，由奉诏官把诏书卷起，放在木雕的金凤嘴里，再用彩绳悬吊"金凤"从天安门垛口正中徐徐放下。城楼下早有礼部官员双手捧着"朵云"等在那里，这样"金凤"嘴中的诏书也就落在"云盘"中了，这就是"云盘接诏"。

接诏后，诏书仍要放回天安门前的龙亭内，然后以黄盖、仪仗、鼓乐为前导，浩浩荡荡地抬出大明门或大清门，送往礼部衙门。这时，礼部尚书早已从长安左门快步回到礼部衙署门前跪迎诏书，并将诏书恭放在大堂内，行三跪九叩礼。随后，用黄纸誊写诏书若干份，分送各地，颁告天下。

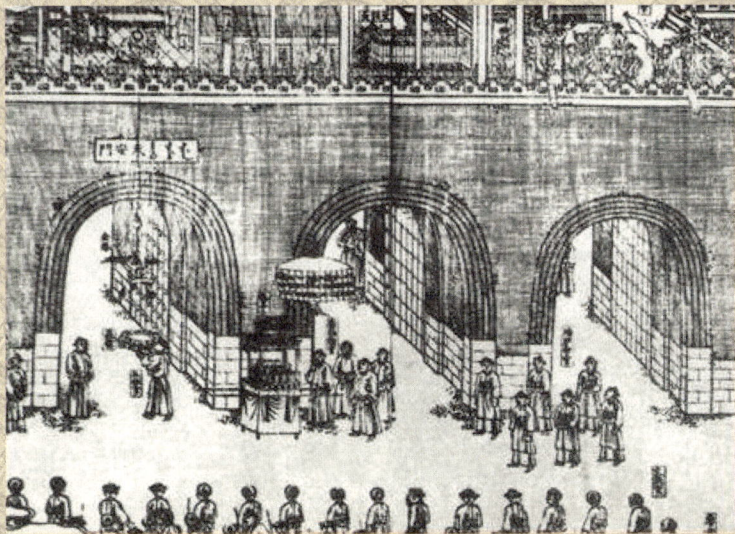

▲ 古代金凤颁诏仪式

皇帝诏书

诏书是皇帝布告天下臣民的文书。清代诏书多用大幅染黄纸书写而成，高约八九十厘米，长度可达五六米。诏书均用满文和汉文写在一起，为墨笔楷书，不易破损。

千步廊

在明代，大明门以北是一片广场，广场两侧是朝廷各部院的办事机构，东侧有宗人府、礼部、户部、兵部、工部、鸿胪寺、钦天监；西侧则有五军都督府、太常寺、通政使司、锦衣卫等。

到了清代，在大清门以北形成了"T"字形的封闭式广场，广场东西两侧各有廊房110间，同时在东西廊房北侧又各有廊房34间，向外折，东接长安左门，西接长安右门，这两列廊房即为千步廊。

▲ 清末时期的千步廊

在清代，千步廊是朝廷机关，如六部、五府和军事机构的朝房，并按文东武西的格局，文官在东千步廊，武官在西千步廊。在东千步廊东侧，即如今天安门广场东部，还有一片衙署，宗人府、吏部、户部、礼部在此办公，兵部、工部、鸿胪寺、钦天监、太医院的衙署在更东侧。西千步廊西侧则分布着掌管刑罚、军事的大理院、都察院、太常寺、刑部等衙署，因其有肃杀之意，所以与千步廊相隔了一片胡同。

长安左门与长安右门

千步廊北侧是一条横街，称天街，其东西两端有长安左、右门将其封闭。两门各有三个门洞，所以

▲ 长安左门旧影

也俗称为"三道门"。同时古人有"东青龙，西白虎"的说法，因而也称长安左、右门为龙、虎门。两道门外面是张贴皇榜之处，文榜在龙门外，武榜在虎门外。科举考试后所放的皇榜，就张贴在长安左门（即龙门）外，所以古时对考中进士者，美称其为"登龙门"。

左门有喜，右门则与祸相关。每年皇帝秋决犯人，其裁决召旨即由长安右门送出，公布于众，老百姓将长安右门称为"虎门"，谁一旦被送出这张"虎口"，再难生还。

金水桥、华表、石狮

天安门南侧有一条金水河蜿蜒流过，为和紫禁城内太和门前的金水河区分开，天安门前的称外金水河。河上建有七座精美的汉白玉石桥，称金水桥，桥面略拱，桥身如虹，构成绮丽的曲线美，中间最突出的一座雕着蟠龙柱头的桥只许皇帝一人通行，叫"御路桥"；左右两座雕有荷花柱头的桥只许亲王通行，叫"王公桥"；再往两边的桥只许三品及以上的文武大臣通行，叫"品级桥"；最靠边的普通浮雕石桥才是四品及以下官吏和兵丁走的，叫"公生桥"。桥南侧矗立着两座汉白玉华表，华表上满刻着盘龙与云朵，巨柱顶端加上了云板、承露盘，盘中蹲坐着名为望天吼的石兽。在天安门城楼的北侧也有两根形制相同的华表，北侧华表上的石兽背南面北，称"望君出"，即希望皇帝出宫，体察民间疾苦。南侧华表上的石兽背北

▲ 天安门前华表

面南，称"望君归"，寓意皇帝不可出宫太久，以免荒废政务。

金水桥南边还有一对高大的汉白玉石狮，雌狮和雄狮左右成对，相互呼应。雄狮居左，雌狮居右。左边的雄狮右爪抬起，在玩弄绣球，俗称"狮子滚绣球"，象征帝王的威严统治，统一寰宇；右边的雌狮左爪抬起，在戏弄小狮，象征子嗣昌盛、繁衍绵延之意。1950年扩建天安门广场时，两尊石狮的位置同华表一样向北移了6米，移到了今日的位置。

▲ 天安门前石狮

望君归

寓意皇帝不可出宫太久，以免贻误朝政。

端门

端门矗立在天安门和午门之间，又称"重门"，始建于明永乐年间，康熙初年曾重建。端门形制与天安门相同，也是面阔九间，进深五间，立于高大的红色城台之上，城台下部有五个券形门洞，中间的门洞最大，高三丈。其他四个门洞依次向外缩小，中间的门为御路门，仅供皇帝通行，两侧的王公门供王公等贵族通行，最外侧的品级门供三品以上官通行。端门城楼在明清两朝主要用于存放皇帝的仪仗用品，以及禁卫军接受检阅时所用的兵器。此外，还有一口双龙盘钮大钟，重逾三吨。过去每逢早晚朝、节庆日或者皇帝出巡、回銮时，端门敲钟，午门击鼓，钟鼓齐鸣。

端门东西两侧各有26间朝房，上早朝的大臣们五更时分就来到朝房，在此等候宫门开启。左右朝房中间都有门，可直接通往太庙和社稷坛。

每逢重大典礼以及重要节日，端门城楼下的御道两侧排列着各类卤簿，数量庞大，自太和殿一直排至天安门，长达两华里，非常壮观。

▲ 端门匾额

午门

午门是紫禁城的正南门，古人以十二地支指示方位，子为正北，午为正南，故名"午门"。午门由墩台和城楼两部分组成，平面呈凹形。下部红色城台高达 12 米，城台正中建有午门门楼，面阔九间，进深五间，为等级最高的重檐庑殿顶。墩台两翼各设有廊庑 13 间，俗称"雁翅楼"。廊庑的两端均有重檐攒尖顶的方亭。正楼两侧分别建有钟鼓亭各三间，每逢皇帝亲赴天坛、地坛祭祀时钟鼓亭的钟鼓齐鸣，皇帝赴太庙祭祀时则击鼓，大型活动时则钟鼓齐鸣。午门正楼两翼呈南北展开，犹如雁翅，俗称"雁翅楼"。另外，午门城墙之上排列五座楼，似五峰突起，其势若朱鸟展翅，又号称"五凤楼"。

▲ 午门

永乐年间的午门观灯活动

在永乐年间营建紫禁城的过程中，午门先期完成，明成祖甚为高兴，便宣布每年正月的上元节在午门设置灯火，允许百姓和文武百官一同观赏，以示与民同乐。届时午门前搭设起巨大的鳌山灯，京城百姓络绎不绝地前往观灯，明成祖则在午门城楼赐宴百官，君臣唱和，一片太平盛世的景象。然而在永乐十三年（1415 年）上元节观灯时发生了一场意外，因为人多拥挤，鳌山灯也被挤垮，引发火灾，有的人被烧死，有的人则被惊恐的人群踩踏而死。明成祖深感愧疚，便取消了午门观灯的活动，后代皇帝也不曾恢复。

辅首

辅首又称门辅、门环，是安装在大门上衔门环的一种底座和大门装饰。民间辅首多为铁制或铜制；帝王所用的辅首多为铜制鎏金，形象为虎、螭、龟、蛇等。

午门门洞的讲究

午门共有五个门洞，但从正面看好像只有三个。其实，城台左右还有两个掖门，分别开在东西城台里侧。因此，建筑界有"明三暗五"之说。午门的门洞各有用途，其中中门通常只能供皇帝行走，但有两种情况例外：第一，清朝皇帝大婚时，皇后可乘轿由此进入；第二，在保和殿参加殿试（科举考试中最高一级考试）获得第一甲（即前三名）"状元、榜眼、探花"称号者可骑马由中门出去，夸官、炫耀一次。平时，文武大臣走东侧门，宗室王公走西侧门。值得注意的是，左右掖门一般不开，只有当太和殿举行重大典礼的时候才打开，文官走东掖门，武官走西掖门。另外，到保和殿参加殿试的考生按照会试（科举考试中第三等级考试）中的名次，单数走东掖门，双数走西掖门。以前在午门前还设有两根红杖，两名护军手持红杖坐在门下，亲王以下人员经过时不起立。若有不报名便擅入门者，护军可举杖便打。午门下的两处小房原是明朝锦衣卫值房，东西两厢以及禁门旁站满了禁军校尉。

▲ 从午门背面可见五个清晰的门洞

午门的功能

午门是明清两代举行重要典礼的场所，其用途比较广泛。

▲ 午门城楼一角

第一，午门正中门楼左右有钟鼓亭，内设钟鼓。皇帝祭祀坛庙出午门时鸣钟，祭祀太庙时击鼓。皇帝升殿举行重大典礼时既击鼓又鸣钟。

第二，明朝每逢正月十五要在午门悬挂各式灯笼，宴请百官，届时黎民百姓也可以来观赏。《类腋·天部·正月》引孙国敉《燕都游览志》："立春日，于午门赐百官春饼。"皇帝在立春日赐春饼、端午日赐凉糕、重阳日赐花糕。

第三，清代每年十月初一要在午门举行颁发第二年历书的仪式，称作"颁朔之礼"。

第四，明清两代，当军队凯旋的时候，皇帝要登上午门城楼接受"献俘礼"。

午门献俘礼

献俘礼是最能体现皇朝威仪的仪式，是唯一由皇帝亲临午门主持的宏大仪式。《明史》记载的献俘礼有四次，都在万历年间。以万历二十七年（1599年）的献俘礼最为盛大。当年明朝取得了"抗倭援朝"战争的胜利，俘获不少倭兵。四月二十四日，万历皇帝亲临午门，举行献俘礼。清代在康雍乾三朝战事颇多，也经常在午门举行献俘礼。午门献俘礼前一天，在俘虏脖子栓上白色绳子，先告祭太庙和社稷。在献俘礼上，午门正楼的正中设御座，檐下张黄盖、卤簿、宝象等仪仗设于午门城楼下，两边排列，直到天安门。在午门前，王公大臣、文武百官分班侍立。皇帝穿龙袍衮服，乘舆出内宫。起驾时，午门鸣钟；到太和门时，鸣金鼓、奏铙歌。皇帝到午门前，沿着马道行至御楼升座。在午门楼下，兵部官员率领将校，引战俘下跪。兵部尚书报告："献俘！"顿时鼓乐大作，礼炮轰鸣。诸官肃立，庆贺胜利。典礼官道："行礼！"于是把俘虏牵过来，让其跪伏在地。兵部官员上奏："奉旨平定某地，所获俘囚，谨献阙下，请旨。"这时皇帝降旨，依照惯例都是"所献俘交刑部"。有时也会当场赦免，如新疆准噶尔首领达瓦齐叛乱失败被擒，被献俘午门，后来被乾隆帝赦免，甚至还封为亲王。

清八旗制度

努尔哈赤为适应满族社会的发展，在原有的正黄、正白、正红、正蓝之外，又增编镶黄、镶白、镶红、镶蓝四旗，创建八旗制度，该制度共存在了296年。

▲ 八旗兵盔甲

推出午门斩首

或许你听说过"推出午门斩首"的说法，其实，这是不符合历史事实的。把如此重要的典礼场所作为杀人刑场，是绝对不可能的。中国古代犯死罪的囚犯，除非罪在立诛，一般要到秋季才能处决，称为"秋决"。另外，杀人的场所也大多设在闹市，所谓"斩市于嘈"，目的是为了让人观看，杀一儆百。例如，北京菜市口就是清代有名的刑场，历史上有名的"戊戌六君子"就是在此被处决的。

▲ 菜市口刑场

廷杖之罚

虽然没有"推出午门斩首"这回事，但是明代却有一种非常严厉的刑罚——廷杖。在明代，凡是使皇帝龙颜大怒的，都要遭受廷杖之罚。行刑时，由侍卫和太监将大臣绑赴午门外，先由军校杖打三下，作为开场。然后，分别进行"着实打"或"用心打"。杖打的时候，两边站立着百余名侍卫，喊声动地，令人毛骨悚然。打完以后，用厚布将人裹住，几个人一齐用力，将其抛起，再狠狠地摔在地上。被"着实打"的人一般非死即残，轻者也要半年才能伤愈；被"用心打"的人一般绝无生还可能。

明嘉靖三年（1524年），由旁系坐上皇位的明世宗朱厚熜一心想使自己成为正统的皇帝，硬是要把他母亲的尊号"本生圣母章圣皇太后"中的"本生"二字去掉。此举在百官中引起轩然大波，众官不断上书阻止，甚至哭谏。朱厚熜对此大怒，几次下令将劝阻的大臣们关入牢房，200多名重臣遭到廷杖，致死者达17人，那些侥幸熬过廷杖的人，也受到了停俸、罢官、充军的处分。

外朝三大殿

　　紫禁城分外朝和内廷两部分，以乾清门前的横街为界，南为外朝，北为内廷。外朝是皇帝举行重大仪式或典礼、接见大臣和外国使节、处理政务的地方，殿宇普遍比较高大。特别是中轴线上的太和、中和、保和三大殿，不仅高大，而且还矗立于三层台基之上，在空旷的广场中显得尤为壮观，充分展现了皇帝的威严。三大殿的前殿太和殿最为高大雄伟，等级也最高，是整个皇宫的正殿。

太和门

▲ 面阔九间的太和门

太和门铜狮

在太和门前有一对紫禁城内最大的铜狮子，铸造精美，神态生动。佛家认为狮子是高贵尊严的"灵兽"，有护法避邪的作用，皇宫内重要的门前都设铜狮子，寓意驱邪护法，维护至高无上的皇权。东面的铜狮为雄性，其右爪逗弄一只绣球，俗称"狮子滚绣球"，象征皇权无处不在、无时不有；西面的铜狮为雌性，其左爪逗弄一只小狮子，充分体现了母爱的温暖，象征子嗣昌盛，即皇后要多生子，以免皇位后继无人。

午门北侧是一个开阔的广场，雄伟瑰丽的太和门矗立于广场北侧。太和门在明代早期名为奉天门，是紫禁城内最大的宫门，也是紫禁城外朝宫殿的正门，面阔九间，进深三间，为重檐歇山顶，建在汉白玉基座之上，梁枋等构件上绘有和玺彩画。门前陈列铜狮一对，非常高大，是紫禁城中最大的一对铜狮。另有铜鼎四只，以及石匮、石亭等。门楼东侧为较小的昭德门，西侧为贞度门，三座门主次分明、错落有致。

太和门前是面积达 2.6 万平方米的广场，内金水河从广场中间偏南的地方蜿蜒流过，河上有五座精美的汉白玉石拱桥。广场两侧有长廊庑，东侧廊庑在明代用作实录馆、玉牒馆、起居注馆，清代改为稽察钦奉上谕事件处、内诰敕房。廊庑中间是协和门（明代称左顺门，后改称会极门），经此可通往文华殿、内阁等皇宫东部区域。西侧廊庑在明代是编修《大明会典》的会典馆，清代改为缮书房、起居注馆，其中间有熙和门（明代称右顺门，后改称归极门），可通往武英殿等广场西部区域。

明代御门听政

御门听政往往在清晨举行，所以又称早朝、常朝，是封建王朝的帝王处理日常政务的主要形式之一。明成祖朱棣迁都北京后，三大殿启用不到百日就被大火焚毁，朱棣唯恐"违背天意"而不敢重修，只得将奉天门（今太和门）作为皇帝常朝和听政的重地。后来三大殿虽然重建，但御门听政的传统却保留了下来。到了清初，御门听政的场所则移到了乾清门。

▲ 太和门匾额

明长陵

明长陵为永乐皇帝朱棣和皇后徐氏的合葬墓，是永乐帝自建的"寿宫"。其陵园规模宏大，用料考究，仅地下宫殿就营建了四年。

▲ 明长陵朱棣铜像

隋唐时，皇帝一般每五天举行一次早朝，明代前期的几位皇帝还比较勤政，几乎每天都会举行早朝。早朝一般在每天凌晨举行，届时在午门击鼓，文武大臣列队从午门左右的掖门进入，按品级分列于太和门两侧。另外，还有起居注官负责记录皇帝的日常言行。当皇帝御门升坐宝座之时，鸣响鞭，大臣们行一跪三叩礼后，九卿六部的大臣依次奏事或敬呈奏折，由皇帝做出有关决策。奏事毕，御史纠举礼仪，鸣鞭，皇帝起驾回宫，百官退出。上朝纪律相当严格，不准迟到，不准大声咳嗽，更不准在朝班内横穿。否则，要给予降职或罚俸的处分。

事实上，文武大臣是在露天上早朝。而我们在电视、电影中看到的在大殿里上早朝是不符合历史事实的，那样不仅人多嘴杂，不利于议事，还容易泄密。如果碰上大风、大雨天气，早朝可以延期举行；但若风雨不大，皇帝会赐给文武大臣一些挡风遮雨的用具，从而上完早朝。

每日上朝是明太祖朱元璋立下的规矩，当年他精力旺盛，废除了宰相，凡事亲力亲为，此时的早朝内容具体、事务繁杂。但他的后辈就有些勉为其难了，连朱棣也不得不依靠内阁帮忙批阅奏章，内阁渐渐就成了皇帝的秘书班子，形同宰相。大臣上奏的奏章先交到内阁，由内阁先拟出处理意见，到早朝时只需按照事先准备的意见传旨就行了，早朝越来越流于形式。到了明朝后期，皇帝贪图享乐，依赖宦官，干脆就不上朝了，像嘉靖皇帝、万历皇帝都曾数十年不上朝。

内金水桥

穿过午门，会看到一条自西北往东南方向流动的小河，称为"金水河"，河面上架有五座精致的汉白玉石桥，称为"金水桥"。为了和天安门前的金水桥、金水河相区分，这五座桥称为"内金水桥"，这条河称为"内金水河"。

内金水河上有五座汉白玉石桥，中间的一座桥供皇帝通行，叫"御路桥"；两边的桥供宗室亲王通行，叫"王公桥"；最旁边的桥则是供三品以上官员通行，叫"品级桥"。御路桥直通太和门的石板路叫"御路"，主、宾五桥象征着儒家学说中的仁、义、礼、智、信五德。从远处看，内金水河犹如一条飘带，而内金水桥部分又呈正弓弯曲，属风水学中十分吉利的"金帽玉带"抱水。

▲ 太和门前内金水桥、内金水河

金水河的三大功能

金水河完全是一条人工河流，有三大功能：

一是风水功能。古代建筑讲究依山傍水，而紫禁城前后既不靠山又不傍水，故人造景山和内、外金水河以凝聚"王气"。

二是排水功能。故宫的地形北高南低，中国北方夏季雨水非常多，通过内金水河排出城里的雨水，内金水河是和城外的护城河——筒子河连在一起的。

三是灭火功能。故宫的建筑都是木结构的，容易失火，我们现在参观的建筑绝大部分是被大火烧掉后重新修建的，之所以没有把故宫彻底毁灭，最主要的原因就是内金水河提供了大量的救火用水。

彩棚太和门

太和门刚建成时称奉天门，明嘉靖年间改称皇极门，到清顺治二年（1645年）才改称太和门。光绪十四年腊月十五（1889年1月16日），贞度门旁的护军值班房因护军熟睡，油灯点燃门柱引发火灾，殃及太和门与昭德门，虽然派出了7000多人参与救火，大火依然烧了两天，太和三门均被焚毁。碰巧的是，42天后就是光绪皇帝大婚的吉日，皇后婚轿必须从太和门通过，此时要重建肯定来不及，于是只好请北京的棚匠和扎彩匠搭建一座彩棚太和门，以假乱真。震钧《天咫偶闻》记载："……大婚，不及修建，乃以札彩为之。高卑广狭无少差。至槐棁之花纹，鸱吻之雕镂，瓦沟之广狭，无不克肖。虽久执事内廷者，不能辨其真伪。而且高逾十丈，栗冽之风，不少动摇，技至此神也！"直到次年，太和门才得以重建。

▲ 太和门前石匮

石匮、石亭

太和门前石狮的后面，东侧有一石亭，西侧有一石匮，这两件汉白玉物件应该是在紫禁城建造之初就已经存在了。也许明代皇帝还知道其意义，但清代皇帝对其就不甚了解了。清人英和在《恩福堂笔记》中记载，嘉庆皇帝某天祭天回宫，曾向翰林询问太和门外丹墀下面的石匮和石亭，却没人知道是何物。纪晓岚曾记载，负责工程的官员告诉他，石匮曾打开过，里面是已经腐朽的谷物，可能是象征农事的物件。至于东侧的石亭，有人说是放时辰牌的地方，但仍无定论。

▲ 太和门前石亭

太和门西侧廊庑

太和门广场两侧为整齐的廊庑，俗称东、西朝房。西侧廊庑在明朝时是编修《大明会典》的会典馆，清朝时改为起居注馆。

柱头警号

如果仔细观察协和门与熙和门旁的石栏杆望柱头，就会发现有一些不一样。有些柱头的顶部凿有圆洞，石柱沿着圆洞向下凿通，里面还有连珠石球，你也许会以为这是风雨侵蚀造成的，实际上这是有意为之。满语称之为"石别拉"，是一种宫廷警号。一旦有警情发生，侍卫便会以一种特制的小铜喇叭插入洞中用力吹以发出类似海螺的呜呜声，声音能传很远。不过如今会吹的人恐怕已经没有了。

太和殿

穿过太和门，前面是一个高达两丈（实测 8.13 米）的"土"字形的三层台基，上面由南向北依次是太和殿、中和殿、保和殿，这就是著名的紫禁城三大殿。"土"字形的台基除了抬高三大殿的高度外，自身也蕴涵着深厚的文化内涵。在紫禁城的建造原则中有一条就是要符合中国古代的

▲ 太和殿

"阴阳五行"学说，在"阴阳五行"中讲究"土"居中。所以紫禁城的建设者们在紫禁城最重要、最核心的地方用汉白玉砌成了"土"字形的"三台"。

太和殿俗称"金銮殿"，明初称"奉天殿"，嘉靖年间改称"皇极殿"，清朝时称"太和殿"。"太和"二字是指宇宙间一切关系都得到协调的意思。太和殿建于三层汉白玉台基上，是前三殿中第一殿。大殿为重檐庑殿顶，连台基总高 35.05 米，面阔 11 间，进深五间，建筑面积达 2381 平方米，是我国现存规模最大的木结构殿宇。太和殿平时不使用，只有新皇帝登基、册封皇后、册立太子、颁布重要诏书、金殿传胪（公布新进士名单）、派大将出征以及每年元旦、冬至、皇帝诞辰等才会在这里举行重大典礼。

规模最大、等级最高

无论从高度、规模还是装饰来看，太和殿都是紫禁城中最高等级的宫殿。它起架最高，从地面到脊吻高达 35.05 米，包括用三层汉白玉石铺成的 8 米多的台基；建筑形式最尊贵，是五脊四坡的重檐庑殿顶；建筑体量最大，面阔 11 间，建筑面积是现存所有古建筑中最大的；梁枋彩画的等级最高，用的是金龙"和玺彩画"；角檐垂脊上仙人身后的走兽数量也最多，共有 10 个。

鸱吻和屋脊走兽

太和殿屋顶大脊的两端有一对动物，叫鸱吻。据说龙生九子，鸱吻是其中之一，它是水神，放在这里是用它来镇火的。两层檐的檐角各有11个雕塑，最前面的是一位仙人骑一只凤凰，有"仙人指路"的意思。后边的10个雕塑依次

▲ 太和殿檐角小兽

为龙、凤、狮子、天马、海马、狻猊、押鱼、獬豸、吼牛、行什，这些雕塑大多是人们根据神话传说杜撰出来的，在现实生活中并不存在。如传说中的龙为麟虫之长，形体能长短变化，古书《易经》中有"龙飞在天"的神话，象征最高统治者。中国古代封建王朝均以龙为至尊，在帝王宫殿上以龙的图案为主题。凤为飞禽之首，人们视之为神鸟，古语有"有凤来仪"的说法，以象征祥瑞。狮子为镇山之王，忠威有力。天马、海马象征皇帝威德通天入海。狻猊为能食虎豹的异兽，象征百兽率从。押鱼、吼牛可以兴云作雨，镇火防灾。獬豸善辨是非，象征"光明正大"。行什似猴，为压尾兽，因排行第十，故名行什。以上动物雕塑放在这里有三个用途：第一，它们本身是一种装饰物，可用来美化环境；第二，这些屋脊上原来钉有钉子，防止瓦件下滑，但钉子易生锈，所以用这些动物雕塑包上；第三，观察动物雕塑的多少，就可以判断大殿等级的高低，动物雕塑越多，大殿等级越高。太和殿是紫禁城最高等级的宫殿，檐角仙人之后的动物雕塑也最多。

▲ 太和殿鸱吻

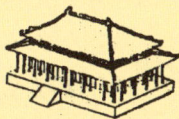

日晷

太和殿前的露台上，陈设着日晷、嘉量、铜龟、铜鹤等。日晷陈列于露台东侧，为汉白玉质地。日晷是古代计时器，由晷盘和晷针组成，晷盘是一个石圆盘，上面刻有子、丑、寅、卯、辰、巳、午、未、申、酉、戌、亥十二时辰，在其中心有一根与盘面垂直的铜针，晷盘平行于赤道面，倾斜安放，晷针指向南、北极，日照时铜针会出现影子。影子停留的位置就是时间，当影子垂直时即午时——十二点整。针影随四季改变而变化，春分时看上面的针影，秋分后看下面的针影，针影有长短之分，冬至时针影最长，夏至时针影最短，春分、秋分等长。

嘉量

嘉量位于露台西侧，为一汉白玉石亭，石亭里面放着量具。嘉量是象征性量器。主体较大的量器中间有一隔，上部为斛，下部为斗；两旁有两小耳，其中一耳为升，另一耳上部为合、下部为龠。之所以在一些宫殿建筑前设日晷、嘉量，是象征皇帝统一全国的计时、计量，具有至高无上的权力。

18尊大香炉

在太和殿三层台基之上有18尊青铜制的香炉，这是清朝乾隆年间制造的。太和殿举行大典时，会在香炉中点燃松柏枝、檀木等，使殿外香烟缭绕，衬托着皇权的神秘。

▲ 太和殿日晷

▲ 太和殿嘉量

▲ 太和殿大香炉

铜龟、铜鹤

露台东西两侧各有一对铜龟、铜鹤，龟、鹤昂首向天，姿态传神，其内部中空，有重大典礼时用于燃放檀香。太和殿前摆放龟、鹤，象征着王朝江山永固，皇帝万寿无疆。

▲ 太和殿铜龟

▲ 太和殿铜鹤

鎏金铜缸

在通往中和殿的路上，太和殿两侧各有一座鎏金大铜缸。紫禁城里的缸共308口，其中铁缸是明朝铸的，铜缸是清朝铸的。这种鎏金铜缸是清朝乾隆时期铸的，共18口，每口重2吨，用鎏金100两。

缸除有装饰作用外，其主要功能为储水灭火。冬天为防止缸内的水结冰，缸上要加一个盖，周围用棉套裹起来。另外，每口缸下面的石座上都有一个烧火口，专门有太监在此添加木炭，给缸加温。太和殿两侧的这两座大缸表面所鎏金粉已所剩无几，因为1900年八国联军入侵时被外国士兵用刺刀刮掉了。可以说直到今天，它们仍是这段历史的见证。

▲ 太和殿大铜缸及下面的烧火口

脊兽·骑凤仙人

檐角脊兽最前面的一个叫"骑凤仙人"，其作用一是固定垂脊下端第一块瓦件，二是寓意着逢凶化吉。

汉白玉台基

三大殿所在的三层汉白玉台基又称"崇台",其高近两丈,对三大殿建筑起到了极好的烘托作用。故宫的汉白玉产自西郊房山,质地洁白。台基栏杆雕饰精美,望柱头也雕琢着等级最高的龙凤云纹。在每个望柱之下都有一个螭首,螭是传说中的无角龙,它嘴大肚大,能吐水厌火。这些螭首的嘴里有个小孔,是用来排水的,如果碰到大暴雨,三层台基上会有极其壮观的"千龙喷水"景象。

▲ 太和殿三层汉白玉台基

72根巨柱

太和殿南北五开间,东西11开间,开阔敞亮,共有72根巨柱,其中顶梁巨柱最粗,直径为1.06米,最高的为12.7米。另外,皇帝宝座周围有6根沥粉贴金柱。这6根金柱每根高10米多,周长3米多,每根柱上都绘有一条巨龙,巨龙神采飞动,腾云驾雾,使大殿更显金碧辉煌。在明代,这些巨柱都是由整根的金丝楠木整修而成的。到了清代,南方的金丝楠木已被明朝宫廷采伐殆尽,康熙皇帝重修太和殿时只好选用东北的松木。松木不够粗,工匠们只好用多根松木拼接成现在的尺寸。

▲ 太和殿台基"千龙喷水"雕塑

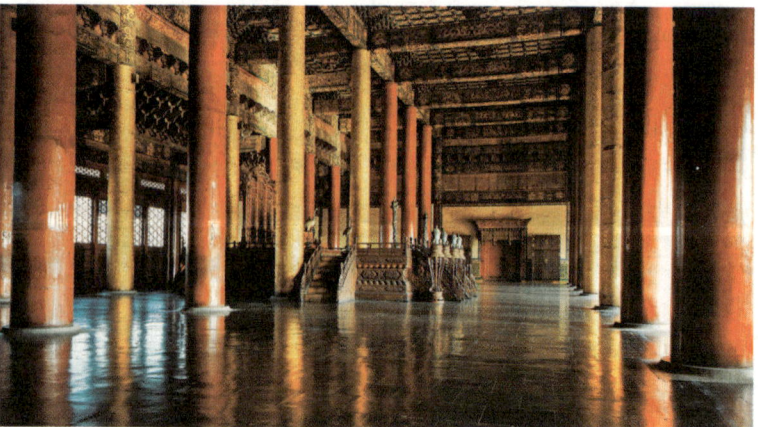

▲ 太和殿内巨柱

雕龙髹金宝座

在太和殿的正中陈列着皇帝的一个宝座，叫"雕龙髹金宝座"，经专家考证，这是明代遗物，清代皇帝沿用。1916年袁世凯在此登基称帝，因为他的腿较短，他就把原来的宝座扔了，在原处安放了一个背椅式的宝座。故宫博物院成立后，为恢复太和殿的历史原貌，故宫博物院的专家一直在寻找当年的

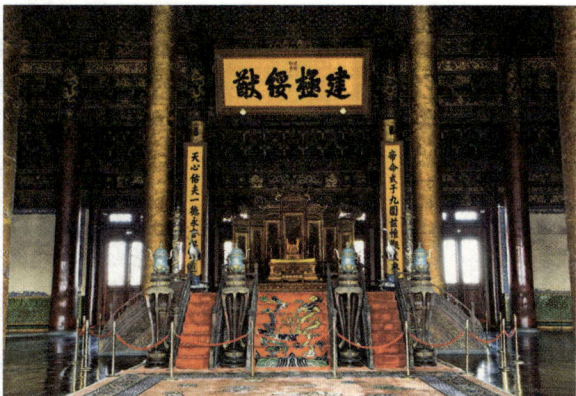

▲ 太和殿雕龙髹金宝座

那个宝座。1959年，著名文物专家朱家溍先生根据光绪二十六年的一张照片，在紫禁城一处堆放破家具的旧房里找到了这个宝座。经专家们三年半的修复，终于使宝座重放光彩。宝座前端有4个炭火盆，供冬天烧木炭取暖用。火炉后面有两个香筒，是用来散发香味的。再往后是两只铜鹤，象征皇帝的江山社稷永世长存。最后是两个小兽，叫"甪端"，据说它是一种神兽，可日行18000里，通晓四夷各国语言，放在此处则象征八方来朝，皇帝乃当今圣君。

匾额与对联解读

太和殿外高悬的"太和殿"匾额是康熙朝大臣励杜纳的手笔，不仅太和门、三大殿，而且乾清宫、午门等的匾额书法字也是他书写的。在明代初建紫禁城时，太和殿名为奉天殿，其手笔出自于松江人朱孔阳。后来太和殿两次被焚，有人认为问题出在奉天殿匾额上，"奉"字将"天"字压住了，所以上天两次降下灾祸，于是嘉靖皇帝将其更名为皇极殿。太和殿内高悬着乾隆皇帝书写的"建极绥猷"巨匾，其意思是：天子

身负上对皇天、下对庶民的双重神圣使命，既须承天而建立法则，又要抚民而顺应大道。宝座两侧的金柱上有一副对联：

帝命式于九围兹惟艰哉奈何弗敬
天心佑夫一德永言保之遹求厥宁

对联的意思是皇天任命天子统治天下，这是一件艰难的事，怎么能不敬重他呢？上天之心眷顾纯粹精一的美德，永远保佑着他，愿恳求天下长享太平。对联、匾额都体现了浓厚的君权神授色彩。

▲ 太和殿匾额

盘龙藻井

在太和殿天花板的正中间有一块凹进去的地方，我们称之为"盘龙藻井"。之所以设藻井，一是为了美观，二是"藻井"二字都含水，设藻井也有用水厌火之意。太和殿藻井上雕刻着一条龙，龙嘴下面叼着一个亮晶晶的圆球，称为"轩辕镜"，据说这是我国古代祖先"轩辕氏"制造的。人们认为此镜有辨别真假皇帝的功能，如果宝座上坐的不是正统皇帝，轩辕镜就会掉下来把他砸死。当然，这不过是一个迷信说法。

▲ 太和殿盘龙藻井

4718块"金砖"

太和殿地面上铺的砖叫"金砖"。但"金砖"并不是用黄金制作的，它是用特殊加工的方法制造的细料澄泥砖。这种砖制造于中国南方的苏州地区，这个地方地理位置较好，"金砖"制成后可以通过大运河直接运到北京。另外，这里的土质比较细腻，可塑性强。制造"金砖"要花费极高的工本，经过极细致的加工程序，如选土、练泥、澄浆、制坯、阴干、熏烧等工序，仅熏烧一项就需130天。成砖以后要求达到"敲之有声、断之无孔"的程度才能使用。墁砖时，瓦工1人和壮工2人每天只能墁5块，墁好以后在上面浇灌一层生桐油，就成了现在闪闪发亮的"金砖"。太和殿共铺"金砖"4718块，整个紫禁城用了10万多块。

▲ 太和殿地面"金砖"

200个仪仗墩

在宽敞的太和殿地面上镶嵌着两行白石块，北窄南宽，呈八字形，共约200块，叫仪仗墩。太和殿举行大典时，百官按品级高低、文东武西分别在太和殿广场两侧面北站立。穿着整齐的仪仗队伍站在仪仗墩上，手执旌、旗、伞、盖、斧、钺、枪、戟等，一直排列到天安门。皇帝则从内廷出来，先到中和殿，接受执行大典官员的行礼。大典开始时要奏乐、鸣鞭，香炉、香筒、铜龟、铜鹤内燃放松枝、檀香。此时殿内外香烟缭绕，随着中和韶乐奏起《圣安之曲》，皇帝升座，文武百官和宗室王公给皇帝行三拜九叩礼，并呼："万岁！万岁！万万岁！"场面十分隆重。

▲ 太和殿外仪仗墩

脊兽·凤

脊兽中排第二的凤是汉族神话传说中的百鸟之王，象征美好、和平、祥瑞。

不种树的三大殿

当我们走到紫禁城前三殿的时候，会注意到这个地方没有种树，这是为什么呢？原来这组建筑是用来举行重大典礼活动的地方，宫殿高大雄伟，院落宽敞壮丽，象征皇帝的威严和皇权的至高无上。为突出这组建筑的威严和肃穆，此处是绝对不可种树的。有些人认为，不种树是为了保护皇帝的安全，这种说法是不科学的。试想，皇帝经常游幸的避暑山庄和圆明园等地到处树木繁盛，又该如何解释呢？其实，植不植树完全取决于封建礼仪的需要。

首先，广场地面都是青砖铺地，黄土不露天，没有土更显得广场整洁。

其次，举行大典时，浩大的仪仗排开，若是夹在树中间，就显得不整齐了。而且树大召鸟，若大典举行时有鸟鸣鸦噪，庄严的气氛就会大打折扣。

最后，对于三大殿来说，阳光普照，没有树木的遮挡和杂乱的阴影，才能体现其壮丽辉煌。午门前原来是没有树的，如今靠近端门的地方种了两排，虽然为游客提供了树荫，但午门给人的那种严肃、壮丽的感觉则少了许多。

事实上，不仅前三殿没有植树，就是从天安门到午门的御路两旁也没有植树。如今这些地方的树木都是清亡以后才种植的。但在后宫特别是御花园里到处树木林立，极富生活气息。

▲ 三大殿

太和殿的登基之礼

新皇帝的登基大典是所有典礼中最重要的。清代住在紫禁城的十位帝王，除顺治在沈阳故宫即位、嘉庆帝受乾隆帝禅位之外，其余八位皇帝都是在上一代皇帝即大行皇帝的丧期内即位的。在27天的丧期后，大行皇帝的棺椁运往山陵前，新任帝王需在太和殿举行登基大典。

典礼之前会先由大臣分别祭告天地、太庙、社稷坛。典礼当天，凌晨天亮之前，礼部官员就要进入太和殿，安置好皇帝的御座、放置玉玺的御案，典礼所用的乐器、卤簿、仪仗、法驾也要陈设到位。

▲ 登基大典中所用的仪仗

天色微明时，皇帝在住处先行受命礼，然后换上礼服，头戴旒冕，身着衮服，前往太后宫，向太后行三跪九叩大礼。行礼后，皇帝回到乾清门，待吉时一到，便在侍卫的扈从下，乘坐肩舆前往外朝，在保和殿降舆，先到中和殿升座，在中和殿接受重要官员和侍卫的行礼。随后礼部尚书来到中和殿，跪奏新皇帝即皇帝位，于是皇帝来到太和殿，登上太和殿宝座。按典礼规定，应演奏中和韶乐迎请皇帝升座，但由于处在丧期，音乐设而不作，只在午门上鸣钟鼓。皇帝坐定后，阶下鸣鞭三下，群臣早已按照品级跪好，并依据口令行三跪九叩礼。在百官行礼时，音乐设而不作，群臣庆贺的表文也进而不宣。

礼毕，大学士来到皇帝宝案前，将饱蘸印泥的皇帝玉玺盖在即位诏书上，随后大学士将诏书捧出，交由礼部尚书捧诏书至阶下，交礼部司官放在云盘内，由銮仪卫的人擎执黄盖共同由中道出太和门，再鸣鞭，皇帝回宫。文武百官分别由太和门两旁的昭德门、贞度门随诏书出午门，将诏书放在龙亭内，抬至天安门城楼以金凤颁诏之礼布告天下。皇帝则返回内廷，换上孝服，继续守孝。

嘉庆皇帝即位时，前任乾隆皇帝还未故去，所以其即位仪式与众不同。这次典礼在嘉庆元年正月初一举行，典礼上85岁的乾隆皇帝亲自将宝玺授予37岁的儿子嘉庆帝。由于宫中没有丧事，所以整个典礼都是在庄严、愉悦的气氛中进行的，不少周边国家的使节也参加了这一盛典。

▲ 登基大典中所用的"金八件"中的金交椅

溥仪哭闹太和殿

非常有趣的是，1908年年仅三岁的清朝末代皇帝溥仪在其父载沣的扶持下，端坐于殿内宝座上举行登基仪式。大典刚开始，文武百官的朝贺声就将这个小皇帝吓得大哭。他父亲只好哄着他说："别哭，快完了。别哭，快完了。"当时许多大臣都认为溥仪父亲的话是很不吉利的。非常巧合，三年后辛亥革命爆发，清王朝被推翻。以上故事情节在著名电影《末代皇帝》中都有展现。

太和殿匾额为何无满文

清代皇帝是满族，所以紫禁城中宫殿的匾额都应是汉文和满文并列。但太和殿等外朝宫殿的匾额却只有汉文而不见满文。这是为什么呢？原来1911年溥仪退位时，按和约议定，他暂居内廷，外朝部分交给民国政府。1915年，袁世凯准备在太和殿登基称帝时就把外朝宫殿匾额上的满文全部去掉了。但袁世凯只做了83天皇帝就被迫取消帝制。现在太和殿等上面被袁世凯修改过的匾额也就成了他窃国的历史见证。

▲ 幼年溥仪

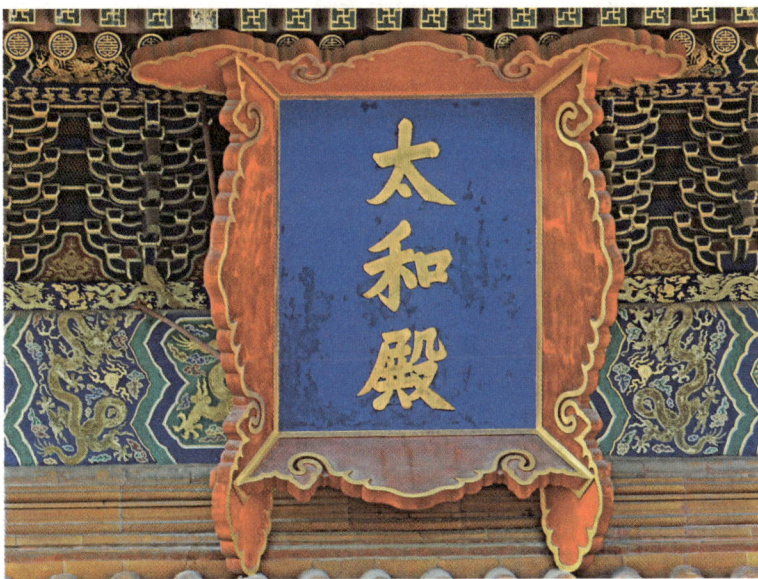

▲ 重檐庑殿顶间的太和殿匾额

脊兽·狮子

脊兽中排第三的狮子体大雄壮，象征勇猛威严。

袁世凯的登基大典

1913 年，袁世凯由临时大总统转为正式大总统，于是决定 10 月 10 日在紫禁城太和殿举行隆重的就职典礼。当天 10 时许，典礼正式开始，在鼓乐声中袁世凯身着陆海军大元帅礼服，坐在八人抬的彩舆中登上太和殿台阶，然后在亲军的簇拥下进入大殿。10 点 15 分，袁世凯面向议长、议员席宣誓："余誓以至诚，谨守宪法，执行中华民国大总统之职务。"誓毕，袁世凯向三面来宾鞠躬，文武官员、翊立使、拱卫亲军都齐声高呼"万岁"。典礼结束后，袁世凯又在段祺瑞等武官的簇拥下登上天安门城楼检阅步、马、炮三军。

▲ 袁世凯戎装像

袁世凯就任正式大总统后即迁入中南海。1915 年，袁世凯阴谋复辟帝制，并计划改 1916 年为洪宪元年，准备在元旦举行登基大典，任命内务部总长朱启钤为大典筹备处处长、警察总监吴炳湘为副处长。登基地点设在紫禁城内三大殿。为了显示新王朝开基，太和殿更名为"承运殿"，取意"奉天承运"；中和殿更名为"体元殿"，取意"恭体黎元"；保和殿更名为"建极殿"，取意"建国立极"。按五行更替之说，洪宪王朝以火德王天下，尚赤，故殿内装饰一律改漆朱红色，殿中央的八根大柱加嵌赤金，饰以盘龙彩云。由于袁世凯是五短身材，清朝皇帝御座对他来说过于高大，所以又重新制作了"御极宝座"。

然而一切筹备妥当后，袁世凯却提前登基了，也许是心虚，他没有选在原定的太和殿，而是在中南海的居仁堂登基。1915 年 12 月 13 日袁世凯身着大元帅戎装，坐在居仁堂龙椅之上，头上未戴

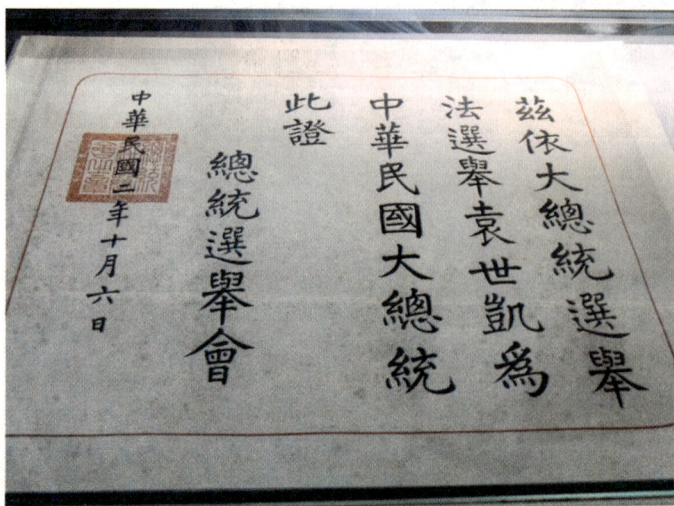

▲ 袁世凯当选中华民国大总统的证书

"叠羽冲天冠"，而是将其放在龙案上。赶来参加朝贺皇上登基的人随到随朝拜，由于事先没有统一的安排，朝拜之礼也不统一，有行三鞠躬礼的，有行跪拜礼的，还有行三跪九叩大礼的，朝拜秩序显得异常混乱，以致时人议论纷纷。就在袁世凯登基不久，蔡锷在云南举起了反袁大旗，一时间举国响应。1916 年 3 月 22 日，袁世凯被迫取消帝制，两个多月后就一命呜呼了。

金殿传胪

金殿传胪是国家科举大典，也是众多读书人的毕生荣耀。

在清代，保和殿殿试之后，经过数日紧张阅卷，即定出进士名次。阅卷后的次日清晨，便举行金殿传胪之礼，地点就在太和殿。典礼之前，銮仪卫设卤簿法驾于太和殿前，乐部和声署设中和韶乐于太和殿檐下两旁，设丹陛大乐于太和门内两旁。王以下、八分公以上的官员在丹陛上，文武各官在丹墀内，都身穿朝服，按品级排位，诸贡士穿公服，戴三枝九叶顶冠，按名次排立在文武各官的东西班次之后。礼部鸿胪寺官设一黄案于太和门内东侧，由内阁学士捧皇榜置于黄案之上。一切准备就绪之后，便到乾清宫奏请皇帝身着礼服出宫，到太和殿升座。

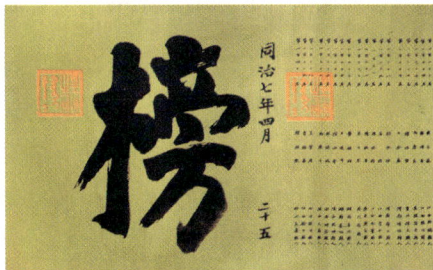
▲ 同治时期状元榜

▲ 状元匾

经三跪九叩礼之后，鸿胪寺官开始宣制："某年月日，策试天下贡士，第一甲赐进士及第，第二甲赐进士出身，第三甲赐同进士出身。"宣制毕，唱第一甲第一名姓名，鸿胪寺官引状元出班就御道左跪；唱第一甲第二名姓名，鸿胪寺官引榜眼出班，就御道右稍后跪；唱第一甲第三名姓名，鸿胪寺官引探花出班，就御道左又后跪。一甲三人姓名都传唱三次。唱第二甲第一名姓名等若干人，唱第三甲第一名某人若干名，都只唱一次，并且不引出班。唱毕，丹陛大乐奏《庆平之章》，诸进士行三跪九叩礼。而后由礼部堂官捧榜，用云盘承榜，黄伞前导，出太和门、午门。此时，皇帝还宫，诸进士、王公百官皆随榜而出，至东长安门外（今天安门东侧）张挂。状元率诸进士等随出观榜。而后，顺天府尹（北京的地方官）给新中状元、榜眼、探花者插金花，披上大红彩绸，用仪仗接到城北顺天府衙门里饮宴，以谢皇恩。所有金榜在张挂三日后便交回内阁收藏。

▲ 安徽休宁中国状元博物馆藏状元袍

体仁阁与弘义阁

体仁阁位于太和殿前广场东南侧，始建于明永乐十八年（1420 年），明初称文楼，嘉靖时叫文昭阁，清初改称体仁阁，意为躬行仁爱，典出于《易经》。体仁阁面阔九间，进深三间，高 25 米，黄色琉璃瓦庑殿顶。清代康熙年间，曾在此举行博学鸿词科考试，招贤纳士。清代各朝御容也曾收藏于此。乾隆朝后，此处成为清代内务府缎库。

弘义阁位于太和殿前广场西侧，与体仁阁相对而立，建筑形式完全相同。该阁始建于明永乐十八年（1420 年），明初称武楼，嘉靖朝改称武成阁，清初改称弘义阁，意为弘扬大义。清代的弘义阁为内务府银库，收藏金银及珠宝玉器等。现在的弘义阁仍然是明天启七年（1627 年）重建后的遗构，颇为珍贵。乾隆年间体仁阁被烧，后以弘义阁为蓝本重建。如今弘义阁修葺一新，内部辟为"皇朝礼乐展"展厅。在弘义阁南侧的廊庑内还有"清宫武备兵器展"，展出清代皇帝大阅、围猎及用兵时的仪仗及兵器。

▲ 体仁阁匾额

▲ 弘义阁

中和殿

中和殿在明初称华盖殿，明朝嘉靖年间改称中极殿，顺治二年（1645年）始称中和殿。中和殿高29米，平面呈方形，它的面积是三大殿中最小的。中和殿为单檐四角攒尖顶建筑，屋面

▲ 中和殿外景

覆黄色琉璃瓦，中为铜胎鎏金宝顶，叫"渗金圆顶"。这个圆顶除装饰外，还有重要的建筑功能。因为中和殿攒尖顶部正是四条屋梁交汇处，其木构件最怕雨淋而导致腐烂，渗金圆顶正好起到保护构件的作用。渗金圆顶如同一颗火珠，据说当年它反射的阳光可以照射到东华门外灯市口的一间庙里。

中和殿的使用功能主要有三个：第一，这里是皇帝去往太和殿途中的一个休息站。当太和殿举行盛大典礼或朝会时，皇帝要先到中和殿稍作休息，并接受执事官的跪拜。第二，每年祭祀天坛、地坛、太庙时，皇帝事先在这里看祭文。每年春分时，皇帝要到先农坛举行亲耕仪式。先农坛有皇帝自己的一块地，皇帝到这里扶一扶犁、锄一锄地，表示对农业的重视。每次去先农坛之前，皇帝也要先到中和殿阅视祭文并检查农具。第三，清朝规定每隔十年要纂修一次皇室的家谱，纂修好以后进呈皇帝审阅的仪式也在中和殿举行。

中和殿内部陈设

▲ 中和殿内景

中和殿内部也设有御座，御座上高悬乾隆皇帝御书的"允执厥中"匾额，其典故出自《尚书·虞书·大禹谟》："人心惟危，道心惟微，惟精惟一，允执厥中。"意思是人心危险，道心精微，要精研、要专一，诚实保持中道。保持中道正与中和殿殿名相符。御座左右的柱子上，也有乾隆御手书的对联：

时乘六龙以御天所其无逸

用敷五福而锡极彰厥有常

意思是太阳驾六龙永恒地在天空中运行，圣王的作为没有安逸的时候。君主因广布五福才得到民众拥戴，彰显君王的德泽要持之以恒。其重点就在于"无逸"和"有常"，提醒着君主要勤于政务，并持之以恒。

保和殿

▲ 保和殿外景

保和殿在中和殿后面，是三大殿中最北面的一座宫殿。保和殿面阔九间，进深五间，重檐歇山顶，建筑面积1240平方米。屋顶上采用黄色琉璃瓦，上、下檐角安放了9个走兽。上檐为单翘重昂七踩斗栱，下檐为重昂五踩斗栱。内、外檐都采用了金龙和玺彩画，天花则是沥粉贴金正面龙，精美华丽，但如今已经斑驳。

在明代，大典前皇帝常在保和殿更衣。到了清代，每逢除夕和正月十五，皇帝会在保和殿举行宴会，宴请蒙古、新疆等外藩王公及文武大臣。另外皇帝女儿下嫁时，皇帝也会在此宴请驸马和他的父亲及其家族中当官的人。另外，自1789年起清代殿试（科举考试的最高一级）地点由太和殿移到保和殿。清朝顺治至乾隆年间，曾设置以保和殿命名的"保和殿大学士"一职，即所谓的"三殿三阁大学士"之首，鄂尔泰、张廷玉等都曾获此官衔。至乾隆任命傅恒后未再有任命。

保和殿内陈设

保和殿内部结构采用"减柱造"特殊法式，减去了殿内前檐六根金柱，开阔了空间。殿内"金砖"铺地。东西两梢间为暖阁，安板门两扇，上加木质浮雕如意云龙浑金毗庐帽。殿内宝座居中，宝座上方悬挂有乾隆帝御笔书写的"皇建有极"匾额。匾额两侧巨柱上有对联：

祖训昭垂我后嗣子孙尚克钦承有永
天心降鉴惟万方臣庶当思容保无疆

意思是祖宗训诫昭明永垂，我后嗣子孙尚需敬奉继承直到永远。皇天之仁照临天下，为君者须知容护抚育天下臣民的使命没有止境。这是对皇帝职责的一种鞭策。

▲ 保和殿内景

殿试之所

中国科举考试共有四个等级，第一级考试为院试，由县里主持，考中以后称"秀才"。第二级考试为乡试，在省里举行，考中以后称"举人"。第三级考试为会试，由中央礼部主持，考中以后称"贡士"。一般贡士们就已经获得了进士资格，但要被确认为进士则还需要皇帝亲自赐予，也就是要经过第四级考试——殿试。殿试每三年举行一次，考生只有通过前三级考试才有资格参加殿试。殿试由皇帝亲自命题，指定大臣阅卷，前十名的卷子要由皇帝亲自批阅。考取第一名的为状元，第二名叫榜眼，第三名称探花。凡殿试获通过的都称"进士"，并获得做高官的资格。乾隆五十四年（1789年）之前，殿试在太和殿举行，贡士们在露天的太和殿广场答卷，后遇雨而改在廊下举行。自这次被雨干扰的殿试之后，乾隆皇帝便决定殿试改在保和殿举行，考场就设在保和殿内。

▲ 殿试场景

脊兽·狻猊

脊兽中排第六的狻猊是古代汉族神话传说中龙生九子之一，能食虎豹，象征威武。

云龙石雕

保和殿后面的大门称云台门，门下的丹陛上有一块巨大的雕刻着龙、云、海水和山崖的御路石，人们称之为云龙石雕。这是我国现存最大的一块石雕，原为明代雕刻，清代乾隆时期又重新雕刻而成。石雕图案为在海水江崖、飞云和缠枝的莲花纹之中，有九条口戏宝珠的游龙，它们的形象生动，生机盎然。石雕的石料来自京西房山的石窝村，重达250多吨。据说将这个庞然大物从房山拖到北京皇宫，费银达11万两。沿途先修路，每隔一里打一口井，在冬天严寒时节搬运，取净水泼地成冰，使路面平整光滑。巨石被装在特制的旱船上，船体下方垫滚木，两万民工和1000匹骡马在路两边拉，每天也就走五里地。这样耗时将近一个月才将其运进皇宫。

▲ 保和殿后面的大石雕

位育宫与清宁宫

在清代早期，保和殿曾经是顺治皇帝和康熙皇帝的寝宫。清朝初年，乾清宫处于战乱后的破败状态，无法居住，清朝统治者只好将保和殿加以修葺，更名为位育宫，作为八岁的顺治皇帝的寝宫。顺治五年（1648年），平西王吴三桂要前往汉中驻守，行前，顺治皇帝特意在保和殿寝宫为吴三桂赐宴，并赐予厚礼。顺治皇帝成年后，也在此举行了婚礼。康熙皇帝继位后也住在保和殿，当时改称清宁宫。他在此一共住了八年，最后两年已经开始亲政。康熙皇帝将三藩、河务、漕运三大事务的大略写成大字挂在宫柱上，日夜提醒自己。

▲ 顺治皇帝朝服像

▲ 康熙皇帝朝服像

内廷后三宫

　　保和殿后面是一个东西向的长方形广场，俗称"天街"。以这个广场为界，以南为外朝，以北为内廷，内廷的核心就是位于中轴线上的后三宫——乾清宫、交泰殿、坤宁宫。

　　在古代，外朝是皇帝理政、举行典礼之所，内廷则是皇帝和后妃的生活区，因此内廷的宫殿数量比外朝多得多，但宫殿的体量则不如外朝，而且排列紧凑，富于变化，尺度上更适合居住，更具生活气息。

　　在明代和清朝前期，后三宫中的乾清宫和坤宁宫分别为皇帝和皇后的居所。清雍正以后，后三宫不再住人，而成为更具礼仪、祭祀功能的场所。

乾清门

乾清门始建于明永乐十八年（1420 年），清顺治十二年（1655 年）重修。乾清门面阔五间，进深三间，高约 16 米，单檐歇山顶，坐落在 1.5 米高的汉白玉须弥座上，周围环以雕石栏杆，门前三出三阶，中为御路石，

▲ 乾清门

其左右各有一只鎏金铜狮。大门中间开三门，门厅比较敞亮，两侧为青砖槛墙，方格窗。檐下施单昂三踩斗栱，绘金龙和玺彩画。门两侧为"八"字形琉璃影壁，壁心及岔角以琉璃花装饰，花形自然逼真，色彩绚美艳丽，在阳光的照射下流光溢彩，将乾清门映衬得华贵富丽。在乾清门内，有高台甬路连接乾清宫月台。

乾清门前是一个长方形的小广场，俗称"天街"。乾清门东西两侧墙根处各建有朝房 12 间，东侧朝房自东向西依次为外奏事处、散佚大臣值班处、文武大臣待漏之所和侍卫值宿房；西侧朝房自东向西依次为侍卫值宿房、总管内务府大臣办事处和军机处值班房。这两排房屋的南面各设有五间同样的朝房，东侧为宗室王公奏事待漏之所，西侧为军机章京值舍。

广场的东侧为景运门，西侧为隆宗门，文武大臣到乾清门奏事都是从这两个门进入的。

铜狮、铜缸

乾清门门前有铜狮、铜缸各一对，都是鎏金的，显得金碧辉煌。仔细观察乾清门铜狮，会发现东侧的比西侧的稍微靠前一点，因为东侧的铜狮曾经被人挪动过。据晚清太监的传说，曾经有位曹姓侍卫孔武有力，在和其他侍卫打赌时将东边的狮子向前推动了寸许，他非常自豪，还将自己的名字刻在了狮子身上，但这个刻字至今也没有找到。此处的鎏金铜缸也是用来贮水灭火的。

▲ 乾清门前铜缸

▲ 乾清门前铜狮

御门听政

　　明代皇帝在太和门听政，清代皇帝则选择在乾清门听政。御门听政由太和门改在乾清门的惯例始于顺治帝。在康熙帝年轻时，往往在早上辰时（7点）就已经结束了御门听政，后来改在辰时开始听政，春夏为辰初初刻（7点），秋冬为辰正初刻（8点）。听政时，皇帝坐在乾清门内的临时座位上，前来奏事的官员跪在门口向皇帝报告，然后皇帝做出决定，称为"降旨"。奏事完毕后，该大臣从东面的台阶退下。然后轮到下一位官员上奏。在清朝皇帝中，康熙帝是采用这种形式处理政事中最为勤奋的皇帝。在位期间，他除了到畅春园和避暑山庄外，几乎天天到乾清门听政。直到他年老后大臣们

▲ 御门听政最为勤奋的康熙帝

劝他保重身体，但他依然如故。康熙的不少重大决定都是在乾清门听政时做出的。雍正、乾隆以后，听政次数日益减少，常常一个月才举行一次，到咸丰帝的时候听政活动结束。

大臣上朝

　　早朝虽然在辰时开始，但大臣们为了表示对皇帝的尊重，都会提前一两个时辰来到宫门外，往往都是天还没亮就从家中出发，乘坐马车或轿子前往皇宫。午门、东华门、西华门开启后，大臣们鱼贯而入，经过隆宗门或景运门，前往乾清门两侧的朝房内等候上朝。在皇帝上朝时间的前一刻，大臣们需按规定站立在乾清门前，恭候皇帝升殿。大臣上朝的规矩极严，尤其不能迟到。所以大臣们宁可早来，也不敢迟到，所以御门听政的过程中迟到的事情极少发生。乾隆年间，孝贤皇后的弟弟傅恒有一次表没有上发条，结果误了上朝时间。直到乾隆帝已经端坐在御座之上，傅恒才气喘吁吁地跑来站在自己的班位上。值班的侍卫开玩笑地说："相公如此气喘，想必是因为身子太肥了。"乾隆皇帝对此颇有不满，接口说道："岂止是身子肥，心也太肥了！"结果搞得傅恒既紧张又羞愧，连续几天都心神不宁。

▲ 大学士傅恒

隆宗门

隆宗门位于乾清门前广场西侧，是紧靠皇帝住所的一处重要禁门，非急奏待旨或皇帝宣召，即使王公大臣也不许擅入。"隆宗"意为国本兴盛。此门面阔五间，黄琉璃瓦单檐歇山顶，单昂三踩斗拱，梁枋绘墨线大点金旋子彩画。明间以及两次间被辟为门道，门扉设在后檐金柱处。门道内外设有礓磋慢道，以方便车舆通行。隆宗门内北侧是军机处值房，门外正西是慈宁宫。清代的几位皇帝在西郊皇家园林去世后，其梓宫都由此门入，并在门内斋戒举哀。

▲ 隆宗门匾额

天理教进攻紫禁城

嘉庆十八年（1813年），中原发生天理教起义，林清策划并领导了京畿地区的一支队伍直接进攻紫禁城，史称"癸酉之变"。当年九月十五日，起义军乔装改扮，分两路从东华门、西华门进入宫城。进入西华门的一支起义军在当内应的太监引领下攻至隆宗门，隆宗门已被守军关闭。天理教徒企图翻墙进入隆宗门内开门，遂爬到养心殿南侧的膳房屋顶，被守卫在养心殿的皇二子旻宁（即日后的道光帝）用火枪打死二人。随后天理教徒遭清军镇压，很快失败。天理教徒和清军在隆宗门激战时，有两支箭射在隆宗门上，一支位于隆宗门内侧（东侧）北起第二排第四根椽头上，另一支在隆宗门外侧（西侧）檐下门额"隆宗门"三字中的"宗"字左侧。这两支箭的箭杆已无存，仅余箭镞深入椽头及门额的木头中，10多厘米长的箭铤外露。

▲ 天理教起义首领林清

景运门

景运门位于乾清门前广场东侧，与西面的隆宗门遥相呼应，面阔五间，黄琉璃瓦单檐歇山顶。"景运"意喻国运光大。景运门坐西朝东，和乾清门前广场西侧的隆宗门形制相同。景运门内北侧是蒙古王公大臣值房以及九卿值房，南侧是奏事待漏值所。景运门外东侧是奉先殿，北侧是毓庆宫。景运门是通往内廷的重要禁门，平时严禁官员擅入。清朝自亲王以下，文职三品、武职二品以上大员及内廷行走各官所带之人到门外台阶20步以外便止步，严禁擅入门内。

▲ 景运门匾额

军机处

出西一长街，右侧有一排房子，自东向西分别为侍卫值宿房（东四间）、军机处大臣值房即军机处（中四间）、内务府大臣办事处（西四间）。1729年，因西北地区叛乱，军

▲ 军机处外景

务繁忙，雍正皇帝特意设立了一个临时军政机构，开始名为军机房，后来改名为军机处。军机处就设在乾清门西侧的养心殿外，当时正在西北用兵，军事上需要集中力量迅速解决，以防贻误军机。而内阁在紫禁城的东南角，离皇帝居住的养心殿较远，如果夜里遇到紧急军情，皇帝无法及时召集官员宣布谕旨。而且内阁人多嘴杂，容易泄漏军事机密。军机处本是一个非常时期的临时机构，自诞生之日起就摆脱了正式官僚体系的壅滞、烦琐的毛病，非常适合皇帝加强君权的意愿，所以在准噶尔战事结束之后，按理应裁撤军机处，但非但不将其撤销，反而进一步扩大了军机处的权力，使其超越议政王大臣会议、内阁而成为清朝中后期最主要的政治核心。直到宣统三年（1911年）责任内阁成立后军机处才最终撤销。

军机处的构成与职能

军机处主要成员为军机大臣和军机章京。军机大臣员额不定，最少三人，最多不超过十人，通常为四至七人，尤以五至六人为最常见，由亲王、大学士、尚书、侍郎或京堂充任军机大臣，通称大军机。设首席军机大臣，或称领班军机大臣，一般由满族亲王或大学士担任。其他任职者按各人资历分别被任命为军机处行走、大臣上行走、大臣上学习行走等。军机大臣须每天值班，

▲ 军机大臣的桌案

等候皇帝随时召见。另选内阁中书等担任军机章京，通称小军机，满汉各半，掌缮写谕旨、记载档案、查核奏议。军机处具体职掌：撰拟谕旨和处理奏折；议大政，议后提出处理意见，奏报皇帝裁夺；谳大狱，参与重大案件审拟；参与对重要官员的任免和考核；随侍皇帝出巡，奉旨出京查办事件等，用寄信上谕的名义对各地各部官员发布指令，凡特旨简放大员，如大学士、六部、九卿、督抚、将军、提督、学差、主考及驻外使臣，皆由军机处开单请旨。

低调寒酸的权力核心

　　军机处虽然号称权力中枢，但相比于紫禁城内的其他建筑，乾清门外的军机处办公区实在是很不起眼，充分体现了清代君权的至高无上和相权的弱小。清末大臣梁凤墀曾调侃道："军机处三间破屋，中设藜床，窗纸吟风，气寒彻骨，则军机大臣之起居不过如此！"但屋子虽然简陋，却不妨碍工作的高效率。军机大臣每天阅览各衙门奏章，然后前往旁边的养心殿，参赞机要，聆听皇帝对各项事务的批复，然后回到军机处，凭记忆将皇帝口谕草拟为诏书，然后再到养心殿请皇帝定夺，皇帝同意后便作为正式诏书颁下。军机大臣办事辛苦，屋外廊下常常摆设着烧饼、馃子之类，这些点心虽出自宫廷，实际颇为寒酸。有大臣吃不惯，还会趁中午短暂休息时出宫到东华门外买点小吃调剂一下。

▲ 奏事匣子

▲ 军机处电文

▲ 某军机大臣用过的水烟袋

皇帝身边的苦差事

　　军机大臣地位尊崇，在内廷的行走班次仅次于御前大臣，而且每日都能一睹天颜，在外人看来确实是风光无限。但也有叫苦之事，首先就是得经常下跪。由于皇帝一日召见数次，每次都得长跪，要是碰上元旦或万寿节庆，一天起跪上百次，一些年老体弱者还真吃不消。其次就是花钱太多，每逢赐宴、赐福寿字、赐御笔书画、赐磁器、赐燕窝、赐绸缎、赐皮张等都得花钱打赏，其他进贡、太监赏号更是难以计数。

▲ 雍正时首任军机大臣鄂尔泰

乾清宫

从乾清门进入，就到了紫禁城内廷。内廷有乾清宫、交泰殿、坤宁宫三座主要殿宇，矗立在单层台基之上，体量、尺度比外朝三大殿都小了不少。乾清宫与坤宁宫分别为传统意义上的帝、后寝宫。乾、坤分别为《周易》中的卦名，乾表天，坤表地。《道德经》第三十九章："天得一以清，地得一以宁。"是谓"乾清坤宁"。乾清为天有道，则星斗不乱、四时有序。乾清宫前左右有日精门、月华门，寓有"乾坤日月明，四海皆升平"之意。

乾清宫是内廷正寝，与乾清门之间有一条宽阔的甬道相连。乾清宫面阔九间，进深五间，为重檐庑殿顶，是内廷等级最高的殿宇。殿前丹陛上陈列有龟、鹤、日晷、嘉量、宝鼎等，但比太和殿要小一些。丹陛的东西两侧各有一座江山社稷金殿。大殿东为昭仁殿、西为弘德殿。

明朝时，乾清宫是皇帝的寝宫。大殿中间为明间，设有御座，东西两侧各有东西暖阁，暖阁内设有皇帝就寝的龙床。明朝十四帝和清朝前两位皇帝在位时，只要乾清宫尚在，都以其为居住及处理日常政务的地方。到雍正帝即位时，为缅怀父亲康熙皇帝，不忍移居乾清宫，便把寝宫移到西路的养心殿。此后，乾清宫就成为举行重要的内廷典礼活动以及引见官员、接见外国使节的地方。另外，皇帝驾崩后也需在乾清宫治丧，停灵三天。

▲ 乾清宫外景

脊兽·斗牛

脊兽中排第九的斗牛是除祸灭灾的吉祥雨镇物，传说遇阴雨可作云雾。

江山社稷金殿

在乾清宫前丹陛的东西两侧各有一座汉白玉文石台，上面雕刻着精美繁复的云水纹，台子上面各有一座镏金宫殿，左边的叫江山金殿，象征国土完整，右边的叫社稷金殿，象征五谷丰登。这两座金殿是顺治年间重建乾清宫时增设的，举行典礼时在里面供奉香烛，烘托出庄严气氛。

▲ 江山社稷金殿

▲ 乾清宫前的"老虎洞"

老虎洞

在乾清宫露台南沿和御路、阶陛衔接处有3个涵洞，各高约2米，宽约1米，可以从中穿行，这就是"老虎洞"。据说，伺候皇帝的太监不能登上露台和御路，只能在老虎洞中来往穿行。明代天启皇帝幼年时喜欢在明月夜和太监玩捉迷藏，而他最喜欢躲藏的地方就是这个"老虎洞"。其实皇帝袖中总是放着香料，太监们循着香味，很容易就能判定皇帝藏匿的地方。清朝时为了防止后世子孙昏庸如天启，便修了金殿将其封上。

乾清宫内景

乾清宫正中设有御座，御座上方高悬"正大光明"匾，此匾最初是由顺治皇帝手书的，康熙皇帝和乾隆皇帝都曾临摹，目前的版本是乾隆皇帝临摹的。康熙皇帝曾对这四个字推崇备至，称其："结构苍秀、超越古今。仰见圣神文武，精一执中，发于挥毫之间，光昭日月，诚足媲美心传。"自雍正朝以后，皇帝的即位诏书就放在这块匾后面的镐盒之中。

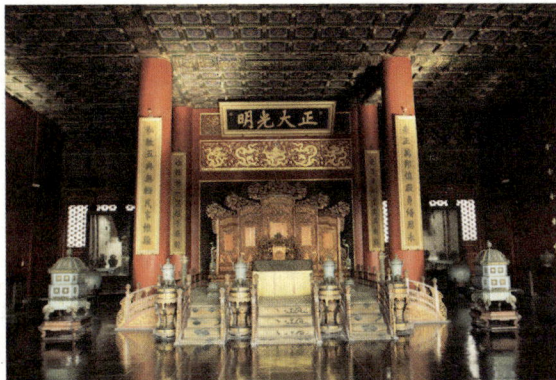

▲ 乾清宫内景

"正大光明"匾下绘有五条金龙，匾下就是皇帝的御座。御座矗立于高台之上，高台正中为宝座，前设御案，宝座后为金漆屏风。宝座和屏风上雕龙无数。宝座周围有仙鹤、香筒、香炉，重要朝会时里面会点燃熏香，使得宝座更显神圣。

宝座两侧各有两根大柱，柱子上有两副对联。前面的一副为康熙御笔：

表正万邦慎厥身修思永
弘敷五典无轻民事惟难

后面的一副为乾隆御笔：

克宽克仁皇建其有极
惟精惟一道积于厥躬

▲ 秘密建储匣

"正大光明"匾与秘密建储

乾清宫后墙上有一块大匾，上书"正大光明"四个字。这是清军入关后清朝第一个皇帝顺治帝的笔迹，康熙帝临摹后悬挂在这里。"正大光明"匾和清代一项非常重要的制度——"秘密建储"制度有关。这种制度是雍正帝设立的，他继位以后，吸取了古代皇子为争夺皇位经常发生流血冲突的教训，把未来继承帝位的皇子姓名先写在两封密诏上，分藏在两个镐盒中。一个随身密藏，另一个放在"正大光明"匾的后面，等皇帝驾崩以后，由朝廷重臣和王公贵族把这两张纸取出来，只要上面的名字是一致的，那么是谁的名字就由谁登基称帝，这在一定程度上减少了皇子之间的争斗。雍正以后的乾隆、嘉庆、道光、咸丰都是通过这种"秘密建储"的方式来继位的。咸丰只有一个儿子，同治、光绪都没有儿子，所以这一制度到清代后期就自行废止了。

皇帝停灵处

乾清宫既是皇帝的寝宫，也是皇帝的停灵处。明代自宣宗以来的历代皇帝，除武宗死于豹房、崇祯自缢于景山外，其余皇帝均死在乾清宫。清代康熙以后的皇帝虽不再居住在乾清宫，但死后依然要到乾清宫治丧。按照礼仪规定，皇帝驾崩后，其梓宫要在乾清宫停放一段时间，然后再转至景山观德殿，并择吉日出丧，入葬山陵。

在丧礼期间，对故去的皇帝称大行皇帝，乾清宫内会安设素白的帏幛，帏下安放大行皇帝梓宫，乾清宫的两庑都垂挂着白布帘。后妃、王公、百官、外藩、外使都身穿素服，按规定位置站立，依次入内哭灵。继位皇帝则以乾清宫的东庑或南庑为居丧期间的居所，称之为倚庐。倚庐内陈设简陋，皇帝要以最简朴的方式证明其心情沉痛。

在明代，大行皇帝用过的冠服、器物和珍玩一般会入葬山陵。而清初顺治帝的用品则在乾清门外悉数焚烧，火焰中的宝器发出爆豆般的声响，火焰呈五色。雍正帝在为康熙帝治丧时不再焚烧，而将其用过的物品予以珍藏，其中一些赐给王公和侍卫。乾隆皇帝也照此办理，将雍正的一些御用之物赐给大臣，令他们供奉于家中，随时瞻仰。

▲ 俯瞰景山观德殿

嘉靖"壬寅宫变"

嘉靖二十一年（1542年）十月二十一日凌晨，嘉靖帝正安卧乾清宫，不料十几个宫女决定趁他熟睡时把他勒死。先是杨玉香把一条粗绳递给苏川药，苏川药又将拴绳套递给杨金英。邢翠莲把黄绫抹布递给姚淑皋，姚淑皋蒙住嘉靖帝的脸，紧紧地掐住他的脖子。邢翠莲按住他的前胸，王槐香按住他的上身，苏川药和关梅秀按住他的左右手。刘妙莲、陈菊花分别按着他的两腿。待杨金英拴上绳套，姚淑皋和关梅秀两人便用力去拉绳套。眼看她们就要得手，绳套却被杨金英拴成了死结，最终才没有将这位万岁爷送上绝路。宫女张金莲见势不好，连忙跑出去报告方皇后。前来解救的方皇后也被姚淑皋打了一拳。王秀兰叫陈菊花吹灭灯，

后来又被总牌陈芙蓉点上了，徐秋花、郑金香又把灯扑灭。这时管事的太监被陈芙蓉叫来了，这些宫女才被捉住。嘉靖帝虽没有被勒断气，但由于惊吓过度，一直昏迷着，好久才醒来。这件事发生在嘉靖壬寅年，史称"壬寅宫变"。事后，这些宫女均被凌迟处死。嘉靖帝因为惊吓过度，很长时间都不敢再住在紫禁城，而是搬到西苑居住。

关于宫变的起因，历史上众说纷纭，野史中则有诸多揣测。

一种说法是因为嘉靖帝迷信道教，听信方士所言，取处女经血炼制长生不老药。他命人挑选民间处女进宫成为宫女，但她们不得进食，只能吃些桑叶、喝点露水，宫女们不堪其苦，便决定谋害皇帝。

还有一种说法是奸相严嵩给嘉靖帝进献了一只五色龟，说是神龟，嘉靖帝深信不疑，命杨金英等宫女喂养。然而这只乌龟因被染色，已经体弱，最终还是死了。惊恐的杨金英向王宁嫔求救，王宁嫔便给她出主意，让她趁早上曹端妃去御膳房监煮甘露时，支开宫里的守护宫女，勒死皇帝，趁皇帝暴死后朝廷大乱而逃过问责。

无论哪种说法都与嘉靖帝的荒淫残暴密切相关。

▲ 嘉靖帝朝服像

垂兽是古代汉族建筑垂脊上的兽件，呈兽头形状，内有铁钉，起防止垂脊上的瓦件下滑的作用。它象征铲除邪恶、主持公道。

红丸案与移宫案

明朝末年，明王朝可谓千疮百孔，群丑登场，乱政迭出，还发生了至今依然存疑的"明末三大疑案"——梃击案、红丸案和移宫案，这三大案件中红丸案和移宫案都发生在乾清宫。

明朝万历四十八年（1620年）农历七月，万历帝驾崩，八月初一，皇太子朱常洛登基称帝，是为明光宗。明神宗宠妃郑贵妃一直谋害朱常洛不成，在朱常洛登基后就向他进

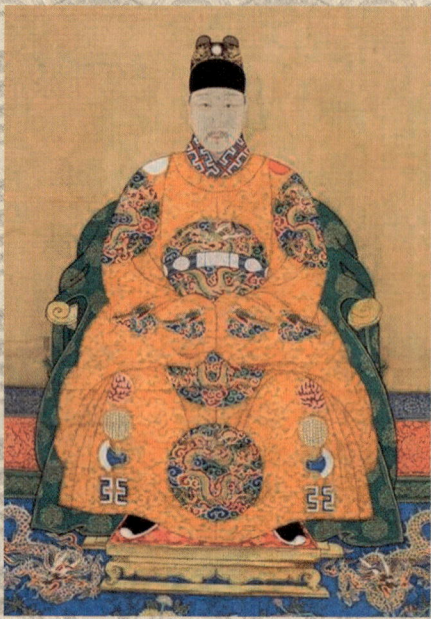

▲ 明光宗朝服像

献了8位美女，明光宗于是在内廷日日淫乐，由于纵欲过度，很快病倒，吃了太监进献的泻药后病情加重。八月二十九日他连续服用了李可灼进献的红丸，开始病情稍有好转，但旋即于次日凌晨暴毙。明光宗在位仅29天，还不到一个月。这就是著名的"红丸案"。

明光宗生前软弱，受制于宠妃李选侍，李选侍胁迫他封自己为皇后，但未能成功。当时皇长子朱由校年仅15岁，由李选侍抚养，明光宗驾崩后，李选侍与太监魏忠贤密谋，准备占据乾清宫，挟持皇长子，以把持朝政。都给事中杨涟、御史左光斗等为防止其干预朝事，与李选侍斗争多日，最终逼迫她搬出乾清宫，移住到仁寿殿哕鸾宫。这就是"移宫案"。

两案发生之后，朱由校顺利登基，是为明熹宗。万历年间，他父亲在宫中一直受压制，无暇顾及对朱由校的教育问题，而明光宗在位仅一个月，连皇太子都来不及册封便驾崩了，于是朱由校没有接受一天正式教育就继承大统。朱由校在位期间，整日痴迷于木工，对政事毫无兴趣，结果导致太监魏忠贤专权，明朝最黑暗的时期就此拉开大幕。

正德皇帝的"大烟火"

正德皇帝即明武宗朱厚照是明朝最荒唐的皇帝之一，他喜好逸乐，不愿受皇家礼制的束缚，因而做出了许多与其皇帝身份不符的荒唐事情。他喜好四处巡游，即便是呆在京师也很少住在乾清宫，他命人在西苑建了一座豹房，令江彬广选民间美女充实其中，他自己则日日在豹房寻欢作乐。江西宁王朱宸濠为取悦正德皇帝，向他进献了许多烟花爆竹。正德九年（1514年）正月十六晚，正德皇帝命人在乾清宫布置花灯，燃放烟火，结果不慎将乾清宫点燃，大火彻夜不灭。当时正德皇帝正在去豹房的路上，回望宫中火光冲天，竟然笑着说："好一棚大烟火也！"

▲ 明武宗朝服像

南书房

　　南书房位于月华门以南的廊房内。康熙年间，康熙帝为了方便与翰林研讨学问，特设立南书房，最初命侍讲学士张英、内阁学士高士奇入值，此为选翰林文人入值南书房之始。入值南书房的官员，称"南书房行走"，其官阶虽然不一定很高，但因为接近皇帝，因而对皇帝的决策有一定的影响力，高士奇甚至还为皇帝起草诏书。后来雍正帝设立军机处以后，南书房虽然仍为翰林入值之所，但已不再参与政事。皇帝除了向南书房翰林咨询学问外，有时还与他们一起访察民隐，闲暇时也邀请他们游园钓鱼、赋诗会问，形同师友。因此清代士人往往以入值南书房为荣。

　　清初不少著名文人学者曾入值南书房，如熊赐履、张玉书、徐乾学、陈廷敬、王士祯、查慎行、朱彝尊、方苞、沈荃、何焯、戴梓、黄钺等。1923年，王国维曾应召为"末代皇帝"溥仪的"南书房行走"。

曾任职"南书房行走"的陈廷敬

▲ 南书房所在地——乾清宫西南廊房

敬事房

　　敬事房是宫中太监总管、副总管的办公处，其位置就在南书房所在的廊房东侧，几乎正对乾清宫。明末臭名昭著的太监魏忠贤就以敬事房作为起居之处。

▲ 敬事房匾额

才学机敏的何焯

何焯（1661—1722），字屺瞻，号茶仙，江苏长洲人。他为人耿直，疾恶如仇，因此得罪了数位师傅，以致屡试不第，后经李光地引荐给康熙帝，进入南书房。康熙帝爱其才，赐其举人功名，让他参加次年的会试，可惜未中。康熙帝又破格准许他参加殿试，中二甲三名进士。此种特例，清朝只有何焯一人，堪称异数。在入值南书房时，何焯还奉命教皇八子胤禩读书，结果卷入康熙晚年的储位之争，一度下狱。康熙惜其才，命其免官校书。

流传甚广的"老头子"的故事，实际发生在南书房何焯身上。

据清宗室昭梿的《啸亭杂录》记载，何焯在南书房值班时"尝夏日裸体坐"，没想到康熙帝忽然驾临，何焯来不及穿衣，只好先藏到冬天取暖用的炉坑中，过了好久没听见康熙帝说话，便误以为他已经走了，就在炉坑中用苏州话问："老头子去否？"没想到康熙皇帝不但没走，还听懂了何焯的苏州话，见其光着身子称自己为"老头子"，大为震怒。何焯见大事不好，赶忙辩解说，"老头子"其实是尊称，"非有心诽谤也"，因为"先天不老之谓老，首出庶物之谓头，父天母地之谓子"，康熙帝听后转怒为喜，不再提处置的事。同僚们也都佩服何焯的博学与机敏。此事在朝野中被传为佳话，后被人附会到纪昀与乾隆帝身上。

康熙诗友查慎行

查慎行(1650—1727)，本名嗣琏，字夏重，浙江海宁人。他学史于黄宗羲，学诗于钱澄之，早年即颇有名声。曾在明珠府邸教授纳兰性德的弟弟诗文。后因在国丧期间观看《长生殿》，而被逐出京城，他痛定思痛，改名慎行。康熙四十二年（1703年），52岁的查慎行考中进士二甲第二名，随后授予翰林院编修，并与其侄子查升一起入值南书房，查升就是武侠小说家金庸的十世祖。

康熙帝非常欣赏查慎行的诗。有一次查慎行扈从康熙帝到西苑钓鱼，奉命作诗一首，诗中有"笠檐蓑袂平生梦，臣本烟波一钓徒"一句，康熙帝大为赞赏，御赐雅号"烟波钓徒查翰林"。雍正年间，其弟查嗣庭犯文字狱，查慎行也受到牵连，被逮捕入京。雍正帝知查慎行行为谨慎，特许其返乡，不久即去世。查慎行长子克建、堂弟嗣瑮都是进士。当时称海宁查氏"一门七进士、叔侄五翰林"，荣耀之至。

上书房

康熙年间，皇子们读书的地方在皇宫西南角的南熏殿一带，雍正帝即位后，腾出了乾清宫，并将乾清门东侧廊庑设为上书房，作为皇子们的读书处。清朝规定，皇子年满六岁便要拜师就读。上书房总师傅为翰林院掌院学士，总师傅保荐若干翰林官面见皇帝，皇帝挑选其中博学谨慎者，钦点为教授某皇子的师傅，并派一二人协助其工作，称为"上书房行走"。除了教汉文的翰林之外，还有称为"谙达"的满蒙文师傅若干人，均多以贵臣充任，又有内、外谙达之分，内谙达负责教授满蒙文，外谙达负责教授骑射。总师傅有事则来，不必日日入值。师傅们轮流入值，与皇子、皇孙们相见时仅以捧手为礼而不下跪。

据清人福格的笔记《听雨丛谈》记载，皇子入学读书时，"与师傅共席向坐，师傅读一句，皇子照读一句，如此反复上口后，再读百遍，又与前四日生书共读百遍。凡在六日以前者，谓之熟书。约隔五日一复，周而复始，不有间断，是非庶士之家所及也。每日功课，入学先学蒙古语二句，挽竹板弓数开，读清文书二刻，自卯正末刻读汉书，申初二刻散学。散学后晚食。每日一朝于上前及皇太后、皇后宫。率以为常，惟元旦、端阳、中秋、万寿、自寿，共放五日，余日虽除夕亦不辍也"。

上书房没有毕业的概念，皇子们在上书房读书的时间往往很长。嘉庆帝在上书房读书长达20余年，其继任者道光帝更长达30余年，乾隆年间就以皇孙的身份在上书房就读了。道光年间，奕詝和奕䜣兄弟一起在上书房读书，道光帝驾崩后，兄弟二人结束上书房读书生涯，奕詝成为咸丰帝，奕䜣则成为恭亲王。后来奕䜣因太后丧事问题而受到咸丰帝斥责，咸丰帝撤销了他的所有职务，命他仍回上书房读书。

▲ 曾在上书房读书长达30余年的道光帝

▲ 曾在上书房读书的恭亲王奕䜣

瓦当

瓦当是古建筑的构件，是屋檐最前端的一片瓦前端或位于其前端的图案部分，可保护木制飞檐和美化屋面轮廓。

交泰殿

"交泰"两个字是指天地相交、天地和谐的意思。交泰殿正好位于皇帝居住的乾清宫和皇后居住的坤宁宫之间，象征皇帝和皇后要和睦相处、相敬如宾。交泰殿地面为正方形，面阔和进深都是三间。屋顶采用的是黄琉璃瓦四角攒尖鎏金宝顶，双昂五踩斗栱，梁枋饰龙凤和玺彩画。大殿正中设有座位，上面有康熙帝御书"无为"牌匾，后有四扇由乾隆帝亲笔题写的《交泰殿铭》的屏风。殿顶内正中天花是八藻井设计。

在清朝，交泰殿的一个重要用途是皇后在重大节日或庆典，例如过生日或元旦时接受朝贺的地方。清朝皇后的生日叫千秋节。千秋节这天，庆典活动会在交泰殿举行，皇贵妃、贵妃、妃、嫔、公主、福晋、命妇等都要前来交泰殿祝贺，向皇后行六肃三跪三叩礼。然后皇子再向皇后行礼。另外，皇后亲蚕礼之前，也会在交泰殿陈设亲蚕礼的工具。

▲ 交泰殿匾额

▲ 位于乾清宫和坤宁宫之间的交泰殿

二十五宝

交泰殿御座两边有 25 个大盒子，这是清代存放 25 枚印玺的地方。不过，现在殿里的盒子已空，25 枚印玺已改放到外东路的珍宝馆了。

最初印玺共有 39 枚，乾隆十一年（1746 年），乾隆帝将 39 枚印玺经过挑选整理后保留了其中的 25 枚。为什么乾隆帝要选 25 这个数字呢？原来 25 被认为是一个天数（即奇数），它正好是阳数一、三、五、七、九之和。乾隆皇帝希望保存 25 枚印玺能够得到上天的保佑，他所统治的清朝能像周朝一样统治 25 代，自己就相当满足了。

这二十五宝分别为大清受命之宝、皇帝奉天之宝、大清嗣天子宝、皇帝之宝二方、天子之宝、皇帝尊亲之宝、皇帝亲亲之宝、皇帝行宝、皇帝信宝、天子行宝、天子信宝、敬天勤民之宝、制诰之宝、敕命之宝、垂训之宝、命德之宝、钦文之宝、表章经史之宝、巡狩天下之宝、讨罪安民之宝、制驭六师之宝、敕正万邦之宝、敕正万民之宝、广运之宝。这些印玺的材质有玉、金、檀香木等，存放在盒内，上面盖上黄绫。这些印玺分两列存放在交泰殿御座两侧，它们各有不同的用途。

用于发布诏令、法令的有"大清受命之宝""皇帝奉天之宝""敬天勤民之宝""制诰之宝""垂训之宝""敕命之宝"；

用于军事的有"皇帝信宝""制驭六师之宝""讨罪安民之宝"；

用于司法的有"皇帝之宝"；

用于教育文化的有"钦文之宝""表章经史之宝"等；

用于宗教活动的有"天子之宝"等；

用于颁发赏赐的有"皇帝行宝"等。

所有这些宝玺均由宫殿监监正管理。需要使用印玺的场合须经内阁向皇帝请示并得到许可方可使用。

清朝灭亡后，在溥仪居住于紫禁城后半部的 13 年间，二十五宝一直保存在交泰殿。1924 年 11 月 5 日溥仪被驱逐，执行命令的冯玉祥部下鹿钟麟查封了交泰殿。后来二十五宝由 1925 年 10 月成立的故宫博物院收藏。目前交泰殿依然有当年存放印玺的盒子，印玺本身则移到乾清宫东侧的珍宝馆内展出。

▲ 皇帝奉天之宝

▲ 大清受命之宝

▲ 表章经史之宝

斗拱组合

斗栱是古代汉族建筑特有的一种结构，是在柱子上部、屋檐之下用若干方形小斗和若干弓形拱层纵横穿插的组合构建。

{ 075 }

"无为"匾额

交泰殿后墙上有一块匾，上写"无为"两个大字，这是康熙皇帝题写的。中国古代道家和儒家都有"无为"思想，道家主张用顺应自然和不求有所作为的方法治理天下，儒家主张用德政感化人民和不施刑治的方法实现天下大治。

▶ 交泰殿内景

皇后的亲蚕礼

中国是个农业大国，历来对男耕女织的农桑之事非常重视。每年皇帝都要祭祀先农坛，并在"一亩三分地"举行亲耕之礼。而皇后则需祭祀先蚕坛，行亲蚕礼，为天下表率。亲蚕礼相传发端于周代，历代均有沿袭。

在清代，在亲蚕礼前两日，皇后要进行斋戒，管理祭祀事务的太常寺官员会将斋戒牌送至乾清门，再由宫殿监将其安放到交泰殿中的黄案上。次日，皇后来到交泰殿阅视礼仪工具。这些工具由内务府官员事先准备好，

▲ 北海公园的先蚕坛

放置在门外的龙亭和彩亭内。龙亭内放着皇后用的采桑金钩、黄筐。彩亭有两个，一个放嫔妃使用的银钩、柘黄筐，另一个放福晋、命妇使用的铁钩、朱筐。皇后会命宫官将工具放到交泰殿内，让她逐一阅视。然后宫官将其放回，由官员将其运至北海东北侧的先蚕坛备用。

亲蚕礼当天，辰时初刻，皇后便身着明黄纱云龙女朝袍，在后妃、福晋、命妇等人的陪同下乘坐凤舆前往先蚕坛，在那里行六拜三跪三叩礼，祭祀先蚕之神嫘祖。如蚕已生，则于次日举行躬桑礼（若未生，则等蚕生后实行）。当天皇后已时初刻乘凤舆出宫，到先蚕坛旁的桑林亲手采摘桑叶，然后随行的妃子、福晋、命妇等也依次上前采摘。采毕命蚕母、蚕妇将皇后等人所采桑叶送至蚕室切碎，撒喂给蚕。到了蚕结茧后，皇后还要再次前往先蚕坛，举行献茧缲丝礼，祭告先蚕之神，并取茧之圆洁者入筐，等回宫后献给皇帝。皇后、后妃等还会亲自取茧缲丝，缲丝出来的线由专人染成各种颜色，以供郊庙绣制祭服之用。

大自鸣钟

交泰殿宝座的右侧陈列着一个大自鸣钟，它是根据西方机械原理，由清宫造办处制造的。自鸣钟的外壳是中国式楼阁型木柜，通高5.8米，分上、中、下三层。钟楼背面有一小阶梯，登上去可以给自鸣钟上弦。这座自鸣钟虽已历经200余年，现在仍走时准确，可按时自动打点报时。

铜壶滴漏

交泰殿宝座的左侧有一个"铜壶滴漏"，这是中国古代的一种计时器。它由五个壶组成，每个壶底都有一个小孔。上边三个为"播水壶"，中间一个为"分水壶"，下边一个为"受水壶"。使用时，在第二个播水壶灌满水，水依次经过第三个播水壶、分水壶，最后滴到受水壶。受水壶里有一个铜人，手里拿着一个能升降的"漏箭"，箭上刻着12个时辰，同时在箭上连着一个水漂，水涨漂浮，通过水平线就可以测出几时几刻。

铜胎鎏金宝顶

宝顶是攒尖建筑的最高交会点，既具有装饰作用，又能加固屋顶，保护"雷公柱"免受雨水侵蚀。

▲ 硬木雕花楼式自鸣钟

▲ 铜壶滴漏

坤宁宫

　　坤宁宫在明代是皇后的寝宫，清朝顺治年间又仿照盛京（今辽宁沈阳）清宁宫的样式重新修建。坤宁宫面阔九间，最外两间为廊道，东暖阁两间为皇帝大婚时的洞房。中间四间为明间，是供萨满祭祀的场所。西边一间为存贮佛亭的场所。和其他宫殿相比较，坤宁宫正门开在偏东一侧，窗户由明代的菱花格改为直棂吊窗，窗户纸糊在窗外，这都是满族的风俗习惯。在大殿东西两侧各有一座暖殿，与乾清宫东西两侧的昭仁殿、弘德殿相对。东暖殿内高悬雍正帝手书匾额"位正坤元"，西暖殿御笔匾为"德洽六宫"，均体现了封建社会对皇后的德行要求。东暖殿以东为永祥门，稍北为基化门，均坐西朝东。西暖殿以西为增瑞门，稍北为端则门，均坐东朝西。

▲ 坤宁宫外景

坤宁宫洞房

坤宁宫的东暖阁在清代是皇帝大婚时的洞房。据记载，清代康熙、同治、光绪和末代皇帝溥仪都曾经在这里举行大婚仪式。现在的陈列是光绪大婚时的原状。洞房内南边是两个大炕，炕上铺着绣有龙凤双喜字的大炕褥，这两个炕是皇帝、皇后大婚时饮交杯酒之处。靠近

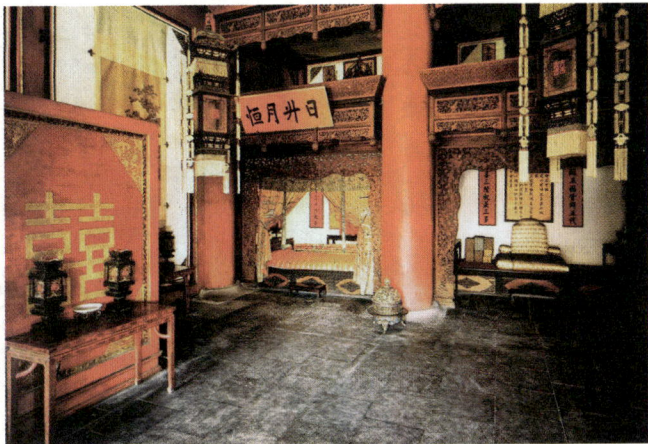

▲ 坤宁宫内光绪大婚洞房内景

北墙有一张龙凤喜床，床铺前挂的帐子和床铺上放的被子都是由江南精工织绣的，上面各绣有神态各异的 100 个顽童，称作"百子帐"和"百子被"，五彩缤纷，鲜艳夺目。非常有趣的是，皇帝、皇后结婚的时候只在这儿住两个晚上，第三天便各回自己的住所。皇帝结婚是极为豪华的，1872 年同治皇帝结婚耗费白银 1100 万两，1889 年光绪皇帝结婚时在国家极为贫困的条件下仍然耗费白银 550 万两。

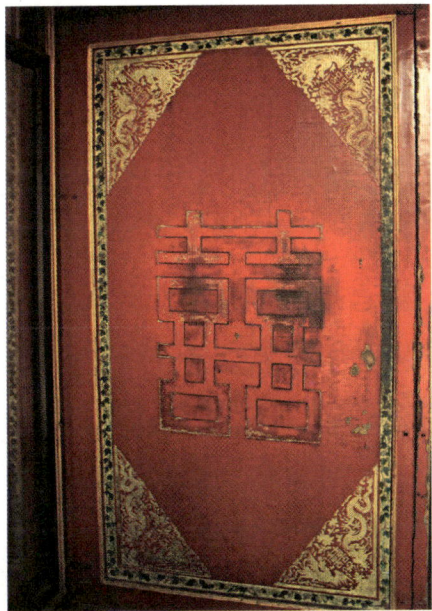

▲ 坤宁宫双喜门

曾经的皇后寝宫

明代皇后大多居住在坤宁宫，明朝灭亡时，崇祯帝的周皇后就是在坤宁宫自杀的。清代居住在坤宁宫的皇后很少，雍正以后的皇帝移住养心殿，皇后也不再居住在坤宁宫，而是择东六宫、西六宫之一居住。同治、光绪皇后曾于大婚时在此住了两天。而顺治帝时期坤宁宫被毁，无法居住。只有康熙皇帝的孝诚仁皇后和孝昭仁皇后才真正以坤宁宫为皇后寝宫，二位皇后最终也是逝世于此。除举行皇帝大婚之外，清朝皇后在元旦、冬至、太后的生日（称为"千秋"）时，率贵妃等朝见太后及皇帝之后会在坤宁宫休息，再至交泰殿接受妃嫔们的朝贺。

坤宁宫祭神

　　除东暖阁外，坤宁宫的其他部分均为萨满教的祭祀场所，萨满教为满族的一种宗教，每天早晨和晚上都要有人祭祀。凡是大祭的日子和每月初一、十五，皇帝、皇后都要亲自参加。所祭的神包括释迦牟尼、关云长、画像神、蒙古神等。祭神的时候要进酒、进糕、进肉，每次朝祭后撤下的肉一般赏给值班大臣和侍卫当场食用。据说当时的肉不好吃，因为不放任何油盐酱醋等作料，有些大臣为了吃上味

▲ 坤宁宫萨满教神堂

道好的肉，常买通太监，在吃肉的时候让太监偷偷地给一包盐，或把吃不了的肉偷偷地揣起来带回家吃。除了萨满教祭祀外，每年皇宫内的腊月二十三祭灶也是在坤宁宫的明间举行的。

坤宁门

　　坤宁门是后三宫通往御花园的正门，其坐南朝北，面阔三间，单檐歇山顶，覆黄琉璃瓦。明间设有门，中间一间装有两扇宫门。东西两侧的山墙斜出"八"字形琉璃影壁，两侧接坤宁宫的东、西庑房。坤宁门及其东西两侧在明朝是一道围廊，称为"游艺斋"，与御花园相接。崇祯皇帝喜好游艺斋，时常

▲ 坤宁门匾额

来此散心。有一天，崇祯皇帝在游艺斋突然想到一个问题：为何人们将购物称为"买东西"而不叫"买南北"呢？他派太监去翰林院询问，学识渊博的翰林们却答不上来。崇祯帝叫来内阁首辅大学士周延儒，周延儒解释说，按阴阳五行的说法，南方属火，北方属水。在民间，向人家借个火或是讨口水喝，都是免费帮忙，无须购买，所以没有"买南北"的说法。崇祯听后十分满意，认为周延儒的学问果然不凡。

御花园

　　穿过坤宁门就来到了御花园。御花园是明清两代皇帝、皇后茶余饭后休息游乐的场所。整个花园南北深 90 米，东西宽 130 米，占地面积为 11 000 多平方米。御花园内古柏老槐，郁郁葱葱；奇石盆景，千姿百态；亭台楼阁，星罗棋布；花石子路，纵横交错。整个御花园幽静古雅。御花园景点较多，大致可以分为中路、东路、西路三处。御花园北侧出顺贞门就到了皇宫北门——神武门。

御花园中路

御花园中路在紫禁城中轴线上，主要有天一门、钦安殿、顺贞门等建筑，沿线古柏森森。钦安殿是御花园的核心，是宫内做法斋醮之处。

御花园 ▶

▲ 连理柏

连理柏

一进御花园，迎面看到的是一棵连理柏，它由松、柏培育而成，有200余年的历史。御花园共有两棵连理柏，另一棵在钦安殿前，有400多年的历史，相比前面那棵，此树枝叶更加繁茂，也更加漂亮。连理柏，古人又叫"夫妻树""合欢树"。关于连理柏，有一个感人的传说。相传战国时期，宋国国君康王霸占舍人韩平的爱妻为妃，并强迫韩平到遥远的地方去干苦力，当工程完成后，康王就把韩平杀了。韩平的妻子闻讯后痛不欲生。在参加韩平葬礼的时候，她一头跳入墓中撞棺而亡。康王大怒，便把他们的尸首分开埋葬，但第二年在他们的坟头之上各长出一棵树，两棵树的上枝紧紧连在一起，并且常有百鸟在枝头跳跃、鸣叫。这就是"连理柏"的由来，以后这种树就成为爱情的象征。唐代大诗人白居易曾写下流传千古的诗句"在天愿作比翼鸟，在地愿为连理枝"，象征着男女之间坚贞不渝的爱情。清朝末代皇帝溥仪和皇后婉容曾在这棵树前合影，留下了美好的回忆。

铜香炉

连理柏后面有一尊铜香炉屹立于御花园中。该铜香炉造于清乾隆年间，原为一对，另一只现陈列于雍和宫。该铜香炉高4.2米，上方有六个火焰喷门，雕着六对云龙戏珠，底座雕着三狮戏珠，三足雕着狻猊，图案精美，造型浑厚，技术高超，为我国罕见的铜雕文物珍品。

▲ 铜香炉

诸葛亮拜斗石

天一门右前方有一块"诸葛亮拜斗石"，以天然形成的图案而闻名。这块奇石左侧表面呈现一位侧身而立的老人，

▲ 诸葛亮拜斗石

他头戴道巾，身穿紫袍，长袖下垂，面对身前另一半石，恰似北斗七星的点点斑痕，拱手作揖，神态虔诚，不仅令人联想起三国时期精通天文地理的诸葛亮。相传诸葛亮带领蜀军攻打魏国的时候，由于进军不力，这位老丞相就在五丈原祭拜北斗七星，以观天象。谁知他手下大将魏延突然闯进去，不小心一脚踢翻了长明灯。诸葛亮由此断定自己的寿数已尽，当场口吐鲜血，老泪直流。该石左侧下部更暗的一块，据说是诸葛亮吐的鲜血，两旁好像有被水浸湿的几道斑痕，据说是诸葛亮流的几行眼泪。此石现已拆除。

海参石

天一门左前方也有一块奇石，叫"海参石"，其表面的形状犹如许多海参互相拥挤在一处，每根海参的大小和表面形状都与真海参酷似，那些海参看起来圆润柔软，其实是由坚硬的花岗岩天然形成的，让人不得不赞叹大自然的神奇。这块石头是乾隆帝下江南的时候江南大臣

▲ 海参石

进献的供品，因乾隆比较喜欢，就把它带了回来，作为一个盆景放在这儿，一直保存至今。此石现已拆除。

獬豸

在这两块奇石之后有一对神兽，称为"獬豸"。这种动物是由龙头、龙爪、狮身和狮尾组成，为铜鎏金雕塑，工艺精美。据传说，獬豸这种神兽能分辨是非曲直，能识别善恶忠奸，发现奸邪小人就会用角把他撞倒，然后吃掉。因此，后人把它看成是一种勇猛、公正的象征，将其放在御花园，也有显示皇帝"正大光明""清平公正"的意思。

▲ 铜鎏金獬豸

天一门

铜鎏金獬豸把守着的是紫禁城唯一一座青砖大门——"天一门"。根据我国古代的阴阳五行学说，"天一生水于北，地二生火于南，天三生木于东，地四生金于西，天五生土于中"。之所以取名为"天一门"，是因为此门位于皇宫北侧，同时也取该卦中"水"的含义用来镇火。

▲ 天一门

钦安殿

穿过天一门就可见中轴线最后端的一座宫殿——钦安殿。钦安殿为少见的重檐盝顶建筑，面阔五间，矗立于单层汉白玉台基之上，其顶上有一个鎏金宝瓶，2005 年维修时曾在瓶内发现了 3000 多卷藏文经卷。乾隆年间，曾在殿前檐接盖三间抱厦，但于 1970 年拆除，2005 年又恢复成五间抱厦，修旧不如旧，反而使钦安殿显得臃肿了。大殿四周有围墙环绕，形成一个独立院落。大殿之后是承光门，正对北侧的顺贞门。

▲ 钦安殿

钦安殿内的玄天上帝

钦安殿内供奉的是道教的玄天上帝，宫里人一般都称之为玄武大帝或真武大帝。在道教中，玄武大帝掌管北方，北方属水，因此玄武大帝也是水神，每年立春、立夏、立秋、立冬等节令，皇帝要到此祭拜，祈祷水神保佑皇宫，免遭火灾。据说，明朝嘉靖初年，宫中发生了一场火灾，玄武大帝居然从殿内走出来，站在殿门外指挥救火。等火灭后，人们发现殿外东北角的一块石头上留下了两个巨人的脚印。清末也有类似传说，不过时间改成了乾隆年间，脚印的位置则在西北角。如今无论东北角还是西北角，脚印都看不到了。为了纪念玄武大帝，人们在钦安殿周围的望柱上雕刻了很多鱼、虾、蟹等海里的动物。

明仁宗朱高炽

朱高炽是朱棣的长子，很早就被立为燕王世子，在靖难之役中，以一万军队死守北京城，瓦解了李景隆的数十万大军。朱棣即位后不久，他便被立为皇太子。朱棣在位期间经常御驾亲征，而国家政事则多由留守京城的太子朱高炽处理，朱高炽调度有方，颇有作为。永乐末年，乾清宫被焚，朱高炽即位后没来得及修，只好搬到钦安殿居住。朱高炽比较肥胖，身体不是很好，当皇帝才10个月便因心脏病突发在钦安殿驾崩，终年46岁，入葬献陵。

承光门

承光门是钦安殿院落的北门，南侧紧挨钦安殿后墙，北侧紧贴顺贞门，显得颇为逼仄。承光门南侧左右各有鎏金铜跪象一尊，雕饰非常精美。因为"跪象"谐音"贵相"，所以颇得人喜爱。

▲ 承光门内铜跪象

御花园东路

御花园东路草木蓊郁，花坛点缀，花木掩映之中有绛雪轩、万春亭、浮碧亭、摛藻堂、堆秀山等建筑。

龙爪槐

在御花园的东南角有一棵巨大的槐树引人注目。因其伸出的树枝弯弯曲曲，好像是龙的爪子，故取名为"龙爪槐"。这棵树已经有400多年的历史，树干并不高，只是弯弯曲曲地往横向发展，极其粗壮苍劲。现在这棵老槐已用支架保护起来。夏天它的枝叶茂密，好像有意让人们在此乘凉似的。

▲ 龙爪槐

▲ 绛雪轩

绛雪轩

龙爪槐的北面是一座三间出厦建筑，称为"绛雪轩"，其门窗都是楠木雕刻，窗棂雕有"万寿无疆"的花纹，十分雅致。乾隆皇帝游御花园时，经常到绛雪轩吟诗作乐。当时绛雪轩前有五株古海棠树，枝繁叶茂，每当海棠花飘落，就如绛色的雪花下降一般，乾隆帝遂将此建筑取名为绛雪轩。

木化石

在绛雪轩前的石座上矗立着一块形似朽木的化石，人们称之为"木化石"，古人也叫"木变石"。这块石头产自黑龙江，是由乾隆时期的黑龙江将军福僧阿进献的。据清朝的方志记载，松树沉入黑龙江，时间长了就能化为青石，故称"木变石"。一般的木变石都比较小，但这块木变石体态修长，高达1米，十分难得。乾隆得此石后诗兴大发，随即赋诗一首，名为《咏木变石》。这首诗被刻在木变石上，至今仍存。

▲ 木化石

万春亭

沿绛雪轩往北走，会看到一座方形重檐的亭子，称为万春亭，这里是供奉关帝像的地方。亭子上有伞状攒尖圆顶，下檐四角各出三支飞檐。亭有四门，台基四面出台阶，形体别致，建筑精美。与此相对称，西部还有一座相似的亭子叫千秋亭，是用来供奉佛像的。

▲ 万春亭

▲ 千秋亭

浮碧亭

过了万春亭就是浮碧亭。它是清宫暂存木炭的地方。浮碧亭建在一座单孔石桥上，亭南伸出抱厦一座，造型奇特。石桥下是一池碧水，水中睡莲清雅，成群金鱼游动，别有一番情趣。与此对称，花园西半部还有一座造型相同的澄瑞亭，是清宫举行道教活动的场所。

▲ 浮碧亭

摛藻堂

摛藻堂位于御花园的东北角，摛藻是弘扬文化的意思。该堂是乾隆年间修建的，用于贮藏《四库全书荟要》。该书共计1.2万册，是乾隆组织整理完《四库全书》后挑出来的精华。贮藏在此处的书是专供乾隆皇帝随时观览的。

摛藻堂内景 ▶

灵柏

摛藻堂西边有一棵古柏，距今已有600多年，它挺拔茂盛，充满一种古老的壮气，是御花园中最长寿的一棵古树。乾隆皇帝和这棵古柏之间还有一段有趣的传说：乾隆某次下江南的时候，此柏忽然枯死，而乾隆在出巡期间总觉得有此树的树影为前导，回宫以后古柏已复活。乾隆以为它是通灵气的，就封它为"灵柏"。

堆秀山

在钦安殿东北有一座堆秀山，它是用江浙一带的太湖石由人工堆积而成的。山的东西两处有小道可上山，山前正中有门，门内有洞，沿洞内石阶盘旋而上，也可达到山顶。山顶有一座四角攒尖顶的方亭，称为"御景亭"，是御花园的最高点，站在上面能够俯瞰整个御花园内外的景色。山中有一石洞，洞中门额上刻着"堆秀"二字，石洞东侧有乾隆帝手书"云根"二字。山下有一石雕蛟龙盘踞在石座上，龙口中喷射出一股飞泉。原来半山腰设有一座铜缸，缸与龙口相通，每天太监背水将铜缸注满，以供帝、后欣赏喷泉。每年九月初九重阳节，帝、后会登上堆秀山，登高望远。

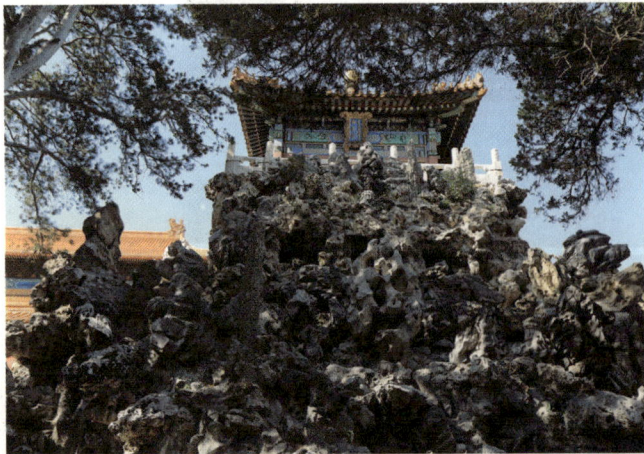

▲ 堆秀山

御花园西路

御花园西路与东路对称分布，有养性斋、千秋亭、四神祠、澄瑞亭、位育斋、延晖阁等建筑。

养性斋

养性斋位于御花园的西南角，为一座两层楼阁。清代嘉庆和道光两位皇帝经常到此游赏。末代皇帝溥仪退位以后，曾在这里跟随英国的老师庄士敦（Reginald Fleming Johnston）学习英语，这里也是庄士敦的临时住所。

▲ 御花园西路景观

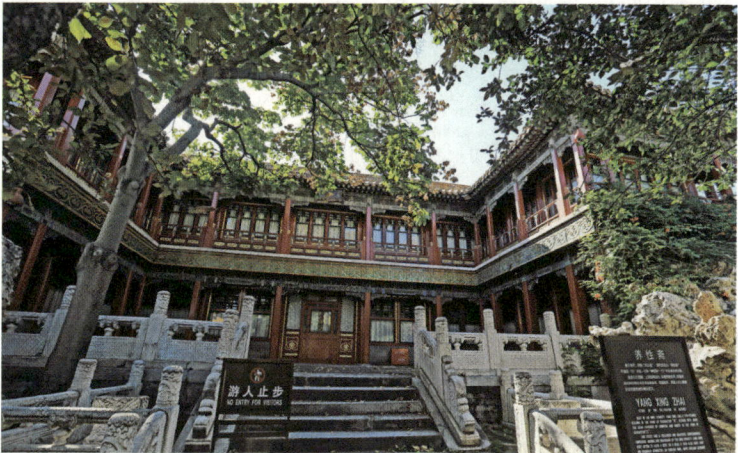

▲ 养性斋

大碌带

此带出土于万历皇帝棺内。它的表面是双层素缎，里面夹一层皮革。该带上缝缀由20块镶宝玉的扁金制成的缠枝花形金托。金托的正中镶着祖母绿宝石一块，四周镶着多颗石榴子红宝石。

泰戈尔造访御花园

1924年春，诺贝尔文学奖获得者、印度诗人泰戈尔应胡适、徐志摩、梁启超等人的邀请访问北京。当时中国正值新旧思潮激烈争辩之时，知识界掀起了学习西方文化、批判传统文化的思潮，而泰戈尔则呼吁中国人要珍惜本民族的文化遗产，自然应者寥寥，甚至在演讲时还遭遇尴尬。庄士敦向溥仪谈到了这位世界文化名人，将泰戈尔的诗集给溥仪阅读，并建议溥仪允许泰戈尔来紫禁城做客。在庄士敦的力促下，4月27日泰戈尔造访紫禁城，溥仪在御花园的养性斋接待了他。庄士敦担任翻译，同时会见的还有清廷遗老郑孝胥。在御花园内的四神祠前，溥仪与泰戈尔合影留念，泰戈尔还送给溥仪一张他的素描像。

"怕媳图"

御花园的通道上有各种颜色的小石子铺成的各种图案，据统计有将近1000幅。内容有人物、风光、花卉、建筑、飞禽、走兽等，题

▲ "怕媳图"

材丰富，种类繁多。许多图案反映了普通劳动人民的生活，其中一幅"怕媳图"正好位于小井亭西北方的小道上。图中一共描述了四位男子和四位女子，图右侧有三位男子，一个头顶蜡烛台，一个头顶板凳，一个头顶煤油灯，都跪在那儿接受他们媳妇的惩罚。而图左侧一男子却骑着驴，好像他媳妇在后面正跟着走，于是跪着的三位男子充满嫉妒地对他说："你看，你多幸福啊，你骑着驴，你媳妇反而跟着走！"这位骑驴男子哭喊着答道："你们呀，并不知道真相。昨天晚上我媳妇打我的时候，把我的腿打断了，我现在只好骑着驴去看医生。你们回头看，我媳妇仍然不放过我，还跟在后边追打呢！"

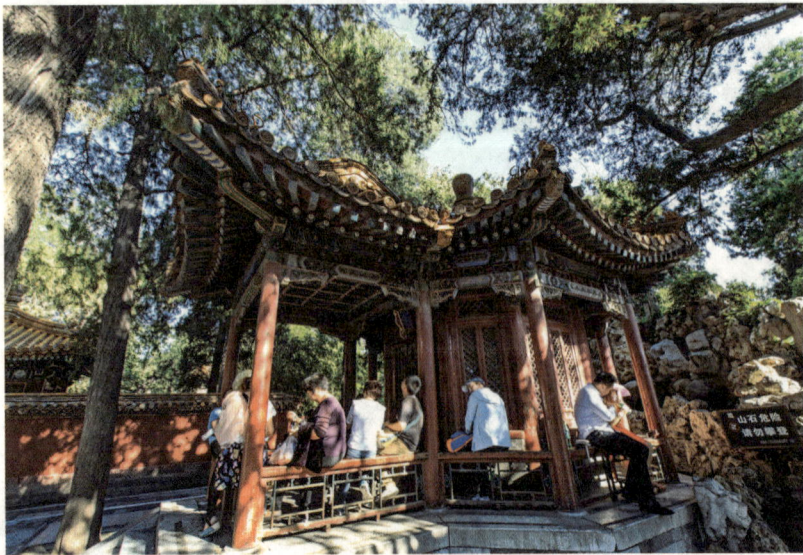

▲ 四神祠

四神祠

在"怕媳图"的东侧有一个特殊的小亭子，叫"四神祠"。但亭中没有四神的牌位，所以具体是哪四神也不好确定。有一种说法认为，古人把上天分成中央和东、西、南、北五部分，中央是天帝居住的地方，四方则各有一神把守，东为青龙，西为白虎，南为朱雀，北为玄武。四神祠就是祭祀这四方神的地方。也有人认为四神是指风、云、雷、雨。

延辉阁

四神祠的对面有一座两层楼阁，叫"延辉阁"。清朝乾隆、道光、咸丰皇帝经常到这里吟诗作画。另外，这里也是清代选秀女的地方。顺治皇帝规定，每隔三年选秀女一次，凡是满族、蒙古族和汉族八旗官员的女儿，只要在13～17岁之间就都要来参加。如果到了年龄不来参加选秀，即使超过了17

▲ 延辉阁

岁也不能私自出嫁。第一次参加选秀如果没被选上，还要等着参加下一个三年的再选秀女仪式，如果再选不上才可以出嫁。选出的秀女一部分成为妃嫔的后备人选；另一部分由皇帝为皇子、皇孙拴婚，或为亲王、郡王及亲郡王之子拴婚；再一部分成为宫女，专门服侍太后、皇后及太妃、妃嫔等。宫女们在宫中服务5～10年后可回家，回家时宫中给数十两银子作为出宫后的嫁妆，如果患有疾病则随时遣送出宫。按当时人的想法，一般人是不愿被选为秀女的。因为一旦进宫，大部分时间将在寂寞、无聊中度过。但也有人盼望被选为秀女，因为这样就有机会被皇帝纳为妃嫔，再有幸为皇帝生一个儿子的话，她日后就有可能成为皇太后。慈禧太后就是一个例子，但这种情况毕竟很少。

漱芳斋

在御花园的西北角有一排房子，为重华宫建筑区。这一建筑区的东路就有著名的漱芳斋。漱芳斋是乾隆皇帝做太子时的读书房。乾隆登基后，每年正月初三都要在此开茶话会招待文臣。茶为梅英、佛手、松实三品，用雪水烹制，谓之"三清茶"，寓意高洁。故宫博物院成立后，漱芳斋就成为接待贵宾的地方。蒋介石、张学良等人都在此停留过，中华人民共和国成立后周恩来、朱德、邓小平也都到过此处。另外，来紫禁城参观的各国总统、总理等贵宾照例都在此休息。

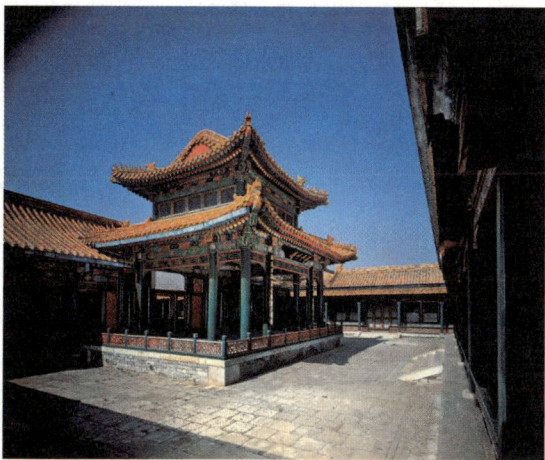

▲ 漱芳斋

铁铠甲

铁铠甲约出现于春秋战国之际，既具有防护功能，又起到装饰功效。清末操练新军，改穿西式军装，铁铠甲废止。

{ 091 }

神武门

神武门为紫禁城的正北门，明代称玄武门，清代为避讳康熙皇帝的名字"玄烨"，改称神武门。神武门楼上设钟鼓，每天黄昏后鸣钟108声，每更击鼓，至次日拂晓再鸣钟。但皇帝居住在宫中时，只击鼓，不鸣钟。清帝自热河或圆明园回宫时都从神武门入宫。另外，后妃和皇室人员出入皇宫也专

▲ 神武门

用此门。皇帝出外巡幸，可以由午门出宫，但随行的妃嫔必须从神武门出宫。如果皇帝侍奉太后出宫，则一同出神武门。现在，神武门楼顶被辟为故宫文物南迁史料展。

▲ 神武门史料展中的大铜钟

神武门之祸

在宫禁之地，很难想象会有人胆敢闯入。不过，嘉庆十年（1805年）就发生了一起闯门案。当年2月20日上午，突然有一位年约30、身材高大、体格健壮、肩扛铁枪的男子（后查明叫刘士兴）从神武门北西栅栏闯关冲入。守门护军见状，立即上前阻拦。那人一言未发，甩枪便刺。护军及随后赶来的参领等将其围住，乱棍打倒。不久，此人因伤势过重，在准备再审时死去。因此案受株连的包括刘士兴的父母、妻室、艺师、乡邻等30多人，就连刘士兴的两个幼子（一个五岁，一个两个月）也未放过。

▲ 顺贞门

顺贞门

顺贞门是御花园的北门，其北侧正对神武门，是内廷通往神武门的重要通道，平时禁开。帝、后需从神武门出宫时，一般都走顺贞门。在明代，若有宫人病故，棺椁从顺贞门右侧小门送出。清代，顺贞门外则是后宫亲族女眷会亲之处。

养心殿

　　养心殿位于紫禁城内廷西侧的东六宫以南，始建于明嘉靖年间，曾作为太监首领的值房，嘉靖帝也曾在此炼丹。到清康熙时期，养心殿曾作为造办处的作坊。康熙帝去世后，继位的雍正帝出于对父亲的尊敬，没有住进乾清宫，而是将养心殿作为自己的寝宫。此后的近 200 年间，养心殿就成了皇帝居住、理政之所，成为帝国的最高权力中枢之所在。

养心殿结构

养心殿呈"工"字形结构。正殿七间，前出抱厦，是皇帝处理政务、接见大臣、学习和休息的地方；后殿五间，为皇帝的寝室。古代这种建筑风格有"前朝后寝"之说。正殿与后殿之间由一道南北向的穿堂连接，这是为使皇帝的寝居和听政更加便利而设计的。

▲ 养心殿外景

正殿明间

养心殿的正殿明间设皇帝宝座，宝座前设楠木黄缎桌案，宝座后为屏风，屏风两侧有乾隆皇帝题写的对联"保泰常钦若，调元益懋哉"，意思是保持和泰要常怀敬畏之心，调养元气要更加勤勉持身。屏风正中是乾隆皇帝的御题诗：

西师归振旅，东陆舒由庚。执徐奉执规，持躬凛持盈。

三白乳宿岁，万机简新正。闲中足养心，而予有所怦。

怀安岂良图，无逸斯元亨。自强励不息，善长时偕行。

▲ 养心殿内景

屏风后面有两扇门通向穿堂，分别写有"恬澈""安敦"字样，均为咸丰皇帝御书。殿内北墙上高悬雍正帝手书的匾额"中正仁和"，意思是要求帝王"中庸正直，仁爱和谐"。

东暖阁

　　养心殿的东暖阁是历史上有名的两宫太后垂帘听政的地方。"垂帘听政"制度在我国最早可以追溯到战国时期,简称"垂帘"。皇后、皇太后临朝听政和处理国家大事时在宝座前设帘遮蔽,故称。历史上的"垂帘听政"多因即位皇帝年幼。1861 年,慈禧勾结恭亲王奕䜣发动宫廷政变,夺取政权,自此开始了 48 年实际统治中国的历史。当时同治小皇帝坐在前座,两宫太后并排坐在后座,两座之间由一道黄色纱帘隔开。很多决策就由黄色纱帘后的两宫太后发出。戊戌变法失败后,慈禧复出训政,她干脆撤掉帘子,自己坐在宝座之上,座前设一张铺着黄缎的长案。而光绪帝只能坐在她的左面一个小得多的座位上。凡大臣觐见时都跪在慈禧的案前,面向慈禧奏事。

▲ 养心殿中垂帘听政处

三菱形金带饰

明十三陵定陵地宫出土。正中镶嵌猫眼石,四周装饰红、绿宝石及珍珠,为世间罕见之奇珍。

西暖阁勤政亲贤

养心殿西暖阁被分成数间小室，较大的房间名为"勤政亲贤"，这里是皇帝单独召见军机大臣密商军机大事的地方。为了保密，特在暖阁外围设了三道木墙。木墙主要是起隔音作用，怕被人在外面偷听而泄漏军事机密。室内正中高悬雍正手书"勤政亲贤"匾额，匾额下方为乾隆皇帝的御题诗：

一心美所托，为君止于仁。二典传家法，敬天及勤民。

三无凛然奉，大公何私亲。四序协时月，熙绩在抚辰。

五事惟敬用，其要以备身。六府赖脩治，其施均养人。

七情时省察，惧为私欲沦。八珍有弗甘，念彼饥饿伦。

九歌扬政要，郑卫漫巫陈。十联书屏扆，式听师保谆。

▲ 养心殿的勤政亲贤室

御题诗的左右两侧为著名的对联"惟以一人治天下，岂为天下奉一人"，这是雍正皇帝极为欣赏的治世格言，出自唐代张蕴古呈给唐太宗的《大宝箴》，意思是做皇帝要亲力亲为治理天下，而不是仅仅被天下人所奉养。

三希堂

位于西暖阁西侧，是一个较小的房间，是乾隆皇帝特意开辟出来的。乾隆帝酷爱书法，他搜集了东晋王羲之的《快雪时晴帖》、王献之的《中秋帖》和王珣的《伯远帖》收藏在这里，号称三件稀世珍宝，故称此房间为"三希堂"。这三件名帖一直存于宫中，1924年溥仪出宫时曾将《快雪时晴帖》夹在行李卷中企图携出，结果在神武门被查扣，现藏于台湾故宫博物院。其余二帖被宫中太妃（同治帝妃子敬懿皇贵妃）携出，后售予古董商郭葆昌，郭葆昌之子后因经济拮据，将二帖抵押给香港某银行，1951年经周恩来总理批示，由国家出重金赎回，现藏于北京故宫博物院。

▲ 三希堂

《快雪时晴帖》

《快雪时晴帖》为东晋书法家、"书圣"王羲之的墨宝，以行书写成，现存此帖一般认为是唐代摹本。此帖材质为纸本，尺寸纵23厘米、横14.8厘米，如今收藏于台北故宫博物院。全帖28字，字字珠玑，被誉为"二十八骊珠"。至明清年间，此帖为降清明官冯铨收藏。康熙十八年（1679年），冯铨之子——国子监祭酒冯源济主动将此墨本呈献给皇帝，康熙帝十分高兴。乾隆皇帝对此帖尤其喜爱，一生中曾对此帖做过73次题跋。

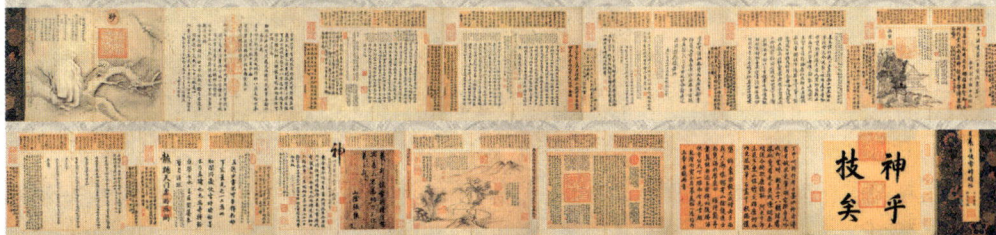

《中秋帖》

《中秋帖》是东晋书法家王献之的墨宝，全文22字，此帖运笔如火箸画灰，字势连绵不断，极备法度，被誉为"一笔书"。现存此帖一般认为是宋朝米芾根据《十二月割帖》的不完全临本，乾隆皇帝将其列为"三希"之一。

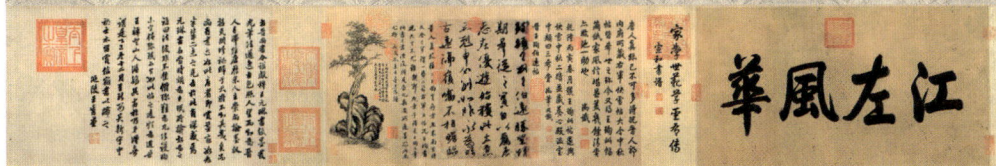

《伯远帖》

伯远帖是王羲之堂侄、王献之堂弟王珣的真迹，是现世仅存的两件晋代书法之一（另一件为陆机的《平复帖》）。明代董其昌曾收藏此帖，对其赞赏不已，称其"潇洒古淡，东晋风流，宛然在眼"。乾隆十一年（1746年）《伯远帖》进入内府，成为"三希"之一。

雀替

雀替是中国古代传统建筑中的特殊构件，指置于梁枋下与立柱相交的短木，用以缩短梁枋的净跨度，防止梁枋与立柱之间角度变形。

《三希堂法帖》

　　《三希堂法帖》全称《御刻三希堂石渠宝笈法帖》，共32册236篇，是清乾隆十二年（1747年）由宫廷编刻的一部大型丛帖。当时乾隆帝令梁诗正等编次内府所藏魏钟繇至明代董其昌共135位书法家（含无名氏）的墨迹钩模镌刻，选材极精，共收340件楷、行、草书作品，另有题跋200多件、印章1600多方，共九万多字。因帖中收有被乾隆帝视为稀世墨宝的三件东晋书帖，即王羲之的《快雪时晴帖》、王珣的《伯远帖》和王献之的《中秋帖》，而珍藏这三件稀世珍宝的地方又被称为三希堂，故取名《三希堂法帖》。该法帖的刻石现藏于北海公园琼华岛西侧的阅古楼。

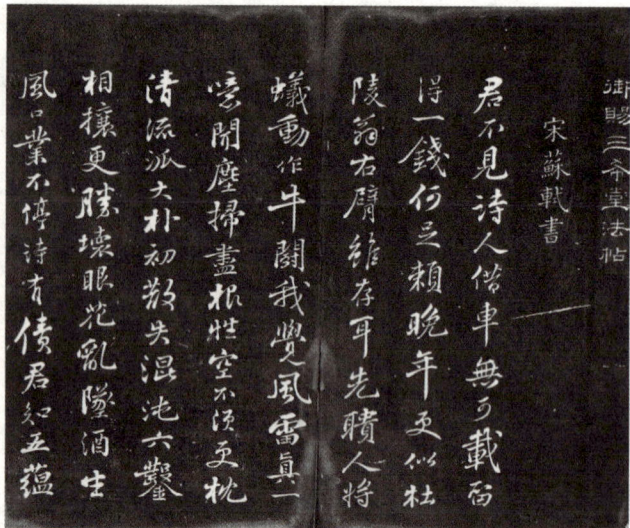

▲ 北海公园阅古楼内的《三希堂法帖》刻石

明窗开笔

　　在养心殿东暖阁东端，与三希堂相对的地方，原来也有一个小间，是乾隆皇帝设置的，他称为"明窗"。清代自雍正皇帝开始，每年岁末都有封笔仪式，然后在新旧年之交的元旦子时举行"明窗开笔"典礼。皇帝亲手点燃烛台上的蜡烛，向事先摆在桌上的金瓯永固杯中注入屠苏酒，然后手握万年青管的毛笔，大书"福"字，然后书写吉语，祈求皇家吉祥、国泰民安。随后侍臣会将当年的时宪书（亦即皇历）进呈皇帝，皇帝阅览一遍，随后开笔礼结束。清朝皇帝大多笃信佛教，乾隆皇帝每年元旦还会在明窗前抄写《心经》一卷。

▲ 开笔仪式用的金瓯永固杯

皇帝寝殿

养心殿明间宝座后方有穿堂（"工"字廊）通往后殿，后殿有五间，正中明间设有座榻，座榻上挂有光绪帝书写的"乾元资始"匾。西侧花罩上则是"庄敬日强"匾，也是光绪帝题写的。北侧墙上有潘祖荫书写的诗文。西次间设有座榻，与座榻相对的南侧窗户上挂"昕宵勿怠"

▲ 养心殿后寝卧室

匾（慈禧太后题）。西墙有门通往西梢间，门上挂咸丰帝题写的"华滋堂"匾。西梢间内北侧设有床榻，西墙上挂有一幅"九九消寒图"。

东次间的北侧设有宝座，宝座前设有花罩，上方悬挂慈禧太后题写的"天行健"匾，南侧窗户上悬挂光绪帝御笔"含谟吐忠"匾。这里是皇帝起床后更衣、洗漱、梳头、饮茶的地方。有门通向东稍间，门上悬挂"自强不息"横幅。

东稍间是皇帝最常用的寝室，其北侧设置龙床，上方悬挂"又日新"匾。皇帝龙床是一个精致的木炕，外面有紫檀镂空雕花的床罩，床罩内是丝罗帐幔，上面绣着吉祥纹饰。床铺之上，底层铺毡褥，上面是丝绒床垫和绸缎被褥，上面绣着寓意多子多寿的吉祥图案。

总体看来，清朝皇帝的寝室朴素狭小，与西方宫殿简直没法相比，但其寝室用料高档，紫檀的雕工、绸缎的绣工也都非常精细。

▲ 养心殿后寝洗漱间

玉璧

出养心殿南门，迎面墙壁处有一块精美的碧玉。这块碧玉直径52厘米，孔径18厘米，是用新疆和田玉雕琢成的。玉放在这里是帝王权威的象征，另外也有避邪的含义。

体顺堂与燕禧堂

养心殿后殿的东西两侧有墙，墙外分别为体顺堂和燕禧堂。东侧的体顺堂曾经是皇后随居之处，同治年间两宫太后垂帘听政时慈安太后居住于此。西侧的燕禧堂则是贵妃等人的随居之处，等级略逊，同治年间垂帘听政时慈禧太后居住于此。在体顺堂前，养心殿前殿东侧有一块巨大的水晶石，俗称"水晶灯"，石下有汉白玉宝座，寓意帝、后品行光明磊落、纯洁无瑕。

▲ 体顺堂匾额

▲ 雍正朝服像

勤奋的雍正皇帝

雍正帝是康熙帝的第四个儿子，他在康熙帝晚年诸子夺嫡的争斗中表现出色，成功继承大统，正是他首先将皇帝寝宫从乾清宫搬到了养心殿。雍正帝在位13年，颇有作为。雍正帝在位期间，养心殿内悬挂着"戒急用忍"四个字，据他自己说这也是康熙帝对他的考语和期许。雍正帝是中国历史上最勤政的皇帝，他虽然减少了早朝的次数，但却设立了军机处，以加强皇权，使得政事效率大大提高。雍正帝用人苛察，他用密折制度钳制官员。他每天亲自批阅官员的奏章，目前遗留下来的雍正朝奏折有35000个，大多都有长篇批复，这样估算下来，雍正帝平均每天要写近万字，可见其勤奋。雍正帝在位期间，推行摊丁入亩、耗羡归公、废除贱籍、改土归流、官绅一体当差纳粮等多项政策，改革了康熙朝末年的弊端，为康乾盛世的延续发挥了很大作用。一般认为雍正帝用人施政比康熙帝严厉得多，但雍正帝曾经说："朕欲行十年治世法，然后再行开明释法。"应该说，针对当时的状况，他的主张是正确的。自雍正十一年开始，政策逐渐宽松，但开明释法还未完全推行，雍正帝便在圆明园暴死。

翻牌子

对于后宫嫔妃，敬事房太监都会为她们准备一面绿头牌，上面写着妃子们的姓名。牌子多的时候有数十面，太监把这些牌子放在一只大银盘中，等皇帝吃完晚饭以后，太监即将盘子跪呈于皇帝面前。皇帝若不准备行房，则曰："去。"若想要哪个妃子侍寝，即取其牌子翻转，使牌背向上。太监退下后，将此牌交给驮妃太监。到了晚上，皇帝先躺在御榻上，被子下端散开。驮妃的太监则待妃子脱光衣服后，用大氅裹好她的胴体，背到御榻之前，去掉大氅，妃子赤身裸体由被子下端爬入，与皇帝交合。敬事房总管与驮妃太监都在窗外立候。如时间过长，总管则高唱："是时候了！"皇帝如不应则再唱。如此三次，皇帝不耐烦，只好命太监入室。太监从皇帝脚下把妃子拖出，仍用大氅裹好，驮回妃子寝宫。之后，总管太监便问皇帝留

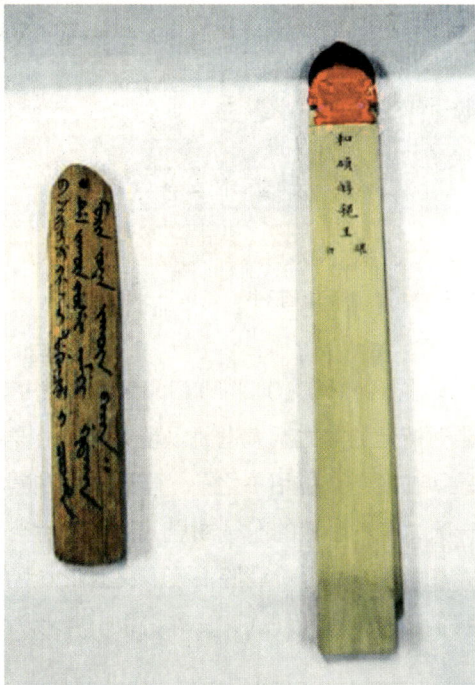

▲ 清宫红头牌

不留，皇帝如果说不留，则总管即至妃子处，轻按其后股穴道，精液随之全部流出。如果皇帝说留，总管太监便执笔记之于册：某月某日某时，皇帝幸某妃。以此作为受孕之证明，以备查考。这套烦琐的程序是清代宫禁中的祖宗定制。但若皇帝住在圆明园，那就没这么多烦琐礼仪了，皇帝可以随时临幸妃子，但是用膳时的牌子还是要递的，所以皇帝们大都喜欢住在圆明园。除了嫔妃侍寝翻牌子外，皇帝接见官员也需翻牌子，官员牌子有两种，即宗室王公用红头牌，其余官员用绿头牌。官员的牌子在每天早膳时进呈，皇帝当天想召见哪位官员，便将其牌子留下，而不是反扣。

摄政王载沣

1908年，光绪皇帝和慈禧太后相继去世，三岁的宣统皇帝即位后，国家的主要决策者是隆裕太后和溥仪的父亲载沣，载沣担任摄政王。在宣统年间，养心殿明间的"中正仁和"匾额下设皇帝的御座和御案，其东侧则设摄政王坐席，座前也设置桌案。

宣统退位诏书

宣统三年十二月二十五日，即1912年2月12日，隆裕太后率宣统皇帝在养心殿正式发布了清帝退位诏书，这份诏书宣告了清王朝的灭亡，也代表着中国封

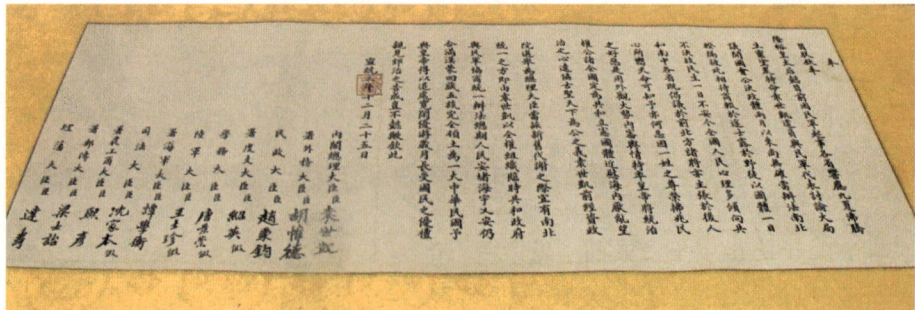

▲ 清帝退位诏书

建帝制时代的终结。在1911年10月10日，南方爆发了武昌起义，接着南京临时政府成立，孙中山就任临时大总统。当时清廷的实力派袁世凯以精锐部队北洋军为后盾，一方面要挟南京临时政府，另一方面逼迫清王室退位。在发布退位诏书之前，隆裕太后在养心殿东暖阁接见了袁世凯。后来溥仪回忆了当时的情景："有一天，在养心殿的东暖阁里，裕隆太后坐在靠南窗的炕上，用手绢擦眼，面前地上的红毡子垫上跪着一个粗胖的老头子，满脸泪痕。我坐在太后的右边，非常纳闷，不明白两个大人为什么哭。这时，殿里除了我们三个，别无他人，安静得很。胖老头很响地一边抽缩着鼻子，一边说话，说的什么我全不懂。后来我才知道，这个胖老头就是袁世凯。"

据宫内太监后来回忆，第二天清晨，隆裕太后还一身盛装地坐在养心殿中，但一直等到上午10点，也不见袁世凯等大臣前来，便传奏事处问话，结果回话道：袁世凯说，从此不来了。隆裕太后顿时目瞪口呆，缓过来后说："难道大清国，我把它断送了？"从此她饮食减少，疾病缠身，一年后便去世了。

▲ 隆裕太后和溥仪及妃嫔

西六宫

　　内廷后三宫两侧对称分布着 12 座宫殿，即东六宫和西六宫，也就是古代皇宫中的掖庭，是专供嫔妃们居住的地方（明代的东、西六宫也曾给皇子们居住，皇帝有时也会居住于此）。从乾清宫西出月华门，是一条长长的巷道，亦即西一长街，长街西侧即为西六宫宫区。六座宫殿分两列三排，两列之间是西二长街（东六宫也有两条长街，掖庭的这四条长街皆称"永巷"），西二长街从南至北东侧依次是永寿宫、翊坤宫、储秀宫，西侧依次是太极殿（明代称启祥宫）、长春宫、咸福宫。

　　在明代，每天夜幕降临时，东西永巷的每一座宫殿前都会悬挂两盏点亮的宫灯，皇帝临时决定当晚住在哪所宫殿。皇帝住进哪所宫殿，该宫殿前的宫灯就得先卸下来。巡街太监看到后，即传令其他宫殿卸灯息寝。

　　清代皇帝受道学影响很深，绝不会在夜间巡游东、西六宫，也不会在东、西六宫留宿。在紫禁城中，皇帝想要哪位嫔妃侍寝，会事先在晚膳时翻牌子。

　　晚清时期，慈禧太后长期居住西六宫，对宫殿进行了颇多改造，使得西六宫规制不如东六宫那样完整。西六宫目前仍按清末后宫的原状陈列，可以了解到慈禧太后、溥仪、婉容等人当年的宫廷生活。

永寿宫

永寿宫位于西六宫区域养心殿的后面，建于明永乐十八年（1420年），初名长乐宫，后曾称毓德宫，万历四十四年（1616年）又更名为永寿宫。永寿即长寿永年之意。永寿宫离皇帝寝宫——乾清宫和养心殿都很近，拥有优越的地理位置，所以在明

▲ 永寿宫

清两代几乎没有空置过，一般只有皇后或宠妃才会入住这里。乾隆年间，乾隆皇帝命人以永寿宫匾额为模范，复制了11块匾，由他亲自书写，张挂于其余11宫内。自此东、西六宫宫名就确定了下来。

明孝宗的母亲纪妃曾短暂居住于此，明神宗曾在此召见大学士申时行等人，崇祯皇帝曾在此宫斋居。清顺治皇帝的皇贵妃董鄂氏、恪妃，康熙皇帝的敬敏皇贵妃，雍正皇帝的孝圣宪皇后、嘉庆皇帝的如妃均曾在永寿宫居住。清光绪以后，这里前后殿均设为大库，收贮御用物件。清代的永寿宫因为距离慈宁宫、养心殿最近，所以屡次作为筵宴场所，在公主下嫁时宴请女眷。乾隆皇帝最心爱的小女儿固伦和孝公主下嫁时就是在此宫举行的筵宴，而且还设了中和乐器，演奏以营造喜庆的气氛。

目前永寿宫内辟有清代嫔妃生活展。

▲ 永寿宫内景

12幅《宫训图》

清朝乾隆年间，乾隆帝命画师以中国古代后妃美德为范，绘制12幅《宫训图》，张挂于东、西六宫之中，每宫一幅。每幅图配赞四言十二句，以诫后妃效法。《清宫词》曰："瑶星坤极霭祥光，宫训图成十二章。岁岁春朝重展现，云缣深护学诗堂。"12幅《宫训图》及其宣扬的女性美德为：

景仁宫《燕姞梦兰图》（愿景）

承乾宫《徐妃直谏图》（忠直）

钟粹宫《许后奉案图》（尊老）

延禧宫《曹后重农图》（勤劳）

永和宫《樊姬谏猎图》（劝谏）

景阳宫《马后练衣图》（节俭）

永寿宫《班姬辞辇图》（知礼）

翊坤宫《昭容评诗图》（读书）

储秀宫《西陵教蚕图》（创新）

启祥宫《姜后脱簪图》（相夫）

长春宫《太姒诲子图》（教子）

咸福宫《婕妤当熊图》（勇敢）

此外，乾隆帝还御撰《宫训诗》，命大学士张照、梁诗正、汪由敦分别书写而成。根据乾隆帝的要求，《宫训图》遂于每年腊月二十六日在东、西六宫张挂春联、门神的同时在正殿东墙挂《宫训诗》、西墙挂《宫训图》，至次年二月二日收门神之日，将各宫《宫训图》收贮于景阳宫后的学诗堂。

门钉

门钉的作用：一是装饰，二是代表等级，三是加固。

▲ 《宫训图》之《马后练衣图》

明宪宗孝穆皇后

明宪宗朱见深昏庸无能，他统治的时期是明朝最黑暗的时期之一。在后宫，他专宠万贵妃，甚至不惜废掉了吴皇后。孝穆皇后纪氏本为蛮族土官之女，成化年间宪宗征讨蛮族，纪氏故乡被毁，与其他女子一同被押送到宫中为奴。由于纪氏警敏，又通文字，因而成为负责管理内藏的女史。当时皇帝专宠万贵妃，万贵妃生性嫉妒，对于后宫有孕的女子，都逼迫其堕胎。有一次，宪宗造访内藏，与纪女史谈话，因喜爱纪氏的才华，便临幸了她。事后纪氏发现自己怀孕，恐慌不已，服用堕胎药，但未能堕胎。

万贵妃知道纪氏怀孕后非常愤怒，命宫女前去查探。宫女怜悯纪氏，于是向万贵妃谎报纪氏得了一种肚胀的病痞，而不是怀孕。万贵妃相信了，便将纪氏打发到西内安乐堂居住。不久，纪氏生下了皇三子朱祐樘。纪氏害怕万贵妃报复，让守门宦官张敏将婴儿抱出去溺死。张敏不忍，便把婴儿藏于密室抚养。朱祐樘直至五六岁还不敢剪胎发。当时被废的吴皇后的住处离安乐堂很近，知道这件事后也一同哺养这位皇子。

▲ 明宪宗朱见深

当时宪宗的另一位妃子生下了皇二子朱祐极，但不到四岁便被万贵妃迫害致死。此后，宫中很久都没有子女降生。直到成化十一年，太监张敏为宪宗梳头时终于找到机会向宪宗禀报。当时宪宗也苦于没有子嗣，听闻此事后喜出望外，忙下令将儿子接过来。

▲ 万贵妃

成化十一年五月，五岁的朱祐樘第一次见到亲生父亲，当时朱祐樘营养不良，胎发一直垂到了地上。父子相认后，宪宗悲喜交加，立即下令将皇子接到宫中，并很快立为太子。纪氏也被接到永寿宫居住，并被数次召见。在永寿宫，纪氏度过了一生中最美好的时光。可惜这段美好时光只有短短的一个月。一月后，纪氏暴亡，朝野震惊。她的死很显然是万贵妃下的毒手，但宪宗并未追究。

朱祐樘立为太子后，受到祖母周太后的照料，得以避开万贵妃的迫害而顺利长大。宪宗死后，朱祐樘即位，是为孝宗。孝宗是明朝少有的明君，他刚刚即位便尊奉生母纪氏为皇后，并与父亲明宪宗合葬于茂陵。

明神宗万历皇帝

明神宗是明代有名的昏庸皇帝，他在位48年，为明代之最。他在位早期因有张居正辅佐，励精图治，国家富强。但进入中年以后，明神宗日渐怠政，竟然长达24年不上朝，专宠郑贵妃，日日在后宫享乐，可谓是超级"宅男"。

明神宗的寝宫在乾清宫，但他经常在毓德宫（即后来的永寿宫）居住，因为他最宠爱的郑贵妃就居住在后面的翊坤宫内。万历十八年（1590年）元旦，28岁的朱翊钧在这里不寻常地接见了首辅大学士申时行及另外三位辅臣。明神宗荒于听政，又因专宠郑贵妃而使得皇长子及其生母王氏处境艰难。为此，

▲ 万历皇帝

大理寺左评事雒于仁上疏批评神宗纵情于酒、色、财、气，并献"四箴"，神宗大为光火，便召见申时行等人，想借此机会为自己辩护。神宗向辅臣诉说自己饱受心肝二经之火折磨，近日神宗虽稍有好转，但看了雒于仁"肆口妄言"的奏章，触怒而导致肝火复发，至今未愈。然后神宗又喋喋不休地斥责雒于仁对他的"污蔑"，抱怨朝臣不守尊卑，妄议皇帝，辅臣不整顿朝纲。申时行等辅臣们劝导皇帝保养龙体，恳请皇帝每月临朝听政一两次，神宗又说自己腰痛腿软，行走不便。申时行又小心地提起册立太子之事，望早定储位。神宗便传皇长子前来与大臣相见，九岁的皇长子朱常洛与皇三子被乳母领来。御榻前神宗拉着长子的手，辅臣们十分欣慰。神宗还让大臣安排皇子读书，大臣们一致称赏。

这是万历皇帝在位48年中与大臣最密切的一次交往。

和玺彩画

在清代是一种最高等级的彩画，根据建筑规模、等级与使用功能的需要，分为金龙和玺、金凤和玺、龙凤和玺、龙草和玺及苏画和玺五种。

固伦和孝公主

　　固伦和孝公主（1775—1823）是清高宗乾隆皇帝的第十个女儿，母惇妃汪氏。公主于乾隆65岁时出生，皇帝老来得女，欣喜万分。当时乾隆的女儿大多已经成家，不在身边，而十公主的成长对晚年的乾隆帝来说是个极好的慰藉，更何况十公主性格活泼，善骑射，容貌酷似父亲，因而深受乾隆帝宠爱。乾隆帝曾慨叹地对她说："汝若为皇子，朕必立汝储也。"乾隆帝的宠妃容妃，也就是后世传说的香妃，对十公主也是格外疼爱，她去世前将自己的珍宝分赠后宫，而得到赠予最多的就是十公主。

　　乾隆五十四年（1789年）十一月，79岁的乾隆为15岁的十公主主婚，将她下嫁给首辅大臣和珅的儿子丰绅殷德，特在永寿宫设宴，宴请额驸家族的女眷。嘉庆皇帝即位后，对他的这位十妹也是关照有加，在扳倒和珅后，不但不怪罪丰绅殷德，还特意留下半边府邸给公主和额驸。公主虽然受宠，但并未恃宠而骄，而是能干明理，当时丰绅殷德体弱多病，府内事物多由公主一手操持，"内外严肃，赖以小康"。道光三年（1823年），固伦和孝公主去世，道光帝亲临祭祀。

固伦和孝公主 ▶

太极殿

从永寿宫向西，过螽斯门，即到太极殿。太极殿在明代嘉靖以前曾叫未央宫，因嘉靖皇帝的父亲生于此宫，所以嘉靖皇帝将其改名为启祥宫。清末时，将启祥宫与后面的长春宫打通，成为一处前后四进的院落，启祥宫正殿成为长春宫前殿，并改名为太极殿。

▲ 太极殿

嘉靖帝的祖母邵贵妃曾住在启祥宫。后来万历皇帝、崇祯田贵妃都曾在启祥宫短暂居住。清朝最后一位太后——隆裕太后也是在太极殿去世的。

螽斯门

螽斯门是西二长街最南侧的一道门，这条长街最北侧的门叫百子门。螽斯又名蝈蝈，民间认为它是一种繁殖力很强的虫子。以螽斯为名，是期望后妃为皇帝多诞子嗣，与北侧的百子门相互呼应。

螽斯门 ▶

苏式彩画

苏式彩画源于江南苏杭地区民间传统做法，多用于园林中的亭、台、廊、榭。紫禁城内苏式彩画多用于花园、内廷等处，大多为乾隆、同治或光绪时期的作品。

嘉靖帝祖母邵贵妃

太极殿也是明清时妃嫔们居住的地方。明宪宗年间，这里是贵妃邵氏的寝宫。邵贵妃出身于浙江的贫困家庭，迫于生计，其父将她卖给了镇守杭州的太监。几年后，这位太监又把她送入宫中。当时万贵妃在朱祐樘被立为太子后颇为收敛，对宪宗临幸其他妃子也不加限制，因此宪宗后期也生育了数个子女。邵氏入宫后为宪宗生了三个儿子，最大的朱祐杬被封为兴王。孝宗继位后，兴王远赴湖北藩邸。邵氏不能前往，与儿子痛苦分别。1519 年，43 岁的兴王病故，邵氏闻知后日夜哭泣，两年后双目失明。不久，明武宗去世，因无子嗣，只好召其堂弟——兴王的儿子朱厚熜继承帝位，即后来的嘉靖皇帝。当 15 岁的朱厚熜千里赶赴京师，见到了自己的祖母邵氏后，邵氏欣喜异常，用颤动的手把孙子从头至脚都摸了一遍。嘉靖继位后，尊封祖母为皇太后，同时不顾大臣的反对而追认父亲兴王为兴献帝。邵太后闻知儿子被封帝号后心满意足，于 1522 年仙逝。

▲ 太极殿内景

崇祯帝田贵妃

　　恭淑贵妃本名田秀英，极受崇祯帝宠爱。崇祯十三年（1640年）元旦，风雪交加，田贵妃到坤宁官以东的景和门外等待朝贺皇后，却受到周皇后冷遇。田贵妃向崇祯帝哭诉，崇祯帝因气愤而在交泰殿将周皇后推倒在地，周皇后愤而绝食。崇祯帝婉转向周皇后求和，敕令田贵妃自承乾官移居启祥官修省。田贵妃移居启祥官，崇祯帝三个月不召。一天，崇祯帝携周皇后在东六宫中的永和官赏花。永和官紧靠承乾官，周皇后便令宫女接来田贵妃一同赏花，这令崇祯帝对周皇后之宽宏更加钦佩。田贵妃继续居住在启祥官。田贵妃一共为崇祯帝生下了四个儿子，除了皇四子永

▲ 田贵妃归葬处——明思陵

卷棚顶

卷棚顶为双坡屋顶，其前后两坡相接处没有明显外露的正脊，而是成弧线曲面。

悼王朱慈照存活，其他三位皇子均夭折。田贵妃因此过度忧伤，在启祥官卧病两年多，崇祯十五年三月（1642年）带病移回承乾官，同年七月在承乾官去世，葬于昌平天寿山。由于崇祯帝生前未建陵寝，明亡后，李自成便殡葬崇祯帝及周皇后遗体于田贵妃墓，清军入关后改称思陵。

隆裕太后

　　隆裕太后那拉氏，原为光绪帝的皇后，她也是慈禧的外甥女，1908年光绪和慈禧先后去世，那拉氏成为太后，尊号隆裕。她在做皇后时，一直住在东六宫内的钟粹官，当太后之后便搬进了慈禧当年做太后时的寝官——长春官。隆裕的太后生涯只有三年，她能力愚弱，缺乏明见，慈禧、光绪生前都不太待见她。1912年，她代表清政府和袁世凯签订条约，结束了清王朝的统治。此后她移居长春官前殿——太极殿，因其亡国之举，多受遗老诟病，因而一直心绪不佳，饮食减少，疾病缠身，1913年农历正月十七早晨在太极殿病逝。袁世凯为她操办了盛大的丧事，并在丧礼上高度评价她让帝制于国民的举动，甚至奉承她为"女中尧舜"。

▲ 隆裕太后与太监

长春宫

穿过太极殿后面的体元殿，就到了长春宫。太极殿和长春宫原来是两个独立的院落，明永乐十八年（1420年）建成，初名长春宫，明嘉靖十四年（1535年）更名为永宁宫，明万历四十三年（1615年）复称长春宫。清康熙二十二年（1683年）重修，后来多次修整。咸丰九年（1859年）拆除长春宫的宫门长春门，将启祥宫后殿改成穿堂殿，由咸丰帝题写匾额"体元殿"。长春宫、启祥宫自此连为一体，形成了南北四进的院落。

▲ 长春宫

明代，长春宫为妃嫔居所，天启年间李成妃曾居此宫。清朝乾隆帝的孝贤皇后曾居住于长春宫，死后在长春宫停灵。同治初年，慈安太后和慈禧太后都住在长春宫。光绪十年（1884年）以前，慈禧太后也主要在此居住。隆裕当上太后之后，也移居长春宫。

▲ 长春宫内景

困饿长春宫内的李成妃

明熹宗天启年间，在长春宫居住的是李成妃。当时天启皇帝痴迷木工，不理朝政，纵容乳母客氏和魏忠贤勾结，在后宫恣意妄为。裕妃张氏因与二人不睦，被打入冷宫，断绝饮食，被活活饿死。慧妃范氏原本颇为受宠，在客氏的挑拨下，皇帝与她也日渐疏远。某天，成妃李氏受慧妃之托，在皇帝枕边求情，不料这私密之语也被客氏心腹探听到了，客氏便勾结魏忠贤革去了成妃的冠服，断绝饮食，将其软禁于长春宫。幸好成妃机警，在宫墙夹缝间预藏了许多食物，因此没有饿死。如此坚持半月，明熹宗才想起她来，李成妃得以幸免于难，但仍被贬为宫女，被赶出长春宫，迁往老宫女居住的乾西五所。

孝贤纯皇后

孝贤纯皇后富察氏是乾隆皇帝的原配皇后。她15岁的时候被雍正帝指配给皇四子弘历，弘历即位后她成为皇后，住在长春宫。尽管做了皇后，她仍然过着俭朴的生活，平日不穿戴珠翠，仅以通草织绒等花装饰自己，为人处世都很周到，深得后宫爱戴，太后对这位儿媳也甚为嘉许，乾隆对她的感情也极为深厚。在清代所有后妃中，孝贤纯皇后都是开模式的人物。或许知道自己不会活得太长，在一次闲聊中，她忽然对乾隆说，如果有一天我去世了，能不能给我一个谥号"孝贤"？既孝又贤，这是封建社会对女子相当高的评价。孝贤纯皇后曾生育两位皇子，但均不幸夭折。尤其是第二个儿子永琮未满两岁即殇，对她打击很大。乾隆十三年（1748年），37岁的孝贤纯皇后跟随皇帝到山东曲阜

▲ 孝贤纯皇后

祭祀孔庙，回京时在山东德州不幸染病身亡。乾隆帝非常伤心，亲自护送灵柩返京。回京后，乾隆帝为她举办了隆重的丧礼，并赠予谥号"孝贤"，同时下令：长春宫要长期保存孝贤纯皇后的平日用具；每年春节要在这里悬挂孝贤纯皇后的画像，所有的王公大臣、公主、妃嫔、福晋、宫女等都要来祭拜。

悬山顶

悬山顶是两面坡顶中的一种，其特点是屋檐悬伸在山墙以外，用于民间建筑。

孝贤纯皇后死因之谜

乾隆帝的两位皇后死因都有颇多谜团。据野史记载，原配皇后富察氏去世后，朝臣中就私下传说，乾隆帝与皇后的弟媳，也就是首辅大臣傅恒的妻子瓜尔佳氏有染，这种违背礼仪的事情引起皇后颇多不满，多次指责皇帝，乾隆帝一直隐忍不发。在此次东巡途中，瓜尔佳氏竟然随行，皇后知道后又说了一些责备皇帝的话，引得乾隆帝大怒，逼迫皇后从龙舟上跳下去。皇后赌气，竟然真的从舟上跳了下去，当时正值夜晚，待皇后被救上来时已经溺亡。乾隆帝悲痛欲绝，亲自扶柩，兼程返京。在北京为皇后举行了盛大的葬礼，此次葬礼在很多方面都超越规格，可谓空前绝后。不少大臣在这次葬礼上因小事而被重惩，两位皇子也因丧礼期间面无戚色而受到训斥。孝贤纯皇后之死也是乾隆朝的一大转折点，乾隆帝处理政事逐渐由宽转严，许多大臣被诛杀。

长春宫最后的主人——淑妃文绣

　　1861年后，慈禧太后也在长春宫居住，直到1884年慈禧才迁往她当年居住的储秀宫。长春宫最后一位主人是清逊帝溥仪的淑妃文绣。1922年冬，溥仪举办婚事，迎娶了皇后婉容和淑妃文绣。婚后，婉容住在储秀宫，文绣则住在长春宫。从入宫到1924年，文绣在长春宫生活了两年。她个性内向，自爱自重，并未获得溥仪的宠幸。她每天早上梳洗完毕，就先到溥仪的寝殿问安，再到婉容皇后和四位太妃的寝宫中依序请安，然后回到她所居住的长春宫并关上宫门，过着简单朴素的日子。她或刺绣，或教长春宫的宫女认字，四位太妃和宫中仆役都对文绣的娴静有礼赞誉有加，但这并未能改变溥仪对她的冷落。1924年，文绣随溥仪出宫，迁至天津张园居住。1925年，文绣再也受不了溥仪对她的冷落和宫中生活的束缚，向溥仪提出离婚。当年此事在社会上引起轩然大波。经过两个月的协商，文绣终于重获自由。此后她改回入宫前上学时使用的傅玉芳的名字，到北平市四存中小学校做了国文与图画课老师，抗战胜利后与军官刘振东结婚，一直到1953年因心肌梗死去世。

▲ 文绣

《红楼梦》壁画

　　长春宫回廊的墙壁上画满了一幅幅以《红楼梦》为题材的壁画。《红楼梦》成书于乾隆时期，因为它深刻反映了封建贵族的腐朽和没落，曾被清朝统治者列为禁书。但由于慈禧太后、珍妃、瑾妃也喜读此书，所以《红楼梦》便慢慢传到了宫中。据记载，慈禧太后好读小说，"略能背诵，尤熟于《红楼梦》，时引贾太君自比"。她还仔细读过陆润庠等人手抄的《红楼梦》，还在上面频频用朱笔写下批注。在珍妃、瑾妃的提议下，慈禧太后命能工巧匠绘制了这组大壁画。壁画运用透视学的原理来表现亭台楼阁的景物，更富有立体感。壁画内容丰富，有"怡红院""潇湘馆""贾母逛大观园"等，画笔精细、清秀典雅，显示了晚清时期彩画工匠的精湛技艺和深厚功力。

▲ 《红楼梦》壁画

体元殿

体元殿原为启祥宫的后殿。清咸丰九年（1859年）将此殿改为前后开门的穿堂殿，咸丰帝御笔题写的"体元殿"匾悬挂在前檐正中，两侧对联为"自强不息以希天，逊志好学以希圣"。体元殿为黄琉璃瓦硬山顶，面阔五间，明间前后开门，次间、梢间是槛墙、支窗。室内各间安有花罩虚隔，唯有西梢间自成一室，有门与西次间相通。东、西各有耳房三间，中间的一间辟成通道，向北连通至长春宫院落。光绪八年（1882年）前后，慈禧太后就住在体元殿中，到了光绪十年（1884年）才迁往储秀宫。

▲ 体元殿

长春宫戏台

体元殿后檐接有抱厦三间，黄琉璃瓦卷棚顶，台基高出地面二尺多，宽敞素雅，坐南朝北，与长春宫相对，是清朝晚期宫中唱戏用的小戏台，又称"长春宫戏台"。戏台内侧的体元殿明间北门上方朝北悬挂"境静心清"匾，两侧对联为"西山浓翠迎朝爽，南陆微薰送午凉"。此戏台建造于光绪十年（1884年），是为了筹备慈禧太后五十大寿而建的。慈禧寿诞时，这里从初五一直演戏到初十，王公、内务府官员、命妇等都受邀观戏。当时慈禧就坐在戏台对面的长春宫檐下观戏，命妇们则侍立于慈禧御座旁。戏台上的演员大多是宫中专门学戏的宦官，还有慈禧的近侍。此后这座戏台就成了宫中演戏的主要场所，每逢元旦、冬至、夏至、太后生日、皇后生日，慈禧经常带领众妃嫔、公主、福晋、宫女等在此看戏。

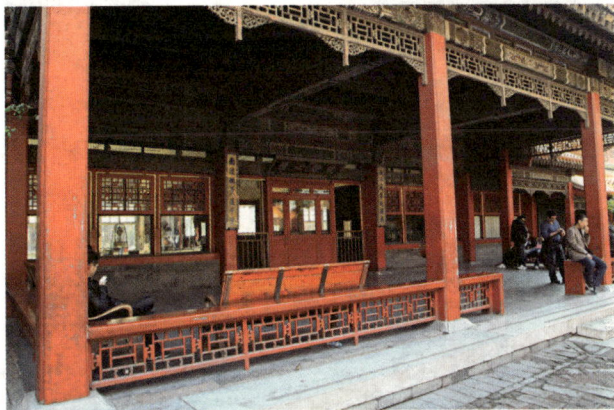

▲ 长春宫戏台

山花

在中国古代建筑中，歇山式的屋顶两侧形成的三角形墙面叫作山花。

翊坤宫

▲ 翊坤宫

翊坤宫在永乐年间建成时初名万安宫，明嘉靖十四年（1535 年）更名为翊坤宫。清朝沿袭明朝旧称，并曾多次修缮。原来翊坤宫为二进院，清朝晚期将翊坤宫后殿拆除改建成穿堂殿——体和殿，东西耳房各改一间作为通道，使翊坤宫和储秀宫相连，形成了南北四进的院落。

翊坤宫之名，犯了万历皇帝朱翊钧的名讳，但有意思的是，万历皇帝并未更改宫名，而且安排宠妃郑氏住在这里。此外，崇祯帝的贵妃田氏也曾住在翊坤宫。清朝时，康熙帝的宜妃、乾隆帝的惇妃、嘉庆帝的安嫔等均曾住在翊坤宫。

影壁门

翊坤宫正面设一道影壁门，这是中国古代建筑的独特风格。中国古人追求含蓄美，在大门内设置一道影壁，使来客的视线受阻，给他们一种庭院幽深的感觉。有意思的是，影壁门上左右有"明""盛"两个字，"明"字左边多了一横，"盛"字少了一点。有人说，这是清代为避讳明朝的"明"字，才故意改写的。这种解释是不科学的，其实这是中国古代的一种书法艺术，讲究左右对称美。

▲ 翊坤宫影壁门

▲ 翊坤宫外婉容拴秋千架的钩子

翊坤宫的秋千

末代皇后婉容性格开朗、活泼好动，据说她非常喜欢荡秋千。翊坤宫外的楹梁上有两对已生了锈的铁环，这就是婉容当年用来拴秋千架的钩子。

万历帝最宠爱的郑贵妃

郑氏是万历皇帝最宠爱的妃子，她是北京大兴人，她15岁那年正逢万历皇帝选妃大婚。当时民间对皇帝大婚唯恐避之不及，都争相在大婚前将女儿嫁出去。当时郑氏已经许配给了邻家公子，但因聘礼不足而导致两家大打出手，结果引来了奉命选妃的太监，这样郑氏就被带入了宫中。

郑贵妃起初并不太受宠，自生下皇三子朱常洵后随着与皇帝接触的增加，机敏可爱的郑氏逐渐征服了性格乖张的万历皇帝，他封郑氏为贵妃，并爱屋及乌地宠爱皇三子朱常洵，甚至准备立他为皇太子。但废长立幼遭到了朝臣们的强烈反对。这场储位之争延续了10余年，搞得万历皇帝身心俱疲，不得已向朝臣妥协，立皇长子朱常洛为皇太子，但封朱常洵为福王，在福王就藩时还赏赐大片封地、巨额金银。郑贵妃对朱常洵争储失败一直耿耿于怀，甚至准备谋害太子以争权，"明末三大案"（梃击案、红丸案、移宫案）中均有郑贵妃的影子。

万历帝晚年身体臃肿肥胖，行动不便，完全依赖郑贵妃生活，一杯茶如果不是郑贵妃经手的他就不喝，夜里没有郑贵妃陪睡就不踏实。郑贵妃也任劳任怨，把皇帝照料得非常周到。郑贵妃57岁时万历帝驾崩，遗命封郑贵妃为皇后，但受到朝臣反对，没能册封。明光宗即位后，郑贵妃联合光宗宠妃李选侍，谋求皇太后名号，也因朝臣反对而失败。明熹宗年间，魏忠贤专权，郑贵妃极力讨好魏忠贤，希望重新掌权，但魏忠贤大权在握，岂能容她染指朝政。最终郑贵妃在失望中于崇祯三年病死，死后也未能与明神宗合葬，而是入葬银泉山妃子园寝。

螭首

又叫螭头，为古代葬器、碑额、庭柱、殿阶及印章等上面的螭龙头像。

▲ 翊坤宫匾额

崇祯帝临终砍贵妃

　　袁贵妃是明代居住在翊坤宫的最后一位妃子。她性格温和，善解人意，深得崇祯皇帝的宠爱，除田贵妃之外就属她了。当时田贵妃与周皇后交恶，而袁贵妃则与周皇后很亲密，三人之间的关系颇为微妙。1644年，李自成率领农民起义军攻陷北京，崇祯帝无奈之下命袁贵妃自尽。也许她命不该绝，上吊时绳子忽然断裂，崇祯帝发现袁贵妃没死，便砍了她一刀，砍伤了她的肩膀，最终袁贵妃还是活了下来。清顺治帝入关后，袁贵妃作为崇祯帝的唯一遗孀受到了清廷的怜悯与礼遇，并分给她住所，赡养终身。

康熙宜妃与乾隆惇妃

　　《康熙微服私访记》里面的女主角——邓婕饰演的宜妃在历史上确有其人，她就居住在翊坤宫。宜妃郭络罗氏，曾为康熙皇帝生育了皇五子胤祺、皇九子胤禟和皇十一子胤禌，颇受康熙帝

▲ 乾隆惇妃

宠幸，在后宫的地位也很高。康熙帝去世时，宜妃正生病，她坐着四人抬的软轿到康熙帝灵前致祭，竟走到了已继位的雍正帝生母乌雅氏前面，引起雍正帝强烈不满，再加上胤禟又是雍正的政敌，因此宜妃在雍正朝很不受待见，未获任何晋封。

　　惇妃汪氏是乾隆的宠妃之一，她也住在翊坤宫，乾隆四十年（1775年）她为皇帝生育了最小也是最受宠的女儿——固伦和孝公主，故而从嫔晋升为妃。惇妃恃宠而骄，曾因小事而杖杀宫女，但乾隆仅仅是给她降妃为嫔的处罚，并在两年后就复封为妃。

储秀宫

储秀宫在翊坤宫之北，明初时名为寿昌宫，明嘉靖十四年（1535年）更名为储秀宫。清朝沿袭明朝宫名，曾多次修葺，光绪十年（1884年）为庆祝慈禧太后五十寿辰，花费63万两白银大规模整修储秀宫，使之成为西六宫中最考究的一座宫殿。

▲ 储秀宫

储秀宫庭院中有两棵苍劲的古柏，台基下东西分设一对铜龙和一对铜鹿。储秀宫外檐油饰采用色泽淡雅的苏式彩画，题材有花鸟鱼虫、山水人物和神仙故事等，门窗都是以质地优良的楠木雕刻的"万福万寿"和"五福捧寿"花纹。储秀宫内部装饰也非常考究，反映了慈禧喜好奢华的个性。

明代，在储秀宫居住的都是普通嫔妃，自清代嘉庆朝开始，皇后喜塔腊氏住进储秀宫，这座宫殿才显得重要起来。晚清时期，掌握大权的慈禧太后得宠时居住在储秀宫，并在此生育了咸丰帝唯一的儿子，也就是后来的同治皇帝。慈禧太后对储秀宫很有感情，大权在握后仍时常回储秀宫居住。

文一品补子

清代补服是区分官职品级的主要标志。文一品（总督）补子上锈"仙鹤"。

慈禧飞黄腾达之地

储秀宫是慈禧太后飞黄腾达之地。慈禧太后，叶赫那拉氏，满族正白旗人。咸丰二年（1852年），她应选入宫，就住在储秀宫。刚进宫的时候，慈禧才18岁，地位不高，只被封为"贵人"称号（贵人在清代妃嫔制度中位列第六等级）。她的容貌并不出色，但因生长于南方，天生拥有一副好嗓子。传说刚入宫的一个夏天，她坐在圆明园，手持书卷，唱着江南小曲，这一下就将咸丰帝给迷住了，于是临幸了她。不久慈禧生育皇子载淳，地位更加稳固，逐渐由贵人升为显赫的懿贵妃。

咸丰十年（1860年）八月，懿贵妃随同咸丰皇帝逃往热河。次年七月，咸丰帝驾崩，独子载淳即位，生母懿贵妃也升任慈禧皇太后。回京后，慈禧与慈安一起住在长春宫。此后直到光绪十年（1884年）慈禧五十大寿时，慈禧回到了自己的发迹之地——储秀宫居住，为了满足自己的奢华生活，她特意下令整修储秀宫，添置了若干奢华陈设，并将储秀宫与翊坤宫打通，成为一处庞大而奢华的四进院落。

铜龙、铜鹿

现在储秀宫内外的陈设还保留着慈禧太后五十寿辰时的原状。储秀宫前有一对铜龙和铜鹿。鹿象征和谐与富有。龙是帝王权威的象征。按古代规定，只有在皇帝居住的地方才能摆放龙，否则叫"越制"，是要杀头的。储秀宫前摆放龙，体现了慈禧太后的权力欲望。

▲ 储秀宫铜龙

▲ 储秀宫铜鹿

《万寿无疆赋》

储秀宫前廊、东西配殿前廊、体和殿后檐廊转角相连，形成回廊。回廊的墙壁上镶贴着琉璃烧制的数篇《万寿无疆赋》，这是慈禧太后五十大寿时朝中名臣梁药枢、陆润庠等进献的歌功颂德、阿谀奉承的祝寿文章。

◀ 乾隆帝八旬万寿诗文册（上）和《万寿无疆赋》（下）

东暖阁

沿东侧游廊登上台阶，首先看到的是储秀宫的东暖阁。靠东墙一侧有一对象牙塔，这是用象牙制成的精品。南面靠窗户一侧有两个座榻，是慈禧太后坐着想心事的地方，这时是需要安静的，绝不容许别人打扰。暖阁的北边

▲ 储秀宫东暖阁中的象牙塔

有一个小单间，里面放着一张桌子，桌子上放着一个佛龛，这是慈禧太后拜佛的地方。据记载，慈禧太后晚年很崇信佛教，喜欢别人叫她"老佛爷"。她还曾扮作观音，让太监李莲英扮成善财童子，留下了一张珍贵的历史照片。

储秀宫正殿

储秀宫正殿是慈禧太后平时接受大臣问候的地方。迎面是楠木制作的靠背，靠背前设一座平台，台上摆放紫檀木屏风，屏风前设宝座、宫扇、香筒等。宝座西侧有一柄玉如意，是吉祥、喜庆的象征；东侧有一红盒，供慈禧太后吐痰专用。正殿的东西两厢房是休息、娱乐的场所。此处用具的材料都为紫檀木，上面多雕刻着兰草。据说慈禧太后乳名为"兰儿"，她一生特别喜欢兰草，因此室内装饰、绘画多以兰草为内容。另外，东厢房设有一对龙凤象牙舟，西厢房有一个大瓷花缸，较有特色。据说慈禧太后晚年的时候有一个怪癖，不准房间里有一点异味，指使宫女或太监每隔两三天要换一次缸里的新鲜水果，水果能散发出浓郁的芳香，由此可见其宫廷生活的奢侈。

▲ 储秀宫正殿

{ 121 }

西暖阁

储秀宫的西暖阁是慈禧太后的寝室。寝室北面有张床，床前硬木花罩上雕刻着子孙万代葫芦图案，象征儿孙繁盛。床上有叠放的被子，上面绣满了龙、凤、花卉，都是十分名贵的丝织品。另外，寝室两边还陈列着梳妆台、铜镜以及一些玉制品。这些虽不是慈禧用过的，却是清朝的遗物。

▲ 储秀宫西暖阁

1894 年，为庆祝慈禧太后六十寿辰，慈禧太后把寝宫移到外东路的乐寿堂。

嘉庆帝的正宫皇后喜塔腊氏

孝淑睿皇后喜塔腊氏的娘家并不显赫，祖上是正白旗的包衣奴才。乾隆三十九年（1774 年），她 15 岁时赐册为皇子永琰福晋。她为永琰生了两位公主和一位皇子，这个皇子即绵宁，也就是后来的道光皇帝。乾隆六十年（1795 年），乾隆帝禅位给永琰，是为嘉庆帝，喜塔腊氏同时被册封为皇后，移居储秀宫。但喜塔腊氏只当了一年多的皇后便于次年二月病逝，年仅 36 岁。当时乾隆帝尚在，嘉庆帝怕影响父亲的心情，对皇后丧仪大加减抑，是清朝皇后葬礼中规格最低者之一。

◀ 孝淑睿皇后朝服像

同治皇后饮恨储秀宫

同治帝的皇后阿鲁特氏是清代第一位旗人状元崇绮之女，她幼承父教，知书达理，而且工于书法，能左手写大字。同治十一年（1881年），阿鲁特氏与同治帝结婚，她先是住在养心殿后面的体顺堂里。两年多后，同治皇帝驾崩，光绪皇帝尊奉皇嫂为嘉顺皇后，移居储秀宫。但两个多月后，阿鲁特氏就在储秀宫自尽了。

关于阿鲁特氏之死，历来有许多传说，一般认为是慈禧太后所逼。据说在选立皇后时，慈禧意在凤秀之女，慈安意在崇绮之女。同治皇帝遵从了慈安的意向，选中了阿鲁特氏。因此，从立后的那一天起，慈禧就不喜欢阿鲁特氏。后来又见载淳与皇后感情甚密，相敬如宾，而当时被封为慧妃的凤秀之女常被冷落，慈禧更加愤怒，经常干预帝、后的私生活。同治皇帝

▲ 孝哲毅皇后朝服像

死后，阿鲁特氏失去了靠山，日日以泪洗面。有一次，慈禧因小事责罚皇后阿鲁特氏，命人掌嘴。掌嘴是清宫对女性最低贱的惩罚，连宫女都未必会被掌嘴，皇后为此向慈禧太后求情："臣妾就算犯了什么大罪，也是从大清门抬进宫的皇后，请皇太后为臣妾留点颜面吧！"不想此话正说中了慈禧的痛处，她一生最大的遗憾就是自己不是从大清门抬进来的正宫皇后。事后慈禧对她施加报复，迫使她含恨自尽。

关于她的死还有一种说法。同治帝驾崩后，阿鲁特氏对自己的前程感到绝望，大清开国以来，还没有以皇嫂居留宫中的先例，同时她又对慈禧的专横、阴毒、暴虐充满怨恨。这时她的父亲崇绮见她日夜哭泣，又受到慈禧迫害，便示意她以死殉夫，于是她吞金屑求死，因抢救未成，又绝食，随即暴亡。

另外，阿鲁特氏的姑姑也被同治帝纳为珣妃，宣统年间被尊为太妃，也住在储秀宫，直到1921年病死于此。

文三品补子

文三品（顺天府尹）补子上绣"孔雀"。

末代皇后婉容

除慈禧太后外，清逊帝溥仪的妻子婉容也曾在储秀宫居住，她是储秀宫的最后一位主人。婉容于1922年入宫，在坤宁宫与溥仪结婚，随后入住储秀宫。

婉容姿容出众，俞平伯称其像上妆的梅兰芳。她还是一位喜爱新文化的女孩，所以深得溥仪的宠爱。溥仪的英文教师庄士敦曾为他起了个英文名字"亨利"。溥仪也为婉容起了英文名字"伊丽莎白"。两人婚后的生活相当浪漫，在紫禁城里经常互相写信。后来整理紫禁城的人发现养心殿和储秀宫里还有许多情书，都是出自溥仪和婉容的笔下。与慈禧太后不同，婉容把储秀宫的东暖阁作为自己的卧室，把西暖阁改成浴室，安装西式浴盆。可惜好景不长，1924年冯玉祥发动北京政变，将溥仪等驱逐出了皇宫，婉容也结束了浪漫的宫廷生活。在民国初年，参观紫禁城的人们还能看到储秀宫

▲ 婉容与溥仪

的餐桌上摆着婉容和溥仪吃剩的苹果、饼干、木瓜，花盆里还有干枯的佛手、菊花，可以想见他们离开时的仓促景象。

绥福殿内"皇家电话局"

储秀宫前有两座配殿，东为养和殿，西为绥福殿，均面阔三间。1910 年 4 月，紫禁城内安装了 10 门用户交换机，在后宫的建福宫、储秀宫和长春宫设专线电话共 6 部，这是我国最早的"皇家电话局"。如今在绥福殿内设有"皇家电话局"展览，展出清宫当年在紫禁城内设电话局的相关资料，其中还设置了仿古样式的公用电话，为游客服务。

▲ 储秀宫西配殿"皇家电话局"展览

丽景轩

丽景轩是储秀宫的后殿。"丽景"即美景之意。据文献记载，慈禧初入宫时即住在储秀宫，并于咸丰六年（1856 年）三月在后殿生下载淳，即后来的同治皇帝。光绪十年（1884 年）慈禧太

▲ 丽景轩

后五十大寿时再次入住于此，将储秀宫的后殿改名为丽景轩，并在室内建起小戏台，常命小太监在此演戏。婉容住在储秀宫时将戏台拆除，在此摆放了西式餐桌及餐具，她还教溥仪吃西餐的方法。如今这里已被辟为"溥仪宫中生活展"。

◀ 溥仪和婉容的生活用具

体和殿

储秀宫南面就是体和殿，这里原来是翊坤宫的后殿，后来改为穿堂殿，称体和殿。体和殿面阔五间，前后开门，后檐出廊，黄琉璃瓦硬山顶。当年慈禧太后住在储秀宫的时候就在这里用膳。有专门为慈禧太后做饭的"寿膳房"，管理膳房、做饭、做茶点、端饭、端茶等人员共 450 多名。慈禧太后每天饭费为白银 50 两，每顿饭要摆放主食十几种、菜

▲ 体和殿

二三十个，还有各式茶点，这要消耗 50 千克猪肉，100 多只鸡和鸭。据统计，慈禧太后每顿饭的消费量相当于当时 10000 户农民家庭一天的消费量。另外，所用餐具都是金、银、玉、翠和名贵的瓷器，可见皇家生活的豪华、奢侈。

光绪帝体和殿选后

值得一提的是，光绪十三年（1887 年）慈禧太后为光绪帝选皇后和妃子的仪式也是在体和殿举行的。当时候选人共五名，为首的是慈禧太后的侄女，其次为江西巡抚德馨的两个女儿，再次是礼部侍郎长叙的两个女儿。当时慈禧太后坐在上座，光绪帝侍立，恭亲王奕訢的长女固伦荣寿公主及数位福晋、命妇等站在后面。前面长桌上放玉如意一柄、红绣花荷包两对，为中选证物。皇帝选中皇后则赠予如意，选中妃子则送给荷包。按光绪帝的本意是准备选德馨之女为皇后，然而当他手持如意走上前时，慈禧太后大喝一声："皇帝！"并用目光暗示授予自己的侄女。在压力下，光绪帝不得已将如意授予了慈禧的侄女（即未来的隆裕皇后）。慈禧太后又怕光绪帝选德馨之女为妃，造成夺宠之患，于是不容光绪帝再选，匆匆示意荣寿公主将荷包授予长叙的两个女儿（即后来的瑾妃和珍妃）。这样，由慈禧太后导演的选妃"戏"便草草收场了。

咸福宫

咸福宫在西六宫西北角，初名寿安宫，嘉靖十四年（1535年）改为现名。咸福宫与景阳宫形制相同。咸福宫在明代只是普通后妃居住的宫殿，但到了清朝乾隆以后则成为皇帝经常停留的地方。

景福宫后殿东室在乾隆年间名为"琴德簃"，里面珍藏着康熙皇帝留下的古琴。西室名为"画禅室"，里面珍藏着王维、董其昌等名家的字画。乾隆皇帝去世后，嘉庆帝住在咸福宫守孝，在此住了10个月，并在此理政，可以说嘉庆帝的亲政生涯便是从咸福宫开始的。此后，咸福宫一度恢复成妃嫔居所，道光帝琳贵人（庄顺皇贵妃）、成贵妃、彤贵妃、常妃等都曾在咸福宫居住。道光帝去世后，咸丰帝也住在咸安宫守孝，守孝期满后他仍然经常在咸福宫居住，以默念祖宗持守的基业与意志。为此咸丰帝将咸福宫后殿命名为"同道堂"。咸丰三年，奕䜣之母康慈皇贵太妃（道光帝的静贵妃）曾在咸福宫短暂居住。咸丰五年至六年间，咸丰帝的懿嫔那拉氏（即日后的慈禧太后）也曾在同道堂居住。如今同道堂内有很多咸丰帝的御笔书法。

守成之君嘉庆皇帝

嘉庆帝颙琰是乾隆皇帝的第15个儿子，在乾隆晚年被秘密立为继承人。直到嘉庆四年（1799年）乾隆帝去世后，嘉庆帝才开始亲政，当时他已经39岁。

由于嘉庆帝性格软弱，所以在位期间虽然勤政，但却拿不出什么治国、治贪的方法，以致国家日益衰败，史称"嘉道中衰"。

嘉庆帝最显著的政绩就是扳倒和珅。他亲政仅五天就逮捕了乾隆晚年的权臣和珅，下诏宣布其二十大罪状，将和珅赐死，抄没其家产。他亲政第15天就将和珅一党全部打倒，抄没的财产约值8亿～11亿两白银，超过了清朝政府15年财政收入的总和。这就是所谓的"和珅跌倒，嘉庆吃饱"。

▲ 嘉庆帝朝服像

咸丰帝与同道堂

同道堂为咸福宫的后殿，与咸福宫同期建成，清沿明旧，"同道"取志同道合之意。同道堂殿内东室匾额为"琴德簃"，曾藏古琴；西室"画禅室"，收藏王维《雪溪图》、董其昌《潇湘白云图》等名画。清乾隆皇帝曾将这里作为偶尔起居的居所。同道堂中题匾多为咸丰帝御笔。八国联军占领北京前夕，咸丰帝曾在同道堂传膳，并决定逃往避暑山庄。

咸丰帝一生对同道堂非常喜爱，还曾专门制作了一方铭文为"同道堂"的印玺。咸丰帝在热河去世前，留下两方印玺，一方为"御赏"，另一方就是"同道堂"。"御赏"印留给皇后钮钴禄氏（即慈安），"同道堂"印则留给儿子载淳，但当时载淳年仅7岁，所以实际上是由其生母懿贵妃那拉氏（即慈禧）使用。同治初年颁发的上谕上面都必须加盖这两方印章，此事也奠定了两宫太后掌权的基本格局。

▲ 咸丰帝朝服像

▲ 同道堂印玺

慈禧太后与同道堂

一般认为同治帝出生于储秀宫后殿，但也有一种说法认为他出生于咸福宫的同道堂。据慈禧晚年的宦官透露，咸丰五年，懿嫔那拉氏（即日后的慈禧太后）因犯小错而被咸丰帝勒令移居咸福宫的同道堂。咸丰六年，懿嫔在此生下咸丰帝的第一个儿子，也是后来唯一成活的儿子载淳（即日后的同治帝）。

东六宫

在后三宫东侧也分布着六座整齐的宫院，即东六宫。在东一长街东侧，由南向北依次是景仁宫、承乾宫、钟粹宫；在东二长街东侧，由南向北依次是延禧宫、永和宫、景阳宫。东六宫依然保持着初建时的格局，不像西六宫那样有过诸多改建。古人以东为尊，在明清两代，居住在东六宫的后妃普遍更显赫一些。如今这些宫院大多有文物陈列，展出清宫旧藏的金银器、玉器、瓷器、青铜器等，琳琅满目，件件精美。

景仁宫

　　景仁宫在明永乐年间建成时名为长安宫,嘉靖朝改为今名。正门景仁门内有一座石影壁,传为元代遗物。景仁宫正殿面阔五间,黄琉璃瓦歇山顶,明间室内悬挂着乾隆帝御题"赞德宫闱"匾。殿前有一座宽广的月台。

　　景仁宫位置较好,居住于此的后妃较多。明代宣德朝皇后胡善祥被宣德帝废黜后就退居景仁宫修道。

▲ 景仁宫

康熙帝的生母孝康章皇后也住在此宫,并在此生育康熙帝。乾隆帝的母亲孝圣宪皇后在还只是熹妃之时也居住在景仁宫。此外,还有嘉庆帝的第二个皇后孝和睿皇后、咸丰帝的婉贵妃、光绪帝的珍妃等均曾在景仁宫居住。

　　如今景仁宫内部已改为捐献馆,展出所接收的各类捐献文物。

▲ 康熙生母佟佳氏

康熙皇帝的诞生地

　　康熙生母孝康章皇后佟佳氏,满洲镶黄旗人,生于崇德五年,都统佟图赖之女。顺治初年入宫,为庶妃(妃的地位,但没有正式封号,称为佟妃)。顺治十一年(1654年)初,佟佳氏例行来到慈宁宫,给孝庄太后请安,当时她已经怀孕8个月,但腹部并没有明显隆起,请安后将要出宫时,孝庄太后发现佟佳氏裙裾上有光,便问她是否怀孕了。得到确定回答后,太后非常惊讶,对近侍说:"当年我怀顺治皇帝时就有这种异兆,如今佟妃也是如此,其所生之子必有大福。"

　　在当年三月十八,佟佳氏在景仁宫生下了皇三子玄烨,随后晋升为康妃。顺治十八年(1661年),顺治皇帝驾崩,孝庄太后册立玄烨为皇帝,即康熙帝,其生母佟佳氏则被尊为慈和皇太后。可惜她体弱多病,仅当了四个多月的皇太后就病逝了,年仅24岁,后与顺治帝合葬于孝陵。

宣德皇帝冲动废皇后

明宣宗朱瞻基是明成祖的孙子，自小聪明伶俐，深得祖父的喜爱，明成祖也因为有这样一个好孙子而坚定了传位于太子的决心。明成祖去世后，

▲ 宣德皇帝书法

朱瞻基的父亲朱高炽即位，是为仁宗，但不到一年便去世，于是朱瞻基即位，年号宣德，他就是那位喜好斗蟋蟀的"促织天子"。但宣德帝并不沉迷于游乐，他勤于政事，知人善任，是明朝少有的明君，在他的励精图治之下，明朝形成了"洪宣盛世"的局面。

宣德帝即位时26岁，其皇后胡善祥美丽贤德，是他还是皇太孙时明成祖亲自为他挑选的妃子。但宣德帝宠爱自幼相识的美人孙贵妃，对皇后非常冷淡，加上皇后只生了两个女儿，没有儿子，宣德帝便以此为由而迫使胡善祥上表辞位，改立孙贵妃为皇后。于是胡善祥退居长安宫修道，由宣宗赐号静慈仙师，实质上等同于废后。宣宗生母张太后疼爱儿子，便同意了这件事，但她也怜悯胡氏贤德，因此给她颇多照顾。胡善祥无过而被废的事百姓皆知，都非常同情皇后。据说宣宗晚年也为此悔过，说是少年冲动。

▲ 宣德皇帝所绘《寿星图》

"甄嬛" 原型熹妃的荣升之地

　　要说清代最有福气的后妃，当然非雍正帝的熹妃钮祜禄氏莫属，她也是《甄嬛传》中甄嬛的原型。实际上，钮祜禄氏的出身并不显赫，其祖上虽为名门，但到她那一代已经没落，与平民无异，其父亲凌柱也只是四品典仪。钮祜禄氏初入雍王府时，只是个低阶侍妾，号格格，康熙五十年（1711 年）八月，她在雍王府生下了雍亲王第四子弘历，即后来的乾隆帝。由于弘历自幼乖巧，深得康熙帝欢心，康熙帝还盛赞钮祜禄氏是"有福之人"。雍正帝登基后，将钮祜禄氏直接从格格册封为熹妃。当时熹妃在宫中的地位仅次于正宫孝敬宪皇后、年贵妃与齐妃，后来年贵妃与皇后相继去世，而齐妃之子弘时又因狂纵不慎而被雍正帝削除宗籍，齐妃受到牵连而失宠。到了雍正帝晚年，熹妃已经是后宫之尊。雍正十三年（1735 年）八月，雍正帝去世，其子弘历登基，是为乾隆帝。熹妃以生母的身份成为皇太后，徽号崇庆皇太后，移居慈宁宫。

▲ 崇庆皇太后朝服像

崇庆皇太后活了 84 岁，当了 42 年皇太后，可谓是尽享人间的"福、禄、寿"。

"大公无私"的孝和睿皇后

孝和睿皇后钮祜禄氏是嘉庆帝的第二任皇后，在嘉庆帝还是皇子时为侧福晋，嘉庆帝即位后封为和贵妃。不久原配皇后喜塔腊氏去世，太上皇乾隆亲自命钮祜禄氏继位为皇后，嘉庆六年（1799年）正式册封，并以景仁宫为皇后寝宫。钮祜禄氏家世、才学、品行皆好，公公乾隆和丈夫嘉庆都对她赞赏有加。原配皇后喜塔腊氏去世后，其子绵宁交给钮祜禄氏照顾，钮祜禄氏本人也生育了两个皇子，即皇三子绵恺与皇四子绵忻。但钮祜禄氏对绵宁可说视如己出，在嘉庆朝，三兄弟的关系很好，绵宁和继母的感情也十分亲近。

嘉庆二十五年（1818年）八月，嘉庆帝在热河避暑山庄突然驾崩。起初，大臣没能找到即位遗诏，焦急万分。消息传到北京后，皇后钮祜禄氏立即派人500里加急把自己的懿旨送到承德，令皇次子旻宁立即登基，是为道光帝。虽然最后大臣们找到了嘉庆帝的

▲ 孝和睿皇后朝服像

遗诏，竟和皇后意思一致。当时皇后钮祜禄氏自己也生有二子，在尚未找到遗诏之前，如果她推举自己的儿子继位，即使之后找到遗诏，大臣也无可奈何。钮祜禄氏的无私与支持让道光帝感动不已，即位后便尊钮祜禄氏为恭慈皇太后，并请皇太后移住寿康宫。终道光一朝，道光帝对恭慈皇太后都非常孝顺。道光二十九年（1847年）十二月恭慈皇太后去世，享寿74岁。道光帝不顾年迈体衰，坚持为皇太后守灵，结果导致生病，也于不久后驾崩。

文七品补子

文七品（知县、按察司等）补子上锈"鸂鶒"。

凄惨的珍妃

珍妃，他他拉氏，是满洲镶红旗人，其父在广州做参军，所以自小在广州长大。1889年珍妃和姐姐瑾妃被送入宫中，成为光绪帝的妃子，住在景仁宫。珍妃天生丽质，聪明乖巧，琴棋书画样样皆通，这样一下就把木讷的皇后给比下去了，所以光绪帝一直很宠幸珍妃。早期慈禧太后见她乖巧，对她也颇为喜爱，甚至让她帮自己批阅奏章。珍妃爱美，喜欢打扮，对新鲜事物接受较快。在西洋照相技术传入中国后，珍妃还专门托人买了一台照相机，在景仁宫、养心殿等处照相。珍妃还喜欢唱歌，光绪帝则会弹钢琴，两人常在一起弹唱，堪称知音。但珍妃受宠，逐渐让皇后、慈禧太后等心生妒意。

当时珍妃的月例银子不过二三百两，但她不会节省，又滥赏，导致亏空日甚。于是她串通太监，效仿慈禧太后受贿卖官，结果此事被揭发，引起慈禧太后强烈不满。慈禧太后责问时，珍妃还反唇相讥："祖宗家法亦自有坏之在先者，妾何敢尔？此太后主教也。"慈禧太后更加怒不可遏，给予珍妃"褫衣廷杖"的责罚，并降为贵人，幽闭于建福宫后面的西花园内，与光绪帝隔绝，不能见面。但不到一年，慈禧太后便将珍妃放了，慈禧太后五十大寿时还恢复封号，搬回景仁宫居住。也有的传说是珍妃因为支持光绪帝推行戊戌变法，与慈禧太后夺权，结果触怒了慈禧太后，结果因一件小事被慈禧太后打入冷宫。此事发生在甲午战败之后的一年，自此开始，直到被推入井中溺死，珍妃与光绪帝都未能再通音讯。

▲珍妃

◀光绪帝

捐献文物精品展

捐献馆位于东六宫的景仁宫内，主要展示历年来故宫博物院接受的捐赠品，也从一定程度上表达了对捐赠者的感谢与尊敬。在景仁宫正殿中高悬醒目的"景仁榜"三个大字。花梨木制作的巨型屏风上，按捐赠年代镌刻着近700位捐赠者的姓名。现在景仁宫轮换展出捐赠的精品。

▲ 捐献馆入口

▲ 景仁宫的景仁榜

▲ 商兽面纹斝（章乃器捐）

唐三彩双鸭纹方枕（李纪元捐）▶

文八品补子

文八品（布政司库大使、县丞等）补子上锈"鹌鹑"。

承乾宫

　　"承乾"的意思是在承乾宫居住的妃子一定要顺承皇帝的意愿，不能有一丝不敬。

　　承乾宫初名永宁宫，直到崇祯五年（1632年）才改为现名。清朝沿袭明朝旧制，顺治十二年（1655年）重修，道光十二年（1832年）曾略加修葺。

　　明清两代，承乾宫皆为后妃的居所，明崇祯帝的田贵妃曾居住于此。清顺治帝的皇贵妃董鄂氏，道光帝的孝全成皇后、琳贵妃、佳贵人，咸丰帝的云嫔、婉贵人等都曾在承乾宫居住。

▲ 承乾宫

崇祯帝宠妃——田贵妃

　　崇祯帝宠妃——田贵妃曾住在启祥宫，但那只是她受责罚时居住的地方，其原来的住处是在承乾宫。田贵妃本名田秀英，父亲是一名商人，全家住在扬州。在扬州时，其父曾聘请一位薛姓女琴师教她弹琴，这位女琴师后来成为她的继母。在崇祯帝还是信王的时候，田秀英入府为妾。后来信王登基，田秀英也入宫成为贵妃，并住在承乾宫。

　　田贵妃才色俱佳，宠冠六宫。崇祯帝曾听田贵妃吹笛，赞赏其笛声"裂石穿云"。有一次，崇祯帝在射场骑马，听说田贵妃也会骑，便命她上马，田贵妃从容上马奔驰，其优雅风姿令众人无不赞叹。田贵妃还喜好丹青，她所绘的群芳图、兰花等都被崇祯帝所珍视。由于田贵妃出身江南，所以比较会打扮，她将江南服饰带入宫中，其他嫔妃无不羡慕。

　　皇帝的宠幸自然容易招来嫉妒，周皇后对田贵妃就甚为不满。有一次，田贵妃在崇祯帝和周皇后面前弹琴，一曲奏罢，崇祯帝陶醉不已，便问身边的周皇后为何不会，结果皇后正色回答："妾本儒家，惟知蚕织耳，妃从何人授指法？"如此一问，让人不禁怀疑起田贵妃的出身。多疑的崇祯帝便诘问田贵妃从何处学得琴艺，田贵妃回答是母亲所授。崇祯帝便召其母薛氏入宫，命其当众演奏，一曲奏罢，众皆叹服，崇祯帝这才打消了疑虑。

顺治情迷董鄂妃

董鄂妃是清宫中谜一般的女人，她是顺治皇帝的最爱，但史书上对她的记载却只是寥寥数笔，以致衍生出许多传说，甚至认为她就是秦淮名妓董小宛。目前比较认同的说法是，董鄂妃是内务府大臣鄂硕的女儿，她最初嫁给顺治皇帝的弟弟博穆博果尔为福晋。有一次，顺治帝偶然看到了董鄂氏，便一见钟情。据汤若望记载，博果尔听闻此事后怒不可遏，对董鄂氏严厉训斥，但却招来了哥哥顺治皇帝对他的训斥，顺治甚至打了他一耳光。年仅16岁的博果尔因此羞愤而死。数月后，董鄂氏便被接入宫中，册封为贤妃。仅一月后，她成为皇贵妃，顺治帝为此还举行了隆重的侧妃典礼，并大赦天下，在清代近300年的历史中，因为侧妃而大赦天下的这是绝无仅有的一次。

▲ 顺治皇帝

董鄂氏入宫后，顺治帝对她痴迷不已，为此甚至想要废黜正官皇后，而让董鄂氏做皇后，此事在孝庄太后的干预下才没有成功。入宫一年多后，董鄂氏生下一个儿子，顺治帝欣喜异常，视其为自己的皇位继承人。但这个儿子才活了三个月便夭折了，顺治帝十分悲痛，追谥其为荣亲王，他也是清朝亲王中最小的一个。

董鄂妃之死令顺治帝癫狂

董鄂妃虽极受顺治帝宠爱，但为免遭妒而时时谨小慎微，使其精神极度紧张，加上丧子的打击，以及产后因孝庄太后生病而不得不勉力伺候，很快病倒。顺治十七年八月她病逝于承乾宫，年仅22岁。

董鄂妃的死对顺治帝打击很大，他竟寻死觅活，不顾一切。孝庄太后不得不命人昼夜看守着他，以免他自杀。顺治帝又在正官皇后在世的情况下追封董鄂氏为皇后，谥为"孝献庄和至德宣仁温惠端敬"皇后，即便多达12个字，顺治帝还"犹以无天圣二字为歉"。他还亲自撰写董鄂妃的《行状》，又命大学士金之俊为她作《别传》，甚至萌发剃发出家的念头，经太后及朝臣苦劝才未成。顺治帝就这样在哀痛中度过了四个月，于次年正月在养心殿驾崩。顺治帝和董鄂妃最终合葬孝陵。

▲ 董鄂妃

晋升神速的孝全成皇后

孝全成皇后钮祜禄氏是道光皇帝的第三任嫡妻，幼年时其父亲颐龄在苏州任职，钮祜禄氏就在此长大。钮祜禄氏从小就长得很漂亮，且聪明伶俐，再加上江南水土文风的滋养熏陶，又平添了几分灵气，具备了江南女子的纤巧秀慧。钮祜禄氏不仅精于刺绣和诗书，还学会了当时苏州女子雅好的七巧板游戏，入宫后曾仿照世间常见的七巧板样式，将木片削为若干方，排成吉祥语"六合同春"四个字。《清宫词》专门有诗赞美此事：

蕙质兰心并世无，垂髫曾记住姑苏。

谱成"六合同春"字，绝胜璇玑织锦图。

道光元年（1821年），13岁的钮祜禄氏经选秀女而入宫，很快便被道光帝看中，先是暂定为贵人，还没来得及册封就直接晋升为全嫔，三个月后又晋封为全妃，晋升之快堪称罕见，可见道光帝对她的宠爱。她为道光皇帝生育了两个女儿和一个儿子，这个儿子就是皇四子奕詝，也就是日后的咸丰帝。道光十三年（1833年），正官皇后佟佳氏病逝，当年中秋节，全妃晋升为皇贵妃，统摄六宫，次年正式册封为皇后。

▲ 孝全成皇后朝服像

孝全成皇后之暴死

多才多艺的钮祜禄氏仅当了六年皇后便暴死于承乾宫，年仅32岁。由于她与道光帝感情极深，道光帝十分悲痛，钦定谥号为"孝全皇后"，可见对她的评价之高。她的儿子奕詝后来能继承大统，与道光帝追念孝全皇后有着相当大的关系。此后直至清亡，承乾宫内都一直悬挂着她的画像。

关于孝全皇后的死因，历来谜团颇多，一般认为是因为婆媳不和导致的。她的婆婆恭慈皇太后认为女子无才便是德，对多才的皇后颇多微词，经宫人添油加醋地乱传说，导致婆媳关系日渐疏远，最后婆婆给儿媳送了毒酒。另有一种说法认为是孝全皇后怀孕时，为使儿子成为长子，便串通太医用药，使奕詝早产，数年后此事暴露，太后认为有辱家风，勒令皇后自尽。还有一种说法认为孝全皇后为了除掉威胁奕詝的皇六子奕䜣，曾对其下毒，但未成功，结果事情暴露，太后知道后令其自裁。孝全皇后暴死后，道光帝虽然悲痛，但因受到来自太后的压力，也没能展开调查，最后不了了之。

青铜器馆

如今的承乾宫与其东侧的永和宫一起被辟为青铜器馆。故宫博物院收藏了历代青铜器一万多件，绝大部分是清宫旧藏的传世珍品。自1958年故宫博物院就开辟了青铜器展区，曾在2010年闭馆整修，2013年重新开放。如今两座宫院内展出青铜器129件/套，陈列分为四大主题，即"青铜器与礼制""青铜器与军事""青铜器与音乐""青铜器与生产生活"，另外还新设"台北故宫及海外藏中国青铜器"专题，对海峡两岸故宫博物院及海外收藏的青铜器精品进行了实物展览之外的介绍。展品中，尤以商代"三羊尊""亚方尊"，西周"追簋"，战国"宴乐渔猎攻战纹壶"等青铜国宝最为引人注目。

▲ 兽面纹胄　田告母辛方鼎 ▲

▼ 兽面纹戈　兽面纹扁足鼎 ▼

钟粹宫

▲ 钟粹宫

钟粹宫在明初名为咸阳宫，嘉靖年间更名为钟粹宫。隆庆五年（1571年）将钟粹宫前殿改称兴龙殿、后殿改称圣哲殿，作为皇太子住处，后来复称钟粹宫。清朝沿用明朝旧称，并数次修缮。

明朝时，钟粹宫为妃嫔居所，还曾一度作为皇太子宫，登基前的万历皇帝、崇祯帝太子朱慈烺等均曾在此居住。在清代，咸丰帝幼年在钟粹宫居住长达17年。咸丰帝的正宫皇后入宫后即居住在钟粹宫，直到光绪七年（1881年）去世。光绪帝大婚后，隆裕皇后也曾在钟粹宫居住，直到升为太后才移居西六宫的太极殿、长春宫。

钟粹宫内的垂花门和游廊

在道光、同治、光绪年间，住在钟粹宫的都是皇后，地位显赫，因此对钟粹宫也曾多加修葺，如今宫内的垂花门和游廊就是在那时候陆续添建的。

◀ 钟粹门内抱厦

咸丰帝住在钟粹宫

咸丰帝在未登基以前，曾以皇子的身份居住于钟粹宫长达17年。咸丰帝登基后曾作《钟粹宫感旧》一诗，回想起自己九岁那年（己亥年，即道光十九年）患病，母亲每天到钟粹宫探看的情景：

居此幼龄十七年，承恩御宇恨终天。回思己岁尤堪痛，一度思亲涕泪涟。

昔是承恩予旧地，今为基福后之宫。鬓年景况依然在，惟敬惟勤慎始终。

咸丰帝在"一度思亲涕泪涟"后自注："己亥冬，予年九岁时感沉疴，皇妣孝全成皇后顾复焦劳，寝食俱废，虽罔极深恩，未由报答于万一，第一思及此，更堪悲痛。"

慈安太后居住地

清朝时，咸丰帝的孝贞皇后（即后来的慈安太后）曾住在这里。慈安太后钮祜禄氏，满洲镶黄旗人，广西右江道三等承恩公穆杨阿之女。咸丰帝当皇子的时候，她是侧室。嫡福晋萨克达氏没有等到咸丰帝登基就去世了，不久道光帝病逝，咸丰帝登基。咸丰二年四月册封钮祜禄氏为贞嫔，在五月晋升为贞贵妃，六月初八即立为皇后。由于她升为贵妃和册立为后的时间间隔过短，因此个性恭简的她便主动要求免去册封为贵妃的仪式，直接举行册立为皇后的大典即可。咸丰帝对钮祜禄氏感情很好，特意让她住在自己当皇子时的钟粹宫中，称"昔是承恩予旧地，今为基福后之宫"。

1861年咸丰帝病死，慈禧太后联合慈安太后发动政变，实行垂帘听政。同治帝继位后，尊慈安太后为"母后皇太后"，尊慈禧太后为"圣母皇太后"。同治初年，慈安太后与慈禧太后共同住在长春宫内，以照顾同治皇帝，到同治十年才从长春宫迁出，回到钟粹宫居住。同治大婚后，慈安太后住进太后宫区的寿安宫内，不久同治帝驾崩，光绪帝即位，她又住到钟粹宫，最后在这里去世。

▲ 慈安太后

慈安太后之死

慈安太后性情平和，不爱管事，名义上是两宫垂帘，实际上只是慈禧太后一人独揽大权。多年来，慈安太后对慈禧太后的为所欲为也有所不满。她曾下令诛杀慈禧太后身边的红人——私自出京的太监安德海。有一次，在咸丰帝的祭礼上，神案前设置了两个跪垫，慈安太后见状，心想在自己之前丈夫咸丰帝还有一位嫡福晋萨克达氏，虽然萨克达氏已亡故多年，但慈安太后还是将左侧的跪垫空出，自己跪到了右侧的跪垫上。本来，这两个跪垫是要给慈禧太后和慈安太后的，但此时慈安太后已经跪在了右侧的跪垫上，地位稍低的慈禧太后自然不敢在左侧的跪垫上跪下（古人以左为尊），只好跟着随礼的太监宫女、王公大臣一同站着行礼，此事让慈禧太后感到非常难堪。

对于权力欲望极强的慈禧太后来说，慈安太后自然是她掌权的绊脚石。光绪六年（1881年），一向身体健康的慈安太后突然暴病身亡，享年45岁。当宫中传出消息时，朝官一时不敢相信。事后，据宫里的人回忆说，慈安太后死的前一天晚上，慈禧太后派人送来果饼，当时慈安太后正在钟粹宫赏花，不经意间拿起果饼就吃了，当夜暴病而死。慈安太后的丧礼是在钟粹宫举办的，小敛时百官看到慈安太后手指青紫，

▲ 慈安太后

显然是中毒症状，但当时慈禧太后就在旁边守孝，谁也不敢提出质疑。

隆裕当皇后时居住地

另外，清朝光绪帝的孝定景皇后叶赫那拉氏（即后来的隆裕太后）也曾住在钟粹宫。孝定景皇后是慈禧太后弟弟桂祥的女儿，是慈禧太后的亲侄女。1889 年，她在隆重的大婚典礼中进入皇宫，成为光绪帝的皇后。在坤宁宫洞房中，她与皇帝度过了三天有名无实的婚期后，就按预先的安排住进了钟粹宫。然而，因为慈禧太后和光绪帝关系紧张，自大婚第一天起，皇帝、皇后就形同陌路。20 年的皇后生涯中，她只不过是慈禧太后身边的一位女侍从而已。

孝定景皇后生性懦弱，住在钟粹宫时，每日除了给太后、皇帝请安外几乎无事可做。慈禧太后对这位懦弱无能的侄女也很不满意，皇后虽为六宫之主，但每天在太后面前总是提心吊胆，在嫔妃面前也没

▲ 隆裕太后

什么威信，经常关起门跟侍女们耍脾气，甚至拿猫狗来发泄。当时皇后的例银并不多，但她却不懂经营，宫中上下都需要打点，太后、皇帝的寿诞还要准备寿礼，开销甚大，以致皇后生活颇为拮据，只好命人将首饰、衣物拿到宫外典当，据说典押物中竟然还有龙袍。

玉器馆

如今钟粹宫前、后殿被辟为陈列古代玉器的展馆。中国玉器有着浓厚的民族风格和鲜明的时代特点，在世界玉器艺坛上也是别出心裁、独树一帜的。中国玉器历史悠久，可追溯至 8000 年前的新石器时代。历代帝王多有好玉者，以玉为祥瑞，更有甚者，有些王朝将玉器使用制度化，列入国家礼制之中。

清代，玉器得到了空前发展，达到了我国古代玉器史上的最高峰，在玉质之美、器形之众、产量之多、使用之广等方面都是历史上其他朝代的玉器所不能相比的。乾隆时代的玉器是清代玉器的代表，仅乾隆皇帝御制诗中就有数十篇赞美当时玉器的精湛做工。乾隆时代的玉琢水平达到高峰，此时的玉器匠继承和运用了历代琢玉工艺的技巧，借鉴绘画、雕刻等成就，创造与发展了具有鲜明时代特点的玉器艺术。

故宫博物院收藏的玉器品类丰富，数量庞杂，仅出自乾隆朝的就超过一万件。当时玉料原石丰富，质量很高，而皇家造办处雕琢时也不计工本，因此制作出来的玉器不仅形体大，而且品质佳，雕工精美无比，如今玉料资源日渐枯竭，很难再见到类似故宫博物院藏的那些大而精的玉器了。所以说故宫博物院玉器馆是爱玉之人不可不去的地方。

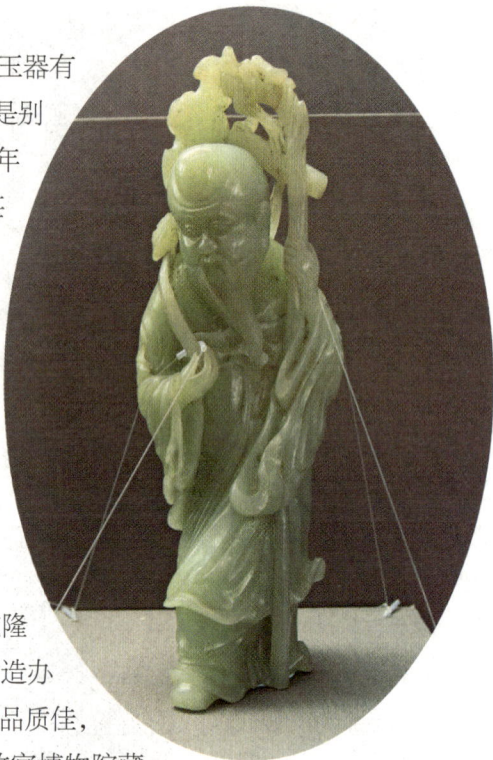

▲ 清乾隆青玉寿星

▲ 清乾隆碧玉兽面纹兕觥

▲ 清嘉庆白玉羊首提梁壶

延禧宫

延禧宫位于东二长街东侧，建于明永乐十八年（1420年），初名长寿宫。明嘉靖年间更名延祺宫，清代改称现名。延禧为迎福请喜之意。

明清两朝延禧宫均为妃嫔居所，清道光帝之恬嫔、成贵人曾在此居住。道光二十五年

▲ 延禧宫中的水晶宫

（1845年）延禧宫起火，烧毁了除宫门外的所有建筑。宣统元年（1909年），光绪帝的瑾妃主持在原址兴建一座西洋式建筑——水殿。水殿以白石雕砌，墙壁、地板的玻璃壁夹层和建筑周围环池中可注水养鱼。不久，因财力原因而停建。

1917年张勋复辟时，延禧宫北部被直系部队的飞机炸毁。1931年，在此修建了新型文物库房。2005年库房的东配楼被辟为古书画研究中心，西配楼被辟为陶瓷研究中心，并有相关展出。

紫禁城的"烂尾楼"——灵沼轩

延禧宫东侧就是苍震门，由于苍震门是宫内太监和匠役勤杂人等进出内廷的唯一通道，故关防并不严密。明清两朝此处多次失火。道光二十五年延禧宫再次发生火灾，烧得仅剩宫门，后修复，咸丰五年又再次被烧，随即修复。宣统元年，隆裕太后继承了慈禧太后的大笔遗产，便斥资百万，要在延禧宫修建一座水晶宫，以压住其连遭火焚的厄运。

这座水晶宫高三层，水殿四周为水池，引玉泉山之水环绕。水殿的主楼每层九间，底层东、

▲ 延禧宫后殿

西、南、北四面各开一门，四周环有围廊。主楼四角各接一座三层六角亭，底层各开两门，分别和主楼、回廊相通。隆裕太后为其题写匾额"灵沼轩"，俗称"水晶宫"。如今看到的这座宫殿，全部构架均为铁铸，殿内四根蟠龙纹柱也是用铸铁锻造。整座建筑大多采用汉白玉砌成，很少用砖，外墙雕花，内墙贴白色及花色瓷砖。由于国库空虚，水晶宫直到宣统三年（1911年）冬尚未完工，清帝逊位后，灵沼轩也成了"烂尾楼"，至今依旧。

{ 145 }

延熙宫的书画展和瓷器展

　　故宫博物院古书画研究中心位于延禧宫东配楼，在楼内展出古书画。展品时常更换，曾展出折扇、字画等文物。另外，张择端的《清明上河图》原作也曾在这里全卷公展。

　　故宫博物院古陶瓷研究中心位于延禧宫西配楼，楼内有古陶瓷展出。宋代五大名窑的瓷器这里都有，并有若干古瓷的残片一并陈列，是陶瓷收藏者的必看展览。

▲ 仿钧窑变釉双耳菊瓣尊

▲ 中国古代各式陶瓷

▲ 宋官窑弦纹瓶

永和宫

永和宫位于承乾宫以东、景阳宫以南。永乐年间建成时初名永安宫，明嘉靖十四年（1535年）更名为永和宫。清朝沿袭明朝旧制，并数次修缮。如今的永和宫面阔五间，前方檐下还有三间抱厦，这也是东西六宫中仅有的一处。

▲ 永和宫

明代住在永和宫的嫔妃今已无考。清代康熙帝的德妃乌雅氏，也就是雍正帝的生母孝恭仁皇后曾久居永和宫。后来，道光帝的静贵妃，咸丰帝的丽贵人、斑贵人、鑫常在等人先后在永和宫居住。光绪帝大婚后，永和宫为瑾妃居所。

如今永和宫已被改为青铜器馆，主要展出清宫旧藏的精美铜镜。

▲ 永和宫后殿同顺斋

雍正帝生母的居住地

　　康熙帝的孝恭仁皇后乌雅氏，原是满洲正黄旗的包衣，出身比较低微，入宫之后一直是低阶嫔妃，直到康熙十七年十月，乌雅氏生下皇四子胤禛，也就是后来的雍正帝，才在康熙十八年晋封为德嫔，并入住永和宫，两年后又晋升为德妃。此后她又为康熙帝生育了两个皇子（一个夭折，另一个为皇十四子胤禵）和三个公主（有两个夭折）。乌雅氏一直比较本分，在康熙朝一共有三位皇后，但都早亡，到晚年时康熙帝不再立后，而德妃则是诸多嫔妃中较重要的一位。

　　康熙帝晚年，诸子争储，而德妃乌雅氏的两个儿子皇四子胤禛和皇十四子胤禵都是皇储的热门人选。后来胤禛笑到了最后，在康熙帝去世后即位成为雍正帝。当时乌雅氏63岁，在为康熙帝办理丧事时，雍正帝看到康熙帝宠妃——宜妃站在众妃首位，而自己的母亲却站在众妃之中，非常气愤，当时便尊奉母亲为皇太后，并命礼部为太后拟定徽号为仁寿皇太后，准备丧期过后择吉日册封。

　　乌雅氏在永和宫居住了至少45年，她成为皇太后以后仍暂住永和宫。雍正帝每日都来问安，关心太后膳食。他命人将慈宁宫修缮一番，想请母亲到那里安享晚年。然而乌雅氏的太后之福只享受了几个月便在雍正元年五月病逝于永和宫。

▲ 孝恭仁皇后朝服像

孝恭仁皇后之死

　　关于乌雅氏之死，历来传言颇多。传说她比较偏爱小儿子胤禵，康熙帝病逝前，胤禵被封为大将军王，领军在西北讨伐叛军，朝廷内外都认为他是康熙帝选定的继承人。然而康熙帝病逝后，登基的却是之前不太被看好的"冷面王"胤禛，因而产生诸多传言。雍正帝即位后，立即解除胤禵兵权，并召他回京，胤禵不服，大闹灵堂。乌雅氏对当上皇帝的不是胤禵而是胤禛颇为遗憾，雍正帝虽然殷勤奉母，但她仍不领情，对给她的仁寿太后尊号也推辞不受。有一次，兄弟二人同在永和宫问安，结果当着母亲的面发生了争执，乌雅氏本来年事已高，受不了刺激，当天就病死了。

瑾妃的永寿宫岁月

瑾妃是珍妃的姐姐，姐妹二人同日入宫，成为光绪帝的妃子。瑾妃入宫后就住在永和宫，她不像妹妹珍妃那般美貌灵巧，未能像妹妹那样获得光绪帝的宠幸，所以在宫中她和皇后走得比较近。光绪二十年，珍妃因得罪慈禧太后，姐姐瑾妃也受到牵连，与妹妹一起被降为贵人，次年两人就复位为妃，但珍妃失去了自由，而瑾妃则像之前一样继续住在永和宫。八国联军进京前，慈禧太后携皇帝逃出紫禁城，珍妃未能随行，被推入井中溺死，而瑾妃则得以同行。溥仪即位后，珍妃被尊为兼祧皇考瑾贵妃，继续住在永和宫，宣统退位后上徽号为端康皇太妃。隆裕太后去世后，瑾妃就成了宫中最尊贵的人，但年幼的溥仪不喜

▲ 瑾妃

欢她的管束，溥仪的母亲醇王妃瓜尔佳氏就是因受了瑾妃无理训斥才一气之下吞鸦片自尽的。

瑾妃的思想较为开放，溥仪大婚前她就支持受过西方教育的婉容做皇后。在永和宫内，瑾妃也过着很有品位的生活，她时常以丹青自娱。同时她也是一位美食家，经常派人到天福号买酱肘子供她当早餐吃，她在永和宫里设有小膳房，烹饪相当出色，逊清的王公旧臣都爱吃她赏的饭。

民国十三年（1924 年），在和溥仪及其余逊清皇室成员欢度中秋后，瑾妃受了风寒而一病不起，五天后病逝于永和宫，享年 52 岁，随即以端康皇贵太妃的身份下葬于光绪帝的崇陵妃园寝。

武五品（守备）补子上锈"熊"。

永和宫内的铜镜展

　　铜镜就是古代用铜做的镜子。在古代,铜镜与人们的日常生活息息相关,是后妃们必不可少的生活用具。另外,铜镜又是精美的装饰品。它制作精美,图纹华丽,是我国古代文化遗产中的奇葩。北京故宫博物院收藏铜镜4000余面,从战国至清末,各个时期无不齐备,其收藏的珍品在数量和质量上都是无与伦比的。现故宫博物院藏有彩战国三夔纹镜、汉渔猎博局纹镜、唐双雁衔花天马镜等,均属珍品。

▲ 汉渔猎博局纹镜

▲ 青铜器馆

▲ 虎饰钟

景阳宫

景阳宫位于钟粹宫以东、永和宫以北。明初建成时名为长阳宫，明朝嘉靖十四年（1535年）更名为景阳宫。清朝沿袭明朝旧制，于康熙二十五年（1686年）重修。如今的景阳宫正殿面阔仅三间，为单檐庑殿顶，与东西六宫的其他宫殿均有所不同。

明代，景阳宫是嫔妃住所，嫔妃中最有名的当属明光宗的生母王恭妃。清朝时这里不再用作妃嫔的寝宫，而成为储藏书画的地方。

▲ 景阳宫

▲ 景阳宫后殿庭院

武六品补子

武六品（千总）补子上锈"彪"。

凄惨的孝靖皇后

孝靖皇后王氏是明光宗朱常洛的生母，13岁时被召入宫中，成为神宗生母慈圣太后的宫女。三年后，王氏因貌美而被偶然路过的明神宗临幸，不久王氏怀孕。太后发觉后，便询问神宗，但神宗却顾左右而言他，太后便取来内官的起居注，证实王氏怀的确实是龙种。不得已，神宗只好晋封王氏为恭妃。不久王恭妃生下皇长子朱常洛，即明光宗，两年后又生育了云梦公主。但即便如此，神宗还是不喜欢她。明神宗一直宠幸郑

▲ 定陵地宫中的孝靖皇后宝座

贵妃，郑贵妃生下皇三子朱常洵后立即晋封为皇贵妃，而恭妃虽生下皇长子，却什么都没有。万历二十九年，在群臣的压力之下，明神宗册封皇长子朱常洛为皇太子，王恭妃仍未得到晋升。直到朱常洛的妾室生下皇长孙朱由校，明神宗才晋封恭妃为皇贵妃，但始终让她住在偏僻的景阳宫内，并隔绝太子与恭妃母子俩。王恭妃在景仁宫日夜幽怨，担忧儿子的前途，哀叹自己的命运，最终哭瞎了眼睛。

到万历三十九年九月，王恭妃病笃，皇太子朱常洛听说后急忙到景阳宫探视，但景阳宫门紧锁，于是破门而入。双目失明的王恭妃以手代眼，拉着朱常洛的衣角说："儿长大如此，我死何恨！"说完便与世长辞了。

一开始王恭妃以皇贵妃身份入葬天寿山妃园寝，明光宗即位后，准备尊奉生母王恭妃为皇后，并迁葬于明神宗的定陵。但还没有实现，明光宗就因红丸案一命呜呼了，直到其孙子明熹宗即位，才完成这项工作。

1954年，明定陵地宫经考古发掘而重现世间，地宫中孝靖皇后的棺椁就放在万历皇帝棺椁的右侧，且已经腐朽，里面随葬有大批珍宝，其中一件百子衣尤为引人注目，此衣织绣精巧，寓意美好，应当是皇帝或太后对她生育皇子和公主的奖励。

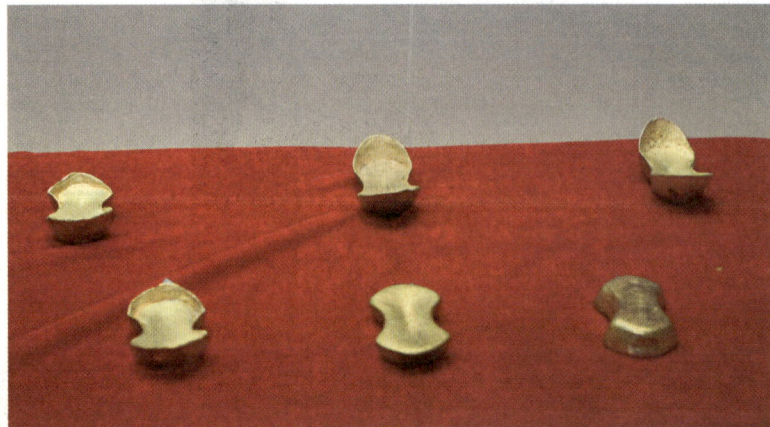

▲ 定陵出土的孝靖皇后的随葬品——金锭

景阳宫内的金银器展

景阳宫曾经常年展出故宫博物院的珐琅器文物。2008年北京奥运会期间，景阳宫推出"金昭银辉——故宫博物院藏清代金银器展"，展出故宫博物院藏金银器，此后景阳宫改为金银器馆，其收藏的大量金银器中以清代帝、后、妃、嫔使用的金银器最为丰富，涉及典章礼仪、宗教文化和日常生活的方方面面，如礼乐器、生活用具以及宗教文物中的佛像、龛塔、供器、法器等。这些金银器大多造型别致、纹饰精美，极富宫廷特色，具有极高的历史价值和艺术价值。馆内展出的金发塔，原来曾在宁寿宫珍宝馆展出，该塔是乾隆帝在其母崇庆皇太后去世不到一个月时下诏制作的一座金塔，精美异常，专门用来盛放崇庆皇太后生前梳落的头发。

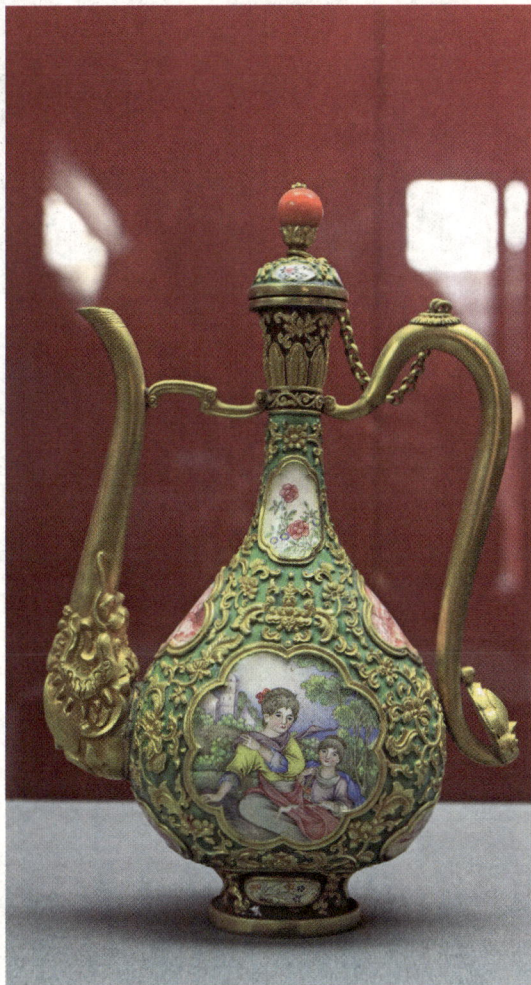

▲ 清银累丝葵瓣式盒

▲ 清金镶松石把玛瑙羹匙
◀ 清乾隆金胎画珐琅人物花卉执壶

斋宫、毓庆宫、奉先殿

内廷东侧南部，与养心殿相对应的位置分布着三组宫殿，自西向东分别是斋宫、毓庆宫和奉先殿。斋宫是皇帝举行重大祭祀前的斋居之地。毓庆宫最初是康熙皇帝为皇太子胤礽修建的宫殿，后来成为皇子们读书的地方。奉先殿高大壮丽，是宫廷内的皇家祖庙，也就是皇室供奉祖先牌位、祭祀祖先的宫殿。

斋宫

　　斋宫位于内廷后三宫的东侧、东六宫的南面，建于清雍正九年（1731年），是皇帝举行祭天祀地的典礼前斋戒的地方。明代和清代前期祭天祀地前的斋戒均在宫外进行，如天坛和地坛中均建有规模庞大的斋宫。此前，斋宫这里是内东裕库和神霄殿等建筑，雍正帝即位后，由于政敌颇多，宫内斗争仍然激烈。雍正帝为保平安，便在紫禁城内修建斋宫，将斋戒仪式改在宫内举行。

　　斋宫是一个长方形院落，建筑格局也是前朝后寝的模式。前殿就叫斋宫，面阔五间，殿内正中悬挂乾隆御笔"敬天"匾，天花正中为八角形浑金蟠龙藻井。东暖阁为书屋，西暖阁为佛堂，殿前左右还有配殿。后寝宫为诚肃殿，面阔七间，正中明间悬挂"庄敬日强"匾。西室为皇帝斋居时的寝宫，墙上挂有"敬止"匾额。由于后院比前院小，东西两边就用围廊代替配殿。整个建筑显得和谐而统一。

▲ 斋宫匾额

▲ 斋宫

皇帝的斋居生活

冬至祭天、夏至祭地、孟春祈谷、孟夏常雩（求雨）等都是皇帝亲自举行的祭祀礼仪，其中以冬至祭天级别最高，以上祭祀需提前三日在紫禁城内的斋宫斋戒。而祭祀社稷坛和太庙则需在养心殿斋戒（有时祭地也在养心殿斋戒）两天。斋戒期间，皇帝要不理刑名、不开宴会、不入内寝、不近女色、不饮酒、不吃荤食辛辣，一切事物都需回避。如政务不能耽误，则多在养心殿斋戒，但召见大臣时也不能讨论刑事问题，大臣也不能口头谢恩。

▲ 斋戒牌

斋戒期间，整个紫禁城都要保持肃穆的气氛。乾清门前要摆放斋戒牌和斋戒铜人，皇宫内各宫殿均需将斋戒木牌悬挂于帘额，在宫中行走的人身上也要挂一个斋戒牌，王公大臣也不例外。斋宫前也要设一个斋戒铜人，高一尺五寸，手持简书，上书"斋戒三日"字样，以提醒皇帝。斋戒的最后一天，也就是祭祀的前一天，皇帝要到太和殿或中和殿检视祝板等祭祀用具，并沐浴。若是在天坛或地坛举行祭祀，则皇帝会在检视祝板、沐浴后前往天坛或地坛的斋宫，在此居住一晚，次日在钟声之中前往神坛，举行祭祀大礼。

武九品补子

武九品（外委把总 额外外委）补子上锈"海马"。

▲ 斋宫影壁门

▲ 天坛斋宫的斋戒铜人

毓庆宫

毓庆宫是康熙十八年（1679年）在明朝奉慈殿基址上兴建的，后来乾隆、嘉庆、光绪年间均有所修缮或改建。整个院落呈长方形，有四进，正门前星门，门内为第一进院落，过院北祥旭门为第二进院落，内有面阔五间的惇本殿，东西配殿各三间。第三进院东西两侧各有围房20间，中间正殿即毓庆宫，为一座"工"字形殿。前、后殿面阔均为五间，进深三间，中间由穿堂相通，后殿内明间悬挂"继德

▲ 俯瞰毓庆宫

堂"匾，西次间为毓庆宫之藏书室，嘉庆皇帝命名为"宛委别藏"，东山墙接悬山顶耳房一间与东围房相通。东耳房内悬挂嘉庆皇帝御笔"味余书室"匾，其东侧围房内"知不足斋"匾也出自嘉庆皇帝御笔。后殿内的装修极为考究，被分隔为小室数间，其门或真或假，构思精妙，素有"小迷宫"之称。最后一进院内有后罩房，面阔五间，进深三间。

毓庆宫是康熙年间特地为皇太子允礽而建，后来作为皇子居所。乾隆帝从12岁到17岁一直在毓庆宫居住。嘉庆帝五岁时曾经和兄弟子侄等人在毓庆宫居住，后来迁往撷芳殿，乾隆六十年（1795年）即位之后又迁回毓庆宫居住。清朝同治、光绪两朝，毓庆宫均作为皇帝读书处，光绪帝曾在毓庆宫居住。溥仪在紫禁城时也在毓庆宫读书，并在此跟随庄士敦学习英文。

清朝唯一的太子胤礽

毓庆宫是康熙帝专门为皇太子修建的宫殿，它的一位主人就是清代第一位也是唯一一位正式册封的皇太子胤礽。胤礽出生于康熙十三年（1674年），他刚刚出生，其母亲孝诚仁皇后就因为难产而去世。康熙帝与孝诚仁皇后感情很好，皇后英年早逝后，康熙帝便将对爱妻之情都倾注到了儿子身上。胤礽刚刚一岁，康熙帝就册立他为皇太子，还亲自教导幼年的胤礽读书。胤礽六岁时，康熙为太子挑选了名儒张英、李光地、熊赐履等人为师，又召名臣、理学家汤斌为太子詹事府詹事，并专门修建毓庆宫作为太子宫，而康熙帝也经常亲自为太子讲解为君治国之道。幼时的胤礽勤学用功，能熟练使用满语、蒙古语、汉语官话三种语言，而且马术出众，能左右开弓，对儒家经典亦能粗通，还能随时奉命作诗，文采斐然。胤礽早年的表现令其父康熙帝倍感欣慰。

▲ 皇太子胤礽

雕花窗

为防止宫殿内潮湿，故在周围墙上设计了各种有精美图案的雕花窗，其功能一为美化环境，二为通风防潮。

但是在成年之后，胤礽的性情就发生了极大的变化。因为很早就被定为皇太子，他在兄弟面前为"君"，只在康熙帝面前才为"臣"。在这种情况下，太子日渐被其他皇子孤立，同时也养成了高高在上的骄纵之心。康熙二十九年，康熙帝亲征噶尔丹途中染病，召太子侍奉，但太子面无忧色，令康熙帝倍感伤心，父子二人开始产生嫌隙。此后胤礽违背伦理纲常的行为一次次令康熙帝失望。康熙三十七年（1698年），康熙帝册封其他成年皇子爵位，令他们参与政务，此举削弱了皇太子的势力，加剧了康熙晚年的储位之争。

不久康熙又废黜了太子最大的支持者——大臣索额图，罢免了太子周围的官员，但太子仍不知收敛，随后康熙帝于康熙四十七年（1708年）宣布废黜胤礽的太子之位，称其"不法祖德、不仁不孝"。宣读诏书时，康熙帝痛哭扑地，可见其对太子的无比失望。太子被废，使得康熙帝诸子间的争储斗争更加白热化。不得已，康熙帝又在次年以"虽被镇魇、已渐痊可"为托词，复立胤礽为皇太子，暂时解决了皇子争储的问题，但父子之间已经留下了不可磨灭的裂痕。

仅仅两年后，南巡途中的康熙帝得到密报，说胤礽与臣属接触，准备趁父亲南巡时迫使康熙帝内禅，自己即位。康熙帝听说后怒不可遏，速回京师，逮捕了支持太子即位的大臣，并于次年再次将胤礽废黜，并将他幽禁于咸安宫。

太子第二次被废后，康熙帝宣布不再设立太子之位。康熙六十一年（1722年）康熙帝驾崩，遗诏传位于皇四子胤禛，是为雍正帝。雍正帝将哥哥允礽（因避雍正帝胤禛名讳而改"胤"为"允"）迁住于郑家庄的王府。允礽于雍正二年（1724年）十二月去世，死后被追封为理亲王，谥曰密。

少年乾隆在毓庆宫

在太子胤礽被废黜后，毓庆宫并没有闲置太久。晚年的康熙帝从诸多皇孙中发现了雍亲王的第四子弘历，当时弘历12岁，聪明伶俐，受到祖父康熙帝的赏识，被带到宫中读书。弘历在宫中居住的地方就是毓庆宫，随他一起入住的还有弟弟弘昼。一年后，康熙帝驾崩，雍正帝即位，弘历兄弟仍住在毓庆宫。雍正帝曾下令，要求众皇子都在乾清门内的上书房读书，所以每天大清早，弘历兄弟都要从毓庆宫起床，然后来到上书房读书。由于毓庆宫本是皇太子宫殿，因此弘历住在这里难免会有些流言蜚语。雍正帝认识到了这一点，便在弘历17岁时将其迁往西六宫后的乾西五所之二所居住（即后来的重华宫），并在那里结婚生子。

青年乾隆朝服像 ▶

亲政前的嘉庆帝住在毓庆宫

在乾隆年间，皇子、皇孙或亲王之子五六岁入学后大多都居住在毓庆宫，皇子们15岁以后需要成婚，便迁出毓庆宫，由皇帝赐给紫禁城内的宫院或宫外的府邸居住。

嘉庆帝颙琰从五岁至十五岁的时光也是在毓庆宫度过的。他每天与众兄弟一起凌晨起床，然后要前往上书房学习，放学后才回到毓庆宫。十五岁那年，颙琰到了成婚年纪，便迁到东六宫北面的乾东五所居住，后来又迁到文华殿后面的撷芳殿，并在那里生下了长子绵宁，也就是道光皇帝。

到了乾隆六十年，已入耄耋之年的乾隆皇帝将皇位传给了颙琰，是为嘉庆帝，而自己则退位为太上皇。但乾隆皇帝并未搬出寝宫养心殿，嘉庆帝只好再次住进毓庆宫，直到四年后太上皇驾崩。嘉庆帝入住养心殿后决定不再以毓庆宫作为皇子们的居所，而是留作自己闲暇时的临幸之处。因为如果还有某位皇子住在这里，可能会引发人们对储位的猜疑，使秘密建储制度形同虚设。

光绪皇帝读书

　　清晚期的同治帝、光绪帝都是幼年即位，当上了皇帝之后才开始读书的。同治皇帝读书处在康熙帝曾经读书的弘德殿，光绪皇帝读书处就在毓庆宫。光绪皇帝在毓庆宫读书时，翁同龢、孙家鼐、夏同善、孙诒经等曾先后担任师傅。翁同龢是光绪帝最倚重的老师之一。慈禧太后对年幼的光绪帝管制很严，搞得光绪帝在她面前总是精神紧张，但在翁同龢那里则舒服得多。翁同龢和蔼可亲，年幼的光绪帝经常到他怀里撒娇，甚至扯他的胡子。可以说在光绪帝的成长岁月中，是翁师傅给了他真正的父爱。光绪帝亲政后，对翁同龢极为信任和倚重，任命他担任军机大臣，并兼任总理各国事务大臣。戊戌变法期间，翁同龢支持变法，但变法第五天，慈禧太后便令光绪帝下旨，罢黜翁同龢，逐回原籍，光绪帝股肱顿失，从此彻底沦为慈禧太后的傀儡。

庄士敦教溥仪英文

　　辛亥革命前几个月，隆裕太后安排六岁的溥仪在毓庆宫开始读书，由陆润庠、陈宝琛等名家担任师傅，数月后宣统逊位，但溥仪的学习并未停止。1919年3月，英国人庄士敦被带入毓庆宫。庄士敦爵士毕业于爱丁堡大学及牛津大学，知识渊博。在毓庆宫，他教授溥仪英语、数学、世界史、地理等，师生感情甚笃，他不仅教授溥仪知识，溥仪更视其为人生导师。在他的教导之下，溥仪眼界大开，甚至萌发了去英国留学的想法。而庄士敦也被封为"一品顶戴""毓庆宫行走"，溥仪还专门划出御花园的养性斋供他居住。庄士敦回到英国后，仍以这段"帝师"生涯为荣，充满感情地写下了《紫禁城的黄昏》一书，被外界视为了解溥仪的第一手珍贵资料。

▲ 庄士敦、婉容和婉容的家庭教师美国人伊莎贝·英格兰

军机处竹制绿头签

头签上书姓名和官职，是皇帝用来点名召见的。王公用红头签，大臣用绿头签。

奉先殿

奉先殿位于紫禁城内廷东侧，为明清皇室祭祀祖先的家庙，俗称"小太庙"。该殿始建于明初，清顺治十四年（1657年）重建。"奉先"即崇奉祖先之意。奉先殿是呈"工"字形的建筑，矗立在单层汉白玉须弥座上，

▲ 奉先殿

前殿为正殿，面阔九间，进深五间，重檐庑殿顶，等级很高。后殿为寝殿，也是面阔九间，进深只有两间，单檐庑殿顶。前、后殿之间以穿堂相连，形成内部通道。前殿主要陈设宝座，还有各类供桌、供器、祭器等。后殿每隔间供奉一代帝、后神龛。每逢元旦、冬至、万寿等国家大庆典，皇帝都要在前殿举行祭祀列祖列宗的仪式。另逢列圣列后圣诞、忌辰、清明等节日，皇帝要到后殿上香行礼。

奉先殿的祭告礼

每月的朔日、望日、已故帝、后的忌日、万寿节、元旦、冬至等重要日子，皇帝都要亲临奉先殿祭祀先祖。在朝廷大庆日、皇帝出巡前和回宫后，以及皇帝做出重要决策后，也要到奉先殿禀告先祖，是为祭告之礼。

奉先殿内的祭告之礼是皇帝的家人之礼，不像在太庙祭祀那样隆重而肃穆，与百姓家里的祭祖之礼颇为类似，更具人伦亲情。每年立春、端午、重阳等节庆，奉先殿会在每位帝、后神位前陈设酒、肉脯、果品之类。平时供桌上的物品也从不间断，不过并不会像太庙大祀那样用牛羊猪等三牲，而是鸡鸭和时令果蔬，如正月上韭菜、荠菜，二月上茴香，三月上鲜桃等，即所谓"日献食，月荐新"。

精巧绝伦的清宫钟表

钟表馆就设在奉先殿内，共展出 18 世纪中外制造的 200 余件各式钟表。我国的计时器有着悠久的历史，清代以前，人类主要是利用天文现象和流动物质的连续运动来计时。如日晷是利用日影的方位计时，漏壶和沙漏是利用水流和沙流的流量计时。自明末清初欧洲机械表传入中国后，传统计时器逐渐被取代。18 世纪，清代宫廷开始大量使用机械钟表。

▲ 钟表馆大门

故宫博物院珍藏有清宫留存的 1000 多件钟表，这些钟表以英国产品居多，也有法国、瑞士等其他西方国家的，或由通商进口，或由外国赠送。还有一些是由当时的清宫造办处和广州、苏州等地制造的，是真正的"国货"。这些钟表报时方式多样，有的自动开关门，机器人出来敲钟；有的到时琴鼓齐鸣，奏出悦耳的音乐；有的花开、蝶舞，呈现吉祥的寓意……

如今钟表馆内所展出的钟表都是精心挑选的，清宫造办处制作的"红木人物风扇式钟"是第一次展出，精巧绝伦。还有一座清朝乾隆年间的硬木雕花楼式自鸣钟、一座清朝嘉庆年间的铜壶滴漏，两者均有 6 米高，2 米多宽，堪称巨制。其中，硬木雕花楼式自鸣钟是故宫博物院目前收藏的最大自鸣钟，雕花繁复，上一次弦便可运行三昼夜。

为了能让游客更好地欣赏部分钟表是怎样打点报时的，馆内定于 11:00 和 14:00 进行钟表演示。

▲ 钟表馆内的广州造钟表

▲ 钟表馆内的苏州造钟表

奏折盒

此为盛放奏折的盒子。奏折是重要官文书之一，是向皇帝奏事的文书，因用折本缮写，故名。康熙年间形成固定制度。

箭亭

　　箭亭位于景运门外、奉先殿以南的开阔平地上，清朝初年规定，特许紫禁城骑马的王公大臣凡入东华门者一律在箭亭前下马，所以箭亭四周的空旷之地是当年拴马之处。后来雍正帝在这片开阔地修建了箭亭，供清朝皇帝及其子孙练习骑马射箭，以示不可忘本。乾隆帝和嘉庆帝均曾在箭亭射箭，并且操演武艺。每逢皇帝及其子孙在此跑马射箭时，便在箭亭前摆放箭靶，列队于两侧的武士摇旗擂鼓。咸丰元年（1851年），咸丰帝在箭亭阅射手。同时，箭亭前的开阔平地也是殿试武进士阅技勇之处，届时需要考试马步、射弓、刀石等技艺。

　　如今这里已改为故宫的游客服务中心。

▲ 箭亭

宁寿宫区域

　　宁寿宫区域位于紫禁城的东北角，在明代这里有仁寿宫、哕鸾宫、喈凤宫等宫殿，是供太后、太妃等居住的养老宫殿。到了清代，康熙帝在此修建了宁寿宫，乾隆年间又增建修葺，最终于乾隆四十一年（1776年）建成。

　　在乾隆帝增建宁寿宫之前，这里是太后、太妃们的养老之地，但住在这里的太后、太妃位份不太高，有时候紫禁城西侧的慈宁宫等宫殿修缮时，地位尊崇的太后、太妃们也会暂住于此。明代居住在仁寿宫的太后、太妃中比较有名的有成化年间的周太后（明宪宗生母），天启年间的郑太妃（即万历郑贵妃）、李选侍（明光宗宠妃），崇祯年间的懿安皇后张氏（明熹宗皇后）。清康熙帝修建宁寿宫后，入住于此的是仁宪皇太后（即顺治第二个皇后，康熙帝的嫡母），她在此居住了28年，76岁时病逝于此。

　　乾隆帝幼年时深得爷爷康熙帝的喜爱。乾隆帝后来之所以成功即位，与康熙帝有着较大的关系。乾隆帝继位后，为表示对康熙帝的敬重，召集群臣宣示自己在位时间绝不超过爷爷康熙帝的年数（康熙帝在位61年）。为使自己晚年有个较好的休息、享乐之所，乾隆帝才修建了宁寿宫。宁寿宫建筑结构精巧、装修奢华，融宫殿与园林于一体，其古典意趣、细节之美在紫禁城中没有哪座宫殿比得上。然而乾隆帝禅位之后，却仍住在养心殿，除了在宁寿宫办过千叟宴外，几乎没有在这里住过。到了光绪年间，慈禧太后看中了这片宫院，便命人对宁寿宫重新修葺，将其作为自己的养老之处，她在此一共住了19年。

　　宁寿宫区域面积很大，按照"前朝后寝"的规格设计，中路前段为前朝，即皇极门内的院落，包括皇极殿和宁寿宫等建筑。中路后段为寝宫，有养性殿、乐寿堂、颐和轩等建筑。中路东侧为畅音阁等，是慈禧太后看戏娱乐之处。中路西侧则是小巧精致的宁寿宫花园。

　　如今宁寿宫区域已被辟为珍宝馆，展出故宫博物院珍藏的上千件奇珍异宝，有石鼓文原石、玉器、金银器、宝石、珐琅器等，琳琅满目，极尽奢华，令人叹为观止。

九龙壁与皇极门

　　景运门外，箭亭前面是个小型广场，广场的东侧有三座分立的随墙琉璃门——锡庆门，进入锡庆门就到了宁寿宫区域。锡庆门内为一东西窄长的小广场，东侧有敛禧门与之相对，北为宁寿宫的正门——皇极门，南侧就是大名鼎鼎的九龙壁。

　　九龙壁于乾隆三十七年（1772年）改建宁寿宫时烧造。九龙壁坐南朝北，正对皇极门，长29.4米，高3.5米，厚0.45米，背倚宫墙而建，为单面琉璃影壁。中国古代保留下来的九龙壁共有三块，一块在山西大同，它建于明朝，是中国现存最早的；另一块在北海公园，它双面都雕有九龙，是迄今为止最大的；第三块就是紫禁城中的这块，这是中国现存九龙壁中最精美的。

▲ 紫禁城中的九龙壁

九条巨龙

九龙壁上部是黄琉璃瓦庑殿顶，檐下有仿木结构的椽、檩、斗栱。壁面底纹为云水，分别饰有蓝色、绿色，以烘托天水相接的气势。九龙壁下部是汉白玉须弥座。壁上的九条龙采用高浮雕制成，最凸出的部位凸出壁面20厘米。纵贯壁心的山石将这九条蟠龙分隔在五个空间

▲ 紫禁城九龙壁中央的黄龙

内。黄色正龙居中，前爪呈环抱状，后爪分撅海水，龙身呈环曲状，将火焰宝珠托在头下，开颌瞪目。黄色正龙的左右两侧各有两条蓝龙、白龙，一共四条，白龙是升龙，蓝龙是降龙。左侧的蓝、白两龙龙首相向；右侧的蓝、白两龙则相背，四条龙各自追逐火焰宝珠。左右两端最外侧分别有一黄一紫两条龙，左端的黄龙缩颈挺胸，上爪分别张于左右，下爪则前突后伸；紫龙左爪向下按，右爪则向上抬，龙尾向前甩。右端的黄龙弩背弓身；紫龙则前爪击浪，昂首收腹。九条龙活灵活现，气势非凡。

第三条白龙

非常有意思的是，现在的九龙壁壁面上从东数第三条白龙的下腹部有一块发暗的地方。这是为什么呢？原来工匠在拼制九龙壁时，不小心把这个地方的琉璃砖摔碎了，工期临近，

重新烧造已经来不及了，眼看一场杀身之祸即将来临。幸好有精通木雕的工匠，用一块檀木雕刻出摔碎的那块，钉补上去，刷上白漆后同原来的一模一样。完工后，挑剔的乾隆皇帝也没发现其中的破绽，这样工匠们便免去了一场灾祸。不过经过长时间的风雨侵蚀，这块木料的白漆现已脱落，终于露出了其本来面貌。

北海公园九龙壁

北海公园九龙壁是最有特色的一座。其两面均有龙，升降各异，异彩纷呈。

山西大同九龙壁

建于明代洪武末年，是明太祖朱元璋第十三代王朱桂府前的照壁，也是中国现存建造年代最早的一座龙壁。

皇极门

皇极门是宁寿宫的正门，坐北朝南，正对九龙壁。皇极门也是三座随墙琉璃门，矗立于汉白玉须弥座上。三座门洞均采用券顶，上覆门楼，黄琉璃瓦单檐庑殿顶，五踩单翘单昂斗拱，枋、椽、斗拱等构件都是琉璃烧制。正中的门楼略高，称为"正楼"，两侧的门楼稍低，称为"次楼"。正楼与次楼之间的夹空处使用规格略小的琉璃仿木构件建成略低于次楼的门楼，称为"夹楼"。两个次楼的外侧也镶砌了两座小型门楼，称为"边楼"。每座门楼两侧都有黄琉璃垂莲柱，并且向内挑出了卷草纹斗拱雀替，显得精美而华丽。在中国古建筑学中，皇极门称为"三间七楼垂花门式牌楼门"，等级非常高。

▲ 皇极门

皇极殿与宁寿宫

穿过皇极门是一个开阔广场，广场北侧是形似乾清门的宁寿门。宁寿门内是一个由围廊环绕的院子，院子中间的汉白玉台基上矗立着高大的皇极殿和宁寿宫。皇极殿和宁寿宫所在的这片区域是宁寿宫的"前朝"，相当于太和殿等三大殿在紫禁城中的地位，是乾隆当太上皇后接受朝贺、举行重大典礼的地方。

▲ 皇极殿

如今，皇极殿和宁寿宫均不对外开放，但其四周的围廊裙房则已辟为展馆，展出清宫收藏的大量珍宝和石鼓文原石。

宁寿门

宁寿门是宁寿宫的第二道门，康熙创建宁寿宫时就曾兴建此门，后来乾隆皇帝命人仿造乾清门样式将其改建。宁寿门面阔五间，进深三间，为黄琉璃瓦歇山顶。前檐正中三间为敞厅。两侧的山墙连接"八"字形影壁。宁寿门建在汉白玉台基上，中间设丹陛，左右各设有鎏金铜狮一只。门内设高台甬路连接皇极殿，四周饰有栏板。宁寿门早期建筑的彩画为金龙和玺彩画，光绪年间慈禧太后六十寿辰时改为苏式彩画，1979 年重修时将彩画恢复成乾隆时期的风貌。

▲ 宁寿门

皇极殿

皇极殿是宁寿宫区域内最高大的殿宇，和后殿宁寿宫共同矗立于单层石台基上，通过一条汉白玉甬道与宁寿门相通。皇极殿面阔九间，进深五间，黄琉璃瓦重檐庑殿顶，殿内有四根沥粉贴金蟠龙柱，殿顶有八角浑金蟠龙藻井，下设宝座，其品级仅次于太和殿。皇极殿内匾额和对联众多，都是光绪皇帝或慈禧太后所题。皇极殿的彩画原是金龙和玺彩画，后因慈禧太后在此居住，改为苏

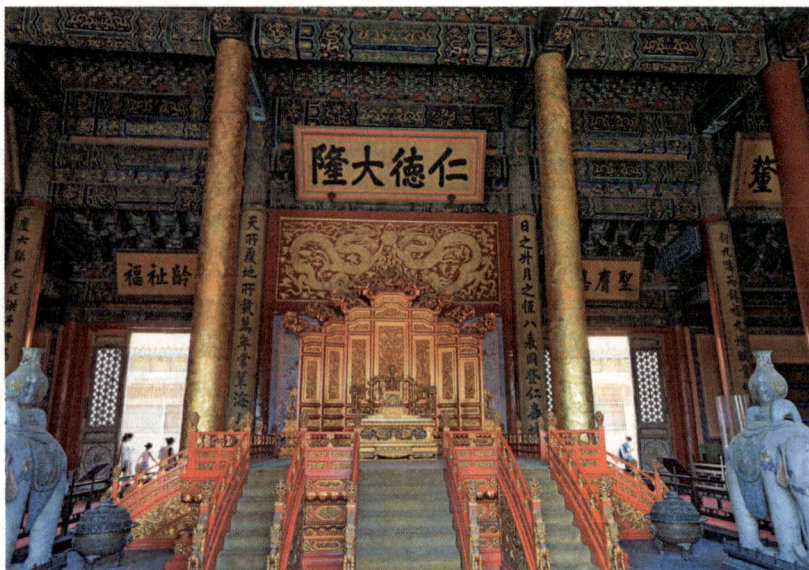

▲ 皇极殿内景

式彩画，1979年修缮时又恢复了乾隆时的风貌。现殿内的宝座是复制品，原物已移到沈阳故宫的大政殿。

规模空前的乾隆千叟宴

清朝共举行过四次千叟宴，康熙朝两次，乾隆朝两次，第一次在康熙五十二年（1713年），为庆祝康熙六十寿辰，在畅春园举办。第二次在康熙六十一年（1722年），康熙为了预祝自己70岁生日，在乾清宫举办千叟宴，年少的弘历参加了那次盛会。第三次在乾隆五十年（1785年），乾隆帝为了庆祝自己登基50周年，而在乾清宫举办千叟宴。第四次则在嘉庆元年（1796年），刚刚禅位的太上皇乾隆帝在皇极殿举行了第四次千叟宴。这四次千叟宴，一次比一次盛大，尤以皇极殿举行的那次千叟宴最为隆重。

嘉庆元年正月初一，太和殿举行了盛大的禅位典礼，乾隆正式让位给儿子嘉庆帝。三天后，太上皇便在宁寿宫和皇极殿举行千叟宴，当年乾隆已是86岁的老人，所以参加千叟宴者的年龄也从60岁改为70岁以上。当天宴会的场面宏大而庄严，皇极殿檐下演奏中和韶乐，宁寿门内则演奏丹陛大乐，殿内陈设王公、一品和二品大臣席位殿廊下布设朝鲜等藩属国使臣席位，参加宴会的老人席位则在殿外阶下。宴会开始后，嘉庆帝率领3056名银须白发的耄耋老人山呼万岁，为太上皇祝寿。太上皇还召请王公和一品大臣与宴会中90岁以上的老叟到御座前，亲自赐给他们御酒。他又命自己的皇子、皇孙、皇曾孙、皇玄孙等给殿内王公大臣行酒，皇宫侍卫负责给殿外的与宴者行酒。当时106岁老人熊国沛和100岁老人邱成龙也参加了这次千叟宴，乾隆称他们为"百岁寿民""升平人瑞"，赏六品顶戴，90岁以上没有官职的老人梁廷裕等赏给七品顶戴，以示太上皇养老敬老之意。饮宴的同时又在殿堂内上演承应剧目，嘉庆帝还特意为太上皇献上衮衣彩舞，以示孝敬。饮馔观剧结束后，与宴人员即席赋诗。这次宴会后结集的诗作共有3497首，反映了国家一片歌舞升平之气象。

宁寿宫

宁寿宫位于皇极殿后面，建于清康熙年间。初为宁寿宫后殿，中间有连廊与前殿相通，乾隆时拆除连廊，并将前殿改建为皇极殿，改称后殿为宁寿宫。如今的宁寿宫大殿面阔七间，进深三间，单檐歇山顶，内外檐的装修以及室内间隔和陈设均仿照坤宁宫，主要功用也是祭神。宁寿宫后面左右各设有一座砖砌的方形烟囱，烟囱上面安有铜顶，是宁寿宫灶房以及室内烟道使用的烟囱。整座建筑体现了满族风俗。

▲ 宁寿宫

旗鞋

古代满族有"削木为履"的习俗。至清初已发展成为高跟木底的女鞋，形似"花盆"的称"花盆底"鞋，形似马蹄的称"马蹄底"鞋。

乾隆为何不住宁寿宫

宁寿宫本来是为了乾隆帝养老而修建的，但到了乾隆皇帝真正禅位后，他却并未入住宁寿宫，这多少有些让人费解。原来乾隆是个权力欲望极强的人，如果不是即位之初曾立下不超过圣祖康熙在位时间的誓言，估计他并不会禅位。禅位当年，乾隆已经85岁高龄，但他自认为精神康健，对理政并无倦意，他还说："迨朕寿臻颐庆之后，悠游无为，岂不更为亘古未有之盛事？"古人以百岁为人生限数，称为"期"，百岁之后生活就要完全由旁人来照管，称为"颐"，乾隆帝的想法是等自己百岁寿庆以后就完全放手，再住进宁寿宫颐养天年。可惜他的这一愿望未能实现，当太上皇四年后，他便驾崩于养心殿。

所以说从乾隆修建宁寿宫以来，这金碧辉煌的宫殿几乎一直空置，乾隆去世后也一直无人入住。因为宁寿宫是给太上皇准备的，乾隆帝还特意为住进宁寿宫的人提出了条件："若为大清亿万斯年，我子孙仰膺天眷，亦能如朕之享图日久，寿届期颐，则宁寿宫仍作太上皇之居。"在他看来，后世入住宁寿宫的即使不是百岁以上，也至少要和自己一样在位60年，可惜他的后继者没有一个能满足如此条件。不过到了清晚期，慈禧太后独掌大权，她觉得在宁寿宫住着舒服，便将乾隆的话抛诸脑后，硬是搬入宁寿宫住了19年。

▲ 乾隆南巡图

慈禧举行寿典之地

在同治年间和光绪年间，慈禧太后经常到宁寿宫为自己庆寿，并在阅是楼听戏。光绪十五年（1889年），光绪帝亲政后，慈禧太后本应移住西侧的慈宁宫养老，但她却不顾先皇祖训而住进了东侧的宁寿宫。当时她有时前往中南海或颐和园居住，但只要回到紫禁城，就入住宁寿宫。她住在这里的时候，太监总管李莲英住在皇极殿西庑，副总管崔玉贵则住在东庑。

1894年，慈禧太后为庆祝自己的六十大寿（虚岁），特拨银60万两修葺宁寿宫。从十月初五至十三日的寿庆期间，宁寿宫每日欢宴。初十是慈禧太后的寿诞之日，当天在皇极殿还举行了盛大的庆寿朝贺。而当年正是中日甲午战争激战正酣的时刻，慈禧竟然还有心情庆寿，以致有人题联于京师城门：

万寿无疆，普天同庆。

三军败绩，割地求和。

1900年，八国联军攻入北京，当时慈禧就是从宁寿宫出逃的。次年回銮后，慈禧回住宁寿宫。每年元旦、上元、冬至等重大节日，慈禧太后都会端坐于皇极殿宝座上接受光绪皇帝率领王公大臣的朝贺，《辛丑条约》签订后她又时

▲ 慈禧皇太后画像

常在皇极殿接见外国公使。1904年慈禧七十大寿时，她曾在皇极殿接见各国使臣，接受他们的贺寿国书。1908年，刚过完生日不久的慈禧太后在中南海仪鸾殿病死。在明清两代，太后病逝后其灵柩均停放于慈宁宫，并在那里治丧，但慈禧打破了惯例，临死前要求在宁寿宫治丧。于是她的灵柩被运至宁寿宫皇极殿，并在此举行了隆重的丧礼，王公大臣和各国使臣均有参加。

珍宝一室

皇极殿四周廊庑环绕，廊庑东西各设有一门，东为凝祺门，西为昌泽门。如今这些廊庑已被辟为珍宝馆，展出皇家珍藏的金银珠宝。在宁寿门和凝祺门之间为珍宝一室，主要展出 23 件帝、后日用器具。

白玉三羊执壶

执壶是清代宫廷重要的陈设品，原是一种酒器，出现于中唐。此壶白玉质地，玉如凝脂，洁白无瑕。壶体为圆形，腹部一侧雕壶柄，另一侧凸雕羊首，羊口为壶嘴。此壶以三羊作饰，俗称"三阳开泰"，因"阳"与"羊"谐音，用三羊喻三阳，寓意太平盛世、国泰民安。

▲ 白玉三羊执壶

芙蓉石盖碗

因芙蓉石颜色似荷花，人们常形容荷花为出水的芙蓉，石以此得名。此碗由粉红色芙蓉石制成，圆形，器薄色艳，造型端庄，做工精致。鲜明浓艳的绯红色和半透明的棉絮状

▲ 芙蓉石盖碗

包体是芙蓉石最显著的特征。此碗有意不饰花纹，以尽显其材质之美。

金嵌宝石烛台

烛台为金质，上部为一主三副共四个插筒，插筒下承花叶式托盘，三蝶形足。其装饰除錾金为花外，还运用金累丝和镶嵌工艺塑造出花叶。各色宝石点缀其间，尤以叶蔓处的镶翠最为夺目。

◀ 金嵌宝石烛台

隆裕皇太后印

此印为末代皇后隆裕所用，以此掌管后宫大小事宜。

{ 173 }

石鼓馆

石鼓馆设在凝祺门以北的庑房内，里面放置着中国现存最早的文字石刻——石鼓，其凿刻于先秦时期，初唐时发现于今陕西宝鸡的荒野，因宝鸡古称陈仓或岐阳，故也叫"陈仓石碣""岐阳石鼓"。石鼓共有10座，每座上都刻有文字，共700多个文字，现在仅存不到500个，每个字有两寸见方，初唐时的金石学家没有见过这种字体，后来认定这是介于甲骨文和小篆之间的大篆，称其为石鼓文。石鼓文书法整齐、开朗，对后世影响十分深远。

自发现石鼓以来就一直有许多学者进行拓片、考证，他们根据鼓身上的文字将10座石鼓分别命名为乍原、而师、马荐、吾水、吴人、吾车、汧沔、田车、銮车、霝雨。韦应物和韩愈的《石鼓歌》认为石鼓是周宣王时期的刻石，欧阳修的《石鼓跋尾》也认为石鼓属周宣王时太史籀所作。近代罗振玉则认为石鼓是秦文公时期的，郭沫若则认为是秦襄公时期的，唐兰考证为秦献公十一年（公元前374年）刻，其文字是10首一组的史诗，记述了周王太史来秦宫与王出游的故事。现在比较认可的说法是故宫博物院原院长马衡在《石鼓文秦刻石考》中认定石鼓刻于先秦时期，但具体年代说法不一。

▲ 石鼓馆田车石

石鼓馆大门 ▶

石鼓的辗转迁移

历史上，历朝历代对石鼓都颇为重视，甚至已经成为文化的象征，堪称镇国之宝。石鼓自发现以来的辗转迁移，也象征着中国文化的兴衰历程。

自唐初被发现以后，石鼓一直置于荒郊，很多人前往观看并摹拓。九世纪初，文学巨匠韩愈发现了它的价值，在他的呼吁之下，石鼓被移到了凤翔文庙。然而，当时"乍原"已经遗失，只有九只保存在凤翔文庙。五代十国期间，战乱频繁，石鼓下落不明。宋朝建立后，文化繁荣，宋仁宗下旨寻找石鼓。一位名叫司马池的官吏找到了九只石鼓，独缺"乍原"，于是他遗诏拓片造了一个假的以补全。由于石鼓的拓片流传很广，他的做假很容易就被识破了。不久，金石家向传师根据乍原石的拓片在关中找到了乍原石，不过已经成了屠户的磨刀石，还被切去了上半部分，石鼓上的字也只剩下四个。随后他将乍原石交给朝廷，运至汴梁。此时全部石鼓上可以辨认的文字只剩下432个。后来宋徽宗下令用黄金填注石鼓文，以防磨损。"靖康之变"后，石鼓被金兵运至燕京，石上的黄金被剔去，原石也被弃之荒野。1300年，元朝国子教授虞集在一片淤泥中发现石鼓，便将其迁往北京孔庙大成门内保存，直至清末。

1936年全面抗战爆发前夕，石鼓随第四批故宫文物南迁，先被安置在上海仁济医院库房，不久迁往南京。一年后，石鼓随故宫文物再次南迁。南迁途中，在天津和湖南酉阳两次翻车，幸好包装严密，石鼓完好无损。抗日战争胜利后，石鼓迁回南京，1950年运回北京，存放在北京故宫博物院中。

▲ 石鼓馆銮车石

▲ 石鼓馆而师石

珍宝二室

珍宝二室位于皇极殿西南的宁寿门至昌泽门的廊庑内，主要展出帝、后赏玩的珍品26件。这些展品件件富丽堂皇、雍容典雅，足以显示出皇家独有的鉴赏情趣，以及富丽而不失优雅、工巧而不失大方的宫廷审美风格。

青玉雕十二辰

此十二生肖围成一圈，放置于十二角形的紫檀木盒内。生肖为兽首人身坐像，身着交领长衫，手中或执书卷，或挥羽扇，或提花篮，或持弓箭……形式多种多样。其底部打磨平整，是用来制作玉印的。此类十二生肖的玉质多为上好的青玉和羊脂白玉，十分珍贵。

▲ 青玉雕十二辰

田黄三连印

此连印为乾隆做太上皇时所镌的私印，由一块相当大的田黄石雕刻而成，三方印由锁链连在一起。这三印的篆刻方式与玺文布局均有不同，但每个印面均饱满匀称、和谐美观。在乾隆拥有的上千方的小玺中，此连印备受青睐，以后各帝亦十分珍视。1924年末代皇帝溥仪被逐出宫时携出此印，且26年不离身，直到1950年才将其交出，后经有关机构移交故宫博物院。

▲ 田黄三连印

翠白菜式花插

由翡翠琢制而成，局部留有翡色。顶端丛页中间，雕有椭圆形深孔。周围肥硕的菜叶有的挺拔直立，有的叶尖下垂，姿态各异。叶上浅浮雕叶脉纹，更显逼真茂盛。菜根上部用深琢加透雕的手法，形成自然围抱菜心状。底部为椭圆形小平足。工匠按质料和翠色之深浅，巧施雕刀。不仅层次分明，立体感强，而且特意留下的翡色似霞光映照，使白菜更加暗绿可爱。

▲ 翠白菜式花插

珍宝三室

珍宝三室位于昌泽门北侧，主要展出帝、后饰品46件。清代以满族服饰为基础，同时借鉴汉族冠服的形式制定了冠服制度。本室展示的钿子、扁方、簪钗、手镯、戒指、牌子等做工精巧，处处透露出宫廷女性的细腻与温婉。

孝端皇后凤冠

1956年此冠出土于北京市昌平区定陵，其主人为明神宗孝端显皇后。凤冠是皇后的礼帽，是皇后在接受册命、拜谒宗庙以祭祀祖先、参加朝会时所佩戴的。此凤冠以髹漆细竹丝编制，通体饰翠鸟羽毛点翠的如意云片，18朵以珍珠、宝石所制的梅花环绕其间。冠前部饰翠蓝色飞凤一对，顶部排列金龙三条，十分珍贵。

▲ 孝端皇后凤冠

▲ 金累丝嵌珠宝五凤钿

金累丝嵌珠宝五凤钿

钿又称钿子，是皇后、妃、嫔们平时戴的便帽。这种帽子一般用藤丝编成帽架，也有的在纸板或细铁丝上缠绕黑色丝线为胎并编成方格纹、钱纹、盘肠等形式，再用各种宝石、珍珠嵌于帽架上，组成各种吉祥图案。此钿子用珍珠、宝石做成，色彩艳丽，雕琢精美，主要是在吉庆场合和传统节日时戴的。

翠扳指

这是清朝满族的一种装饰品，用翠玉制成。满族入关以前是一个骑射民族，他们经常在野外打猎。打猎用的工具主要是弓箭，为避免拉弓放箭时拇指受伤，满族人就用桦树皮或者鹿骨做成一种指环戴在指头上。满族入关后，扳指制作得越来越精美，逐渐成为一种装饰品。

▲ 翠扳指

东珠朝珠

朝珠是清代帝、后及贵族、官员等挂在胸前的一种装饰品。朝珠和佛家的念珠有着一定的相承关系。每盘朝珠有108颗珠子，象征着每年由12个月二十四节气72候（五天一候）组成。其中四颗大红珠子把每盘朝珠分成四部分，象征着每年的春、夏、秋、冬四季。每盘朝珠的两侧有三串小珠子，各10颗，象征着每个月的上、中、下三旬。清朝顺治皇帝规定，每当穿朝服和吉服时，帝、后、王公大臣以及文官五品、武官四品以上的官员都要佩带朝珠；

▲ 东珠朝珠

而每当官中举行大典或节日、盛宴时，内廷行走人员或与典礼有关的五品以下的执事人员也要佩带朝珠。朝珠质料有东珠、翡翠、玛瑙、宝石、水晶、珊瑚等，一串朝珠有的价值数千金，不是一般文武官员买得起的。因此，从官员胸前所挂朝珠质地的好坏，一般可以看出其品级的高低。

▲ 翠扁方

翠翎管

翎管是清代官员礼帽上插饰花翎的饰物。清代官员以及宗室成员如有功勋，皇帝都赐其花翎以示荣誉。花翎为孔雀羽毛制成，插入管内，戴在脑后，分一眼、二眼、三眼三等，三眼等级最高。翎管的质地有翡翠、白玉、碧玺、珐琅、陶瓷等多种，以翠、玉为最优。本品为玉制成，圆柱形，中空，颜色均匀，水头足。

翠扁方

翠扁方，翠质，体细长，一端呈舌形，另一端反卷并将其两头雕作梅花式。扁方是满族妇女梳"两把头"的最主要的工具，相当于汉族妇女发髻上的扁簪。它不仅具有装饰作用，还能使发髻不散落。制作扁方的材料有玉、翡翠、玳瑁，还有的为珠宝或金錾花、银镀金等。

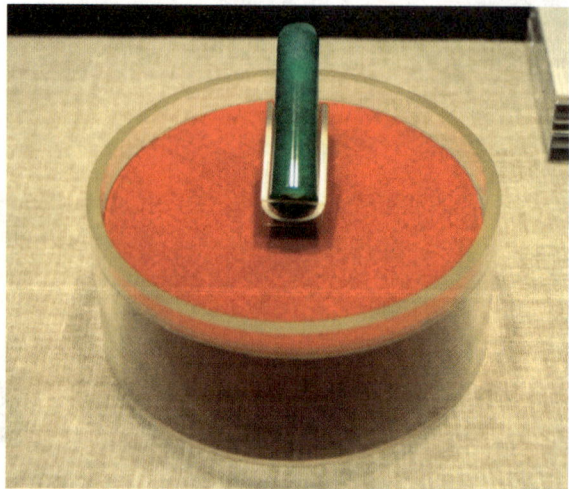

▲ 翠翎管

养性殿

　　宁寿宫后面有一条东西过道，类似乾清门前的天街，过道北侧是养性门，穿过养性门就到了宁寿宫区域的寝宫。养性门内的养性殿是后寝最重要的宫殿之一，它是乾隆皇帝留给自己做太上皇时的寝宫，完全仿照养心殿建造，殿前也建有抱厦，甚至建筑结构也是一样的。殿

▲ 养性殿

内明间正中有装饰华丽的浑金盘龙藻井，下方设宝座、屏风，两旁陈列着香筒和甪端，总体陈列和养心殿相差无几。明间两侧有板墙与东西次间分隔，板墙上各自辟门，对称设立，门楣上有雕刻精美的毗庐帽。东暖阁分成前后两组空间，前称"明窗"，后称"随安室"。西暖阁被分隔成数间小室，北室是佛堂，建有仙楼，楼内有佛塔、佛像，南室称为"长春书屋"。它仿照养心殿"三希堂"之制而开辟了"墨云室"，因存放着毕沅进献的古墨而得名。西山墙外的耳房仿照养心殿的梅坞而兴建，与养性殿相通，名为"香雪堂"。香雪堂内用白

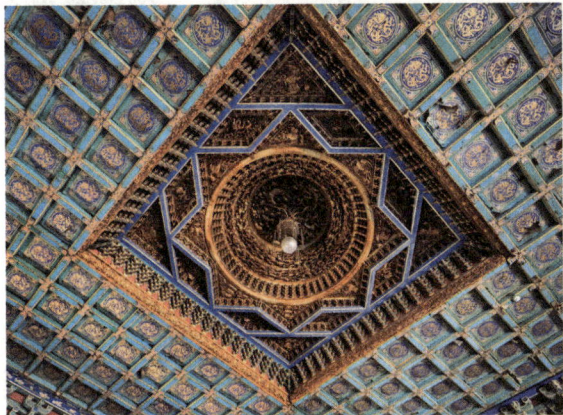

▲ 养性殿藻井

石依墙砌成山景，南面有窗户，北、西、东三面有彩绘壁画，西山墙辟出小窗，可窥见宁寿宫花园的一角。

　　乾隆退位以前，多次在养性殿举行宴会，与王公大臣、蒙古王公、贝勒、额驸等饮酒作乐。慈禧太后住在乐寿堂时，一般都在养性殿的东暖阁用膳，有时也在明间接见外国使臣及其夫人。

　　现养性殿被辟为珍宝四室。

珍宝四室

本展室位于养性殿，主要展出皇室使用的 11 件礼制文物。这些展品涉及祭祀、登基、颁诏、朝贺、册封、大婚、筵宴、大阅、巡狩、外交、丧葬等方方面面，极为珍贵。

金编钟、玉编磬

金编钟和玉编磬均陈设于养性殿明间。金编钟是乾隆皇帝花了 3600 多两黄金铸成，共 16 枚，通体刻有戏耍宝珠的飞龙，在海水和浮云之中翻腾飞舞。奇特的是，这套编钟外形大小相同，但音量不一，原来它是以周壁的厚薄来调节音量的。玉编磬则用和田出产的碧玉琢成，共 12 枚，组成十二音律，但并不同时使用。使用的时候，根据典礼的月份，选择其中的一枚。这套编磬玉质光泽滋润，上面还有描金的精美纹饰，也是价值连城的国宝。当太和殿举行大典，演奏悠扬的中和韶乐时，就会用到这两件乐器。金编钟音色坚实、明亮，玉编磬音色纯美、清脆，真正是"金声玉振"。

▲ 养性殿金编钟

▲ 养性殿玉编磬

险些被毁的金编钟

1924 年，溥仪"小朝廷"生活拮据，金编钟和皇后金册被溥仪的岳父抵押给了盐业银行。此后的数十年间，在盐业银行天津分行经理陈亦侯、四行储蓄会经理胡仲文等人的保护下，金编钟躲过了军阀、日本人、民国大佬的搜索，差点就被熔成了金条。天津解放后，胡仲文亲手将金编钟及金册上交国家，使这件国宝重新回到了紫禁城。

二十五宝玺

二十五宝玺为清代乾隆皇帝指定的代表国家政权的二十五方御用国宝的总称。以前存放在交泰殿，故宫博物院开放后，改放在珍宝馆陈列。二十五宝所用材料都不一样，有金的、紫檀木的，也有用玉的，玉又分青玉、白玉、墨玉、碧玉等，它们分别用于政治、经济、军事、宗教、外交等不同的场合。

▲ 碧玉"皇帝奉天"之宝

金亭式香熏、金提炉

在皇帝宝座的两端一般都设有香熏。香熏为一对，一般用金、玉、珐琅等材料制成，为焚香、衬托皇权神圣之用。金提炉是"金八件"中的一件，是清代帝、后仪仗的重要组成部分，为皇帝卤簿仪仗中陈设的器物。陈设时以皇帝升座处为中心，与啐壶、水瓶、香盒、盥盆等分左右置于红漆描金托盘和

▲ 金亭式香熏、金提炉

金杌之上。

金甪端香熏

此甪端为黄金制作。其造型为独角，双耳，长方形鼓腹，昂首后仰，四足直立。甪端据说是一种神兽，能够日行一万八千里，通晓四夷各国语言，放在皇帝宝座的两侧象征八方来朝，皇帝乃当今圣君。

▲ 金甪端香熏

金瓯永固杯

这是清代皇帝每年在养心殿举行开笔仪式时用的一种特制酒杯。"金瓯"象征国家政权，"永固"指政

▲ 金瓯永固杯

权稳固。酒杯通高12.5厘米，口径8厘米，足高5厘米。杯上共镶嵌珍珠11颗，红、蓝宝石21块，极为华丽、精美。这种开笔仪式始于清雍正时期，每年新年的第一天，皇帝在养心殿首先把金瓯永固杯灌满屠苏酒，然后用笔蘸着屠苏酒写一些像"国泰民安""天下太平"等吉利的话，象征每年有一个好的开始、好的兆头。

红珊瑚狮子

珊瑚是由众多珊瑚虫及其分泌物和骸骨构成的组合体，形象像树枝，颜色鲜艳美丽，可以做装饰品。

乾隆花园

　　沿宁寿宫后面的过道往西走，就进入了宁寿宫花园。因花园建于乾隆年间，故又称乾隆花园。这是乾隆皇帝准备退位后，作为御用花园而建造的。园内有亭台楼阁、苍松翠柏、玲珑堆石，曲径通幽，布局疏朗，景色秀丽。乾隆花园共分四个院落，有古华轩、禊赏亭、遂初堂、符望阁、玉粹轩、倦勤斋等建筑，花园中假山堆叠，树影参差，景致极佳。其最南端和最北端的两个院落可以参观，中段不对外开放。

▲ 乾隆花园禊赏亭

禊赏亭

　　禊赏亭在养性殿西侧的院落内，位于堆叠的假山之间，坐西面东，坐落于须弥座平台上，面阔三间，进深三间，前出抱厦，平面呈"凸"字形，抱厦内的石制地面上被精细地凿成盘龙般的九曲十八弯的沟渠，可利用人力使渠内清水川流不息，叫"流杯渠"。这是乾隆皇帝与亲近文臣举行曲水流觞宴的地方。古时每年三月初三的阳春时节，人们都要去水边象征性地洗浴，以除去旧年的灾病，文人雅士还会举行曲水流觞宴。东晋著名的大书法家王羲之就是在这一日与友人洗浴而写下了著名的《兰亭序》。禊赏亭的内外装修均饰竹纹，以象征王羲之兰亭修禊时"茂林修竹"之环境，亭中渠水长27米，来自南边假山石后的一眼水井。汲井水蓄于缸，缸与假山下的管道相通，水流于渠内，渠再泄水于井，如此循环，极富诗情画意。

▲ 乾隆花园禊赏亭内的流杯渠

承露台

　　承露台在禊赏亭对面的一座假山上，这是乾隆皇帝援引汉武帝求仙的典故而建的。露台置于太湖石堆叠的假山高峰上，山石中有洞，洞内设台阶，可直登台上。台上放一铜盘，以承甘露，据传服食可以延年益寿。其实乾隆皇帝并不信仙，设置承露台只是为了满足一种情趣，并不会真的取其露水饮用。

古华轩

　　古华轩是一座五开间歇山卷棚式屋顶的敞轩，在明间内檐以及三间后檐悬挂着四块木雕龙匾，明间北柱朝南悬挂一副对联"明月清风无尽藏，长楸古柏是佳朋"，均为乾隆帝为古楸而题写。古华轩前檐下有古楸树一株，建古华轩时树龄已逾百年，古华轩便因此古树而得名。古华轩的装修十分素雅，轩内的天花采用卷草花卉图案的楠木贴雕。因为图案凸起于天花板上，所以产生了强烈的立体感，独具韵味。

▲ 乾隆花园承露台

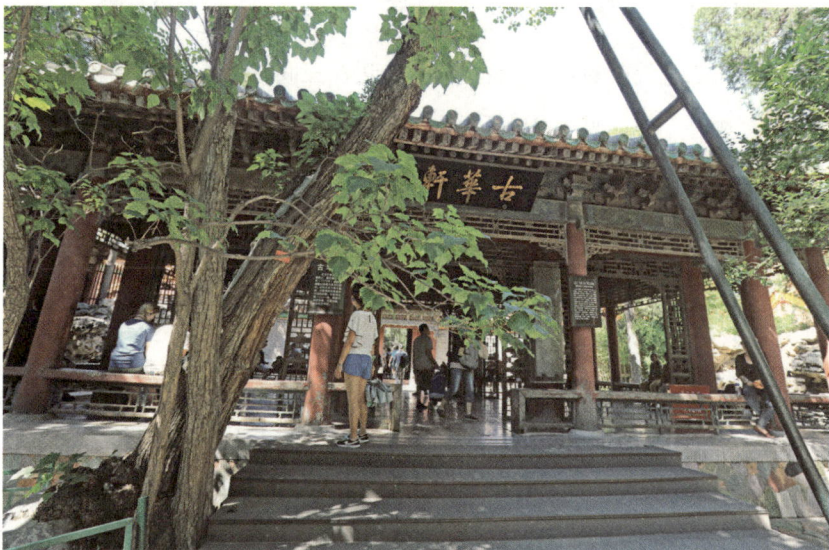

▲ 乾隆花园古华轩

金嵌宝镂空花纹八角盒

此盒以镂雕、累丝及镶嵌三种工艺组成不同的纹饰，共镶翠及蓝宝石、红宝石等各种宝石318粒。

▲ 遂初堂外景

遂初堂

　　遂初堂在宁寿宫花园第二进院落的北侧，面阔五间，进深三间，前后出廊。前廊下悬挂着乾隆帝题写的满文与汉文"遂初堂"匾额。正中明间为过厅，可穿堂至第三进院落。所谓"遂初"之意，嘉庆皇帝曾有过解释："盖自乾隆初元，默祷上苍，若得仰同圣祖任皇帝纪元周甲，即当禅位，厥后御极六十余年，凡所措施，无不允符至愿。"意思是乾隆帝即位之初就曾祈求上苍，若能在位60年，便禅位给储君，后来上天果然遂了他当初的心愿，故而得名"遂初"。

符望阁

　　符望阁是宁寿宫花园第四进院落的主体建筑，其仿造建福宫花园的延春阁而建，是个方形阁楼，外观为双层重檐，而内部实为三层。符望阁室内用不同类型的装修分隔空间，在穿越各门之际，容易令人迷失方向，故俗称"迷楼"。室内以金、玉、珐琅等镶嵌装饰，非常精美。所谓"符望"，意思与"遂初"类似。乾隆年间，每年农历腊月二十一日，乾隆帝在此赏饭给王公大臣。嘉庆帝曾登该阁，并作《咏符望阁》诗。符望阁是宁寿宫花园中最高大的建筑，从阁上可俯瞰紫禁城内外景色。

倦勤斋

倦勤斋位于宁寿宫花园最北端、符望阁北侧，北依宫墙，系仿照建福宫花园的敬胜斋而建。倦勤斋面阔九间，前出廊，檐下绘有苏式彩画。倦勤斋前由东、西两段游廊隔成一个庭院，庭院内古柏森森。倦勤斋内部装修极为精致奢华，其室内东侧有"凹"字形的仙楼，用纱橱隔成数间小室，设有宝座床多处。西侧墙上、天花上都装饰着美丽的西洋通景画，有竹架藤萝的海漫天花，四周环绕着竹篱，楼阁之间有白鹤、喜鹊、姚黄魏紫，这些杰作出自乾隆年间宫廷画师郎世宁、王幼学之手，在紫禁城中可谓绝无仅有。在竹篱中间是个方形小亭，坐西朝东，是为乾隆帝当太上皇后在室内看戏的地方。

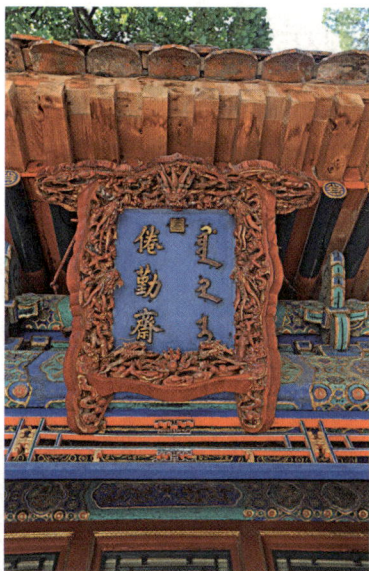

▲ 倦勤斋匾额

从 2003 年开始，故宫博物院花了五年时间对倦勤斋进行了修复，耗资近 300 万美元。修复后的倦勤斋重现了乾隆年间的辉煌，在精美繁复的装饰中，我们依稀可以体会到这位古稀天子独到的审美情趣。

▲ 倦勤斋外景

金錾花如意局部

如意最初是一种搔痒的工具，后来逐渐发展为一种装饰品，为吉祥之物。

畅音阁、阅是楼

走进养性殿东偏门，眼前出现一座三层楼阁，即畅音阁，这是紫禁城中最大的一座戏台。畅音阁对面的两层小楼，即阅是楼，是帝、后看戏的地方。这组建筑始建于乾隆三十七年（1772年），嘉庆、光绪年间均曾改建和修缮。颐和园内的德和园大戏楼即是仿照畅音阁的规制而兴建的。如今在阅是楼内辟有"清宫戏曲陈列"。

阅是楼

阅是楼在畅音阁大戏台的对面，面阔五间，进深三间，楼内设宝座，供帝、后看戏时坐用。该楼东西两侧原有厢房与畅音阁连接，后被嘉庆帝改为连廊，这里是王公大臣看戏的地方。连廊内连一个座位都没有，一些蒙恩观戏的大臣只能盘腿坐在地上，这对他们来说实在不是什么好享受。阅是楼一层现被辟为戏曲馆，陈列着清代宫廷演戏用的戏衣、道具及当时绘制的戏画等，并遴选当年入宫名伶的唱片复原播放，使观众从视觉和听觉上全面感受清代宫廷戏曲的魅力。

▲ 阅是楼

畅音阁

畅音阁是紫禁城中最大的一座戏台，高 20.71 米，共分三层，上层叫"福台"，中层叫"禄台"，下层叫"寿台"，后面有木楼梯把三层台连接起来，上下可以沟通。福台中间有一个大天井，并连接中层的禄台；禄台和寿台之间有三个圆井连通；寿台下面有五口地井，演出时可以加强声音的共鸣。上演升仙、下凡等戏目时，会用辘轳将演员吊上、吊下。不过能同时使用三层台的剧目不多，所以绝大多数戏仅在寿台上表演。每当重大节日，如元旦、夏至、端午、中秋、冬至以及帝、后的生日等，帝、后都要到畅音阁看戏。慈禧太后也经常由皇帝、皇后、妃子及王公大臣陪同到此看戏。演戏的费用是极高的，慈禧太后五十寿辰时仅购置戏衣、道具即耗费白银 11 万两。

▲ 畅音阁

蜜蜡鹿鹤同春花插

该花插为蜜蜡制成，雕成松竹椿形。其颜色纯正，雕琢精巧，图案吉祥。

庆寿堂

庆寿堂是阁是楼北侧的一组院落，西侧紧邻乐寿堂，前后四进，每进院落的正殿都是面阔五间，进深一间，左右还各有三间配殿，最南端有座精美的垂花门。第一进院落是寻沿书屋，其名字来自乾隆的《御制寻沿书屋诗》："寻绎黄家语，沿回学海澜。"慈禧太后居住在乐寿堂时，光绪帝每天清晨请安、侍膳，通常先到寻沿书屋坐候，等慈禧起床后再由太监引见至乐寿堂请安。另外，慈禧还经常邀请醇亲王福晋、恭亲王之女、庆亲王之女等人进宫，陪她一起玩乐，这时便以庆寿堂作为她们的暂居之所。

热衷戏曲的清廷

在清朝，戏曲演出不但具有观赏教化功能，还首次被正式列入重要的宫廷仪典。紫禁城内原共有 10 余座戏台，其中最大、规格最高的当然是畅音阁，它经常在节庆之际上演大型剧目。而名头最响、使用频率最高的则是重华宫东侧的漱芳斋戏台，许多名角都曾在此登场。清宫演戏根据不同节令会有不同戏差，其中单为皇家特供的"承应戏"就有"庆典""月令"和"临时"之分。凡遇皇帝大婚、太后寿诞等内廷喜庆之事，必安排"庆典承应戏"；每逢元旦、除夕、中秋、皇帝诞辰等节令时，则上演"月令承应戏"；而平日为迎合帝、后、妃嫔的兴趣，讲述民间故事的则是"临时承应戏"。演戏规矩多，戏本也是颇具名堂。例如，皇帝万寿演出剧本有《福禄寿》《九九大庆》；皇太后万寿则有《天人普庆》《芝眉介寿》；皇后千秋则有《螽斯衍庆》《莲池献瑞》等。与此同时，即便同一部戏，所用的本子也不尽相同。专供帝、后阅读的剧本是"安殿本"，供南府或升平署排戏的则包括总本、单头本、排场本、串头本、曲谱本等各式剧本。与此同时，宫中如意馆画师还会创作戏曲画册，供帝、后观剧之余观赏。此外，清宫演戏的"行头""砌末"更是让人称奇。

▲ 阅是楼的戏装

"行头"即演出时所穿戴的衣靠、盔帽、靴鞋等，其中最具代表性的当属戏衣。清宫演戏时各类角色穿戴的各式戏衣都有特定的谱式和色系，且均为精益求精、不惜工本的皇家之作。戏衣的原材料是每年各地进贡的数万匹绸缎，图案和样式由如意馆画师负责，经送上认可后交内务府制作。如拼各色缎绣折枝花卉蝶平金双喜吕洞宾八仙衣、黄缎平金十团龙绣云蝠女蟒……各式戏衣色彩斑斓、纹样典雅、织造细密，不仅让民间戏班望尘莫及，有些甚至豪华得不符合剧中人物的身份。"砌末"是各种道具的统称，如清宫演戏的舞台装置、生活用具、交通工具、武器、刑具等，也均由清宫内务府制作，讲求精美写意，大到炮车，小到眼镜，无不具备。慈禧五十岁寿诞时在畅音阁和长春宫演戏，一次购买道具的用银多达 11 万两。

▲ 阅是楼的唱戏用具

乐寿堂

乐寿堂在养性殿北侧，面阔七间，进深三间，是宁寿宫后寝中最庞大的一座宫殿，其仿照畅春园淳化轩而建，作为乾隆帝退位后的太上皇寝宫。慈禧太后于1889年搬进宁寿宫后，便对乐寿堂精心修葺。在此期间，她主要住在颐和园和中南海的丰泽园，直到

▲ 乐寿堂匾额

戊戌变法失败后，慈禧实行训政，开始常住紫禁城，而她的寝宫就设在修缮一新的乐寿堂内。乐寿堂内装饰奢华，明间设有仙楼，装修大多采用楠木、紫檀、花梨木等珍贵木材，并饰以珐琅、玉石等加以衬托。在西暖阁内的雕花落地罩后设有慈禧太后的龙床，床上悬挂明黄色帐幔，幔上装饰着万寿吉祥字和蝙蝠图案；暖阁南面靠窗处是慈禧太后梳妆和沐浴的地方。慈禧太后居住在乐寿堂的时候，也曾在这里召见过王公大臣和各国公使。

现在，乐寿堂被辟为珍宝五室。

▲ 乐寿堂

青金石御制诗山子

山子是清代后宫中常见的陈设品，为青金石质，石色深蓝，山峰形，寓意多福多寿。

珍宝五室

乐寿堂内现已辟为珍宝五室，主要展出皇室使用的26件陈设器物。这些展品过去多陈设于寝室、书房等内廷中，大多以金银、玉石、珠宝等材料制成，造型别致，工艺巧夺天工。题材多为吉祥纹饰，如"福禄寿"等，寓意富贵喜庆。

"丹台春晓"玉山

乐寿堂前厅两侧各陈设有一座巨大的玉石雕刻。东边一块叫青玉"丹台春晓"玉山，俗称"寿山"。玉山的原玉料重1500千克，来自新疆和田，宽150厘米，厚77厘米，高105厘米，由清代官廷画家方琮设计画样，扬州玉工历经四年精心雕琢而成。玉山下有流云铜座，上面雕刻松树，郁郁葱葱，极富诗情画意和浓厚的生活气息，象征"寿比南山不老松"。

"丹台春晓"玉山 ▶

青玉云龙纹瓮

乐寿堂西侧为"青玉云龙纹瓮"，俗称"福海"。原玉料重2500千克，也来自新疆和田，宽119厘米。也是由扬州工匠经四年琢成。下有海水铜座，上有流云、九龙，雕刻得形象逼真，象征"福如东海长流水"。

◀ 青玉云龙纹瓮

金錾花如意

▲ 金錾花如意

金錾花如意的形制是仿照清中期宫廷流行的三镶如意的式样而制成。通体錾刻镂雕缠枝花，花纹繁复，玲珑剔透。如意最初是一种背部搔痒的工具，一般约有一尺长，头部呈手掌形，因使人背部非常舒适，所以号称"如意"，俗称"老头乐"。后来，随着人们欣赏水平越来越高，制造也越来越精美，如意的功能逐渐发生了变化。平时，无论在宫中正殿的宝座旁边，还是在寝宫的案头上都要摆放一个如意，是吉祥、喜庆的象征。另外，如意也是一种贵重的礼品。每当帝、后生日以及重大节日时，王公大臣们都要向帝、后敬献如意。当然，皇帝也经常用如意赏赐臣下。如意所用材料极为贵重，可以与任何珍宝相媲美。就其质地来说，有金、玉、翡翠、水晶、孔雀石、珊瑚、玛瑙等，个个造型美观、雕琢精细。

红珊瑚盆景

这盆红珊瑚是由腔肠动物珊瑚虫所分泌的石灰质形成的。珊瑚形状像树枝，多产于热带海洋，可作装饰品。此红珊瑚盆景采用珍贵的红色珊瑚，枝杈众多，远观仿佛火焰一般鲜艳。

▲ 红珊瑚盆景

翡翠太平有象磬

翠质，色泽鲜艳，晶莹光润。片状，两面浅浮雕纹饰。正面随形满琢一象纹，回首，两眼圆睁，大耳，双牙，长鼻前伸，鼻端内卷，两前肢斜立，两后肢呈半跪状，尾端搭于一个后肢上。整个雕刻清晰、逼真，为清代乾隆时期珍贵的宫廷陈设品。

▲ 翡翠太平有象磬

水晶兕觥

觥是古代用的一种酒器，主要见于青铜器。这件水晶觥的造型、纹饰都是仿造于古代青铜器。水晶质地极佳，透明无瑕，如冰如镜，为清代中期乾隆时仿古器物之珍品。

▲ 水晶兕觥

隔扇门

它是安装于建筑的金柱或檐柱间带格心的门。其隔扇主要由隔心、绦环板、裙板三部分组成。

蓬莱仙境玉石仙台

蓬莱仙境玉石仙台呈梯形，以"群仙祝寿"为题材，用紫檀木雕成"蓬莱仙境""洞天福地""玉宇瑶池"三仙洞，图中人物丰富，有白猿、老寿星、八仙、童子、梅花鹿以及翠柏灵芝、奇花异草等，表现出美妙、神奇的仙

▲ 蓬莱仙境玉石仙台

境。此为慈禧六十寿辰时大臣恭进的寿礼。

《秋山行旅图》玉山

《秋山行旅图》玉山亦称《关山行旅图》玉山，以产自新疆的玉料制作，其中间淡黄色的斑纹正好表现出深秋草木枯黄的景色。据记载，此玉初期在北京制作，后因进度较慢，遂被运往两淮，由扬州承做。乾隆皇帝曾先后两次作诗赞

▲ 《秋山行旅图》玉山

美此玉山。诗中描述了此玉山做工之巧、琢磨之精，赞颂了制作者无与伦比的技艺。

《会昌九老图》玉山

《会昌九老图》玉山以新疆和田玉料制作。作品立体感强，以镂雕等多种手法琢成小桥上交谈、亭台内对弈的山水人物图。《会昌九老图》描绘的是唐代会昌年间白居易等九人会聚于洛阳香山游宴的故事，后来被当作常见的祝寿题材。玉山整体造型古朴浑厚，洋溢着浓郁的生活气息。

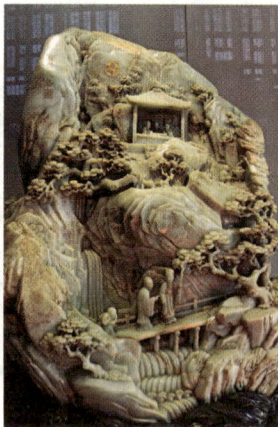
▲ 《会昌九老图》玉山

《大禹治水图》玉山

乐寿堂后面有一座巨大的玉山，称为《大禹治水图》玉山。它是仿照宋朝的《大禹治水图》雕刻成的，高224厘米，宽96厘米，重达5350多千克。这块玉石同样来自新疆和

▲ 《大禹治水图》玉山

田，如此重的一块石雕要运往京城，确实是一件艰巨的工程。据记载，玉石从新疆和田运到北京，然后由北京运往扬州雕刻，雕刻完毕后再运回北京，整个运输过程中逢山开路，遇水架桥，前后一共用了13年的时间。这块玉山描述的是传说中的大禹带领劳动人民治理黄河的故事。玉雕上山岭重叠，瀑布激涌，成群结队的民工凿山、橇石，展现了一幅生动活泼的劳动场面。此玉山是中国现存最大的一座玉石雕刻，在世界艺术史上有着重要的地位。

颐和轩

颐和轩位于乐寿堂正北，面阔七间，进深一间，单檐歇山顶，顶覆黄琉璃瓦。前檐出抱厦五间，后檐出抱厦三间，东西两侧有游廊通往乐寿堂，廊壁嵌有《敬胜斋帖》石刻。颐和轩明间内北侧上方悬挂"太和充满"匾，为乾隆皇帝的御笔。

▲ 颐和轩匾额

东墙上方有《开惑论》，西墙上方有《西师诗》，均为乾隆题写，是乾隆皇帝的得意之作。颐和轩后壁开一月亮门，显得十分雅致，门外为穿廊，通向景祺阁。

现在，颐和轩已被辟为珍宝六室。

▲ 颐和轩

翠卧牛

此件为翠质，微透明，牛的头、角及身体的一侧留有深黄色玉皮，黄绿相衬，色泽极美。

珍宝六室

珍宝六室就设在颐和轩，主要展出皇室使用的 14 件佛教文物。紫禁城内设有 35 处独立佛堂，其中的雨花阁、梵华楼、宝相楼等都供奉着大量的喇嘛教佛像、法器。这些宗教法器寓意深远，工艺考究，代表了当时佛教文物的最高水平。

《西师诗》与《开惑论》

《西师诗》挂在颐和轩西墙，此诗写于 1758 年，记述了乾隆平定准噶尔部叛乱的历史功绩。《开惑论》挂在东墙，写于 1759 年，记录了乾隆平定新疆回部叛乱的经过。乾隆是一个文武双全的皇帝。他酷爱作诗，也喜好书法，其墨宝在紫禁城里随处可见。《西师诗》和《开惑论》均以白色字刻在暗红色的木墙壁上，异常醒目，可见是其得意之作。

▲ 颐和轩《西师诗》（局部）

◀ 颐和轩《开惑论》（局部）

金嵌珠七珍、金嵌宝石八宝

　　七珍、八宝都是藏传佛教用的供器。七珍是指将宝、臣宝、女宝、象宝、马宝、轮宝、如意宝等七件珍品。八宝是指法轮、法螺、宝伞、白盖、莲花、宝罐、双鱼、盘肠等八种佛教图案纹样。这两套供器均外镶珍珠和宝石，其中七珍是宫中法器的代表作品；八宝为皇太后做寿时地方官员恭进的寿礼。

▲ 金嵌珠七珍、金嵌宝石八宝

垂花门

垂花门为古代汉族民居建筑院落内部的门，是内宅与外宅（前院）的分界线和唯一通道。因其檐柱不落地，垂吊在屋檐下，称为垂柱，其下有一垂珠，通常彩绘为花瓣的形式，故被称为垂花门。

金嵌宝石释迦牟尼像

　　此像是清乾隆年间宫中造办处奉特旨用赤金铸造的一尊释迦牟尼佛像。佛陀双手施转法轮，坐于高莲花上，鼻梁高挺，表情极为严峻，有些中亚人的特征。佛像身披厚重袈裟，衣褶呈规则的棱条，具有明显的古克什米尔风格。

▲ 金嵌宝石释迦牟尼像

金嵌珍珠宝石塔

　　此塔塔座木质，方形，原供奉于清乾隆皇帝做皇子时居住的重华宫崇敬殿佛堂中。该塔共用黄金8.5万克，大珍珠293颗，绿松石、红珊瑚、青金石等各种宝玉石500余块。整座塔运用多种工艺，做工细腻精湛，各类宝石点缀其间，更显其华贵、堂皇，是清宫造大型佛塔中的精品。

▲ 金嵌珍珠宝石塔

景祺阁、珍妃井

颐和轩的月亮门北侧有一段穿廊，联通着北侧的景祺阁。景祺阁为二层阁楼，面阔七间，进深三间，其内部被分为数间小室，装修精致，西间原有一个戏台，今已无存。景祺阁前西侧的小院内有回廊通往宁寿宫花园的符望阁，东侧有三间敞厅，和景福宫相邻。紧挨着景祺阁东侧有一座假山，假山顶上原来有"翠环亭"，在道光年间被拆除。山顶平台和景祺阁二层之间架有一座汉白玉小桥，山下有洞名为"云窦"。景祺阁后面的小院内有房屋遗址，清朝光绪帝的珍妃曾被幽禁于此，小院的西墙外便是珍妃井。

▲ 景祺阁

珍妃井

珍妃井原是宫中的一口普通水井。井眼上有井口石，井口石两侧凿有小洞，用来穿入铁棍上锁。清朝光绪二十六年（1900年）八国联军进攻北京，慈禧太后和光绪帝欲西逃。临行前，慈禧太后将幽禁在景祺阁北小院的珍妃召到颐和轩，命太监崔玉贵等人将珍妃推入贞顺门内的井中溺死，该井因而得名"珍妃井"。次年銮驾返回北京，珍妃被追封为贵妃，珍妃的家人获准将珍妃的尸体从该井中打捞出来，安厝在北京西郊的田村，1913年迁葬清西陵的崇陵妃园寝。宣统帝逊位之后，珍妃的姐姐瑾妃在此井北侧的贞顺门东侧门房（穿堂东间）为珍妃设立了灵堂"怀远堂"，书"精卫通诚"匾，并制龛供奉"珍贵妃之神位"，以寄托对珍妃的哀思。后人重新制作了此井的井口，且不再使用。

▲ 珍妃井

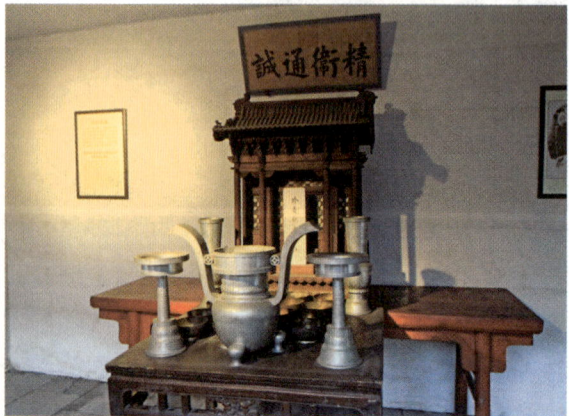

▲ 怀远堂内景

珍妃遇难始末

珍妃自光绪二十一年（1895年）开始，便一直被囚禁。囚禁她的地方开始在咸福宫以北、百子门以西的一处荒僻的空宫。戊戌变法失败后，光绪帝也被软禁，珍妃则被移囚到宁寿宫北部、景祺阁北侧三间小北房中最西边的一间。

光绪二十六年（1900年）农历七月二十日，八国联军即将攻入北京，慈禧太后便决定出逃。临行前，她命人将珍妃推入井中溺死。关于当天的情形，《宫女谈往录》曾收录了崔玉贵向宫女叙说的事情经过：

七月二十日那天中午……老太后吩咐我说，要在未正时刻召见珍妃，让她在颐和轩候驾，派我去传旨。我就犯嘀咕了——召见妃子历来是两个人的差使，单独一个人不能领妃子出宫，这是宫廷的规矩。我想应该找一个陪着，免得出错。乐寿堂派差事的事归陈全福管，陈全福毕竟是个老当差的，有经验。他对我说："这差事既然吩咐您一个人办，您就不要敲锣打鼓，但又不能没有规矩。现在在颐和轩办事的是王德环，您可以约他一块去，名正言顺；因为老太后点了颐和轩的名了，将来也有说话。"我想他说的有理。东北三所正门一直关着，上面有内务府的十字封条，人进出走西边的腰子门。我们去的时候，门也关着。我们敲开了门，告诉守门的一个老太监，请珍小主接旨。珍妃住北房三间最西头的屋子，屋内由外倒锁着，窗户有一扇是活的，吃饭洗脸都是由下人从窗户递进去，同下人不许接谈。珍妃在接旨以前，是不愿意蓬头垢面见我们的，必须给她留下一段梳理工夫。由东北三所出来，经一段路才能到颐和轩。我在前边引路，王德环在后面伺候。我们伺候主子不许走甬路中间，一前一后在甬路旁边走，小主一个人走在甬路中间。一张清水脸儿，头上两把头搭拉了两边的络子，淡青色的绸子长旗袍，脚下是普通的墨绿色缎鞋。这是一副待罪妃嫔的装束。她始终一言不发，大概她也很清楚，等待她的不会是幸运的事。

到了颐和轩，老太后已经端坐在那里了。我进前请跪安复旨，说珍小主奉旨到。我用眼一瞧，颐和轩里一个侍女也没有，空落落的只有老太后一个人坐在那里。我很奇怪。珍小主进前叩头，道吉祥，完了就一直跪在地下，低头听训。老太后直截了当地说："洋人要打进城来了外头乱糟糟，谁也保不住怎么样，万一受到了污辱，那就丢尽了皇家的脸，也对不起列祖列宗，你应当明白。"话说得很坚决，老太后下巴扬着，眼连瞧也不瞧珍妃，静等回话。珍妃愣了一下说："我明白，不会给祖宗丢人。"太后说："你年轻，容易惹事，我们要避一避，带你走不方便。"珍妃说："您可以避一避，可以留皇上坐镇京师，维持大局。"就这几句话戳了老太后的心窝子了。老太后马上把脸一翻，大声呵斥着说："你死到临头，还敢胡说！"珍妃说："我没有应死的罪。"老太后说："不管你有罪没罪，也得死！"珍妃说："我要见皇上一面，皇上没让我死。"太后说："皇上也救不了你！把她扔到井里头去！来人哪！"就这样，我和王德环一起连揪带推，把珍妃推到贞顺门内的井里。珍妃自始至终嚷着要见皇上，最后大声喊："皇上，来世报恩啦！"

珍妃死后，尸体在井里泡了一年多，直到第二年慈禧携光绪皇帝回銮后。据说光绪此时才得知珍妃一年前惨死之事。光绪只能暗自饮泣，在密室中悬挂一张珍妃旧时的床帐，不时徘徊帐前。慈禧太后自知理亏，为了掩人耳目，对外宣称，珍妃为了免遭洋人污辱而投井，并给珍妃恢复名誉，将珍妃册封为贵妃，还让珍妃家人来打捞珍妃遗体。珍妃尸体从井中打捞出来时，面目如生，尚未腐烂。珍妃棺木先被安厝于北京西直门外田村，之后被草葬于京西八里庄，即恩济庄太监公墓墙外南侧，宣统年间才移葬于清西陵的崇陵妃园寝。

景福宫与佛日楼、梵华楼

在景祺阁东侧、乐寿堂北侧还有一处宫院——景福宫，其创建于康熙二十八年（1689年），是康熙帝为其嫡母仁宪皇太后修建的仁寿宫中的一组建筑，乾隆年间又仿照西侧建福宫后面的静怡轩予以重建，以待乾隆帝归政之后宴憩使用。

景福宫坐北朝南，平面呈正方形，面阔五间，进深五间，四周有围廊。底部有汉白玉须弥座台基，屋顶为三卷勾连搭歇山卷棚顶，檐下绘有苏式彩画。景福宫建筑虽大，但因屋顶处理得当，所以建筑没有突兀感，造型舒展而又灵巧，和四周的园林式环境相互协调。景福宫室内悬挂"五福五代堂"匾额，为乾隆帝御笔。乾隆晚年，五代同堂，因而他特意书写了这块匾额，同时还命人制作了一方"五福五代堂古稀天子之宝"的印玺。乾隆年间，曾在景福宫内陈设西洋仪器。景福宫的西窗外仿静怡轩种植梅树，冬季设毡棚对梅树加以保护。

景福宫东西两侧有游廊围成的一个小院，院内种植松柏，围廊西侧设垂花门，门外有一汉白玉须弥座，上面安放着一块挺拔俊秀的巨石，这就是紫禁城内知名的山石——"文峰"，巨石的东下侧还刻着乾隆帝御制的《文峰诗》。过"文峰"向北走，穿过两重月亮门，便来到佛日楼。

佛日楼为仿照景福宫花园中的慧曜楼而建，北依宁寿宫北宫墙，东侧有石梯连接梵华楼。佛日楼为两层，上、下各三间，一层供奉着藏传佛五大密宗主尊（密集金刚、上乐金刚、大威德金刚、喜金刚、时轮金刚）、五方佛、释迦牟尼佛。二层供奉着三世佛（释迦牟尼佛、燃灯佛、弥勒佛）、十八罗汉、四大天王，北壁、东壁、西壁设有长条供案，案上供奉378尊无量寿佛小铜像。

梵华楼在佛日楼东侧，也是两层，面阔七间，里面也供奉着藏传佛教的佛塔、佛像、唐卡以及经文，其中一层正中为两米多高的旃檀佛铜像，东西各有三间，分别供奉一尊掐丝珐琅大佛塔，造型各异，非常精美。

如今，景福宫和佛日楼、梵华楼区域均不对外开放。

▲ 景福宫匾额

身居后位最久的孝惠章皇后

孝惠章皇后博尔济特氏是顺治帝的第二任皇后，她出生于蒙古科尔沁部。顺治十一年（1654年）她入宫，封为妃，年仅13岁。就在前一年，顺治帝刚刚废掉了原配皇后，召博尔济特氏入宫就是让她继承后位，所以她入宫一月后便被封为皇后。

皇后博尔济特氏与顺治帝关系一直不好，董鄂妃入宫后，顺治帝甚至一度想废黜皇后，以董鄂氏取而代之，以致二人的关系更加紧张。所幸孝庄太后出面阻止，博尔济特氏才保住后位。不久董鄂妃和顺治帝相继去世，年仅8岁的皇三子玄烨即位，是为康熙帝。

康熙帝尊奉嫡母为母后皇太后，上尊号为仁宪皇太后。当时宫中有两位皇太后，一位太皇太后，康熙帝对这三位太后都极为孝顺。康熙二年，其生母慈和皇太后去世。康熙二十六年，孝庄太后去世，在孝

▲ 孝惠章皇后朝服像

旋子彩画

旋子彩画在等级上仅次于和玺彩画。旋子彩画在藻头内使用了带卷涡纹的花瓣，即所谓旋子。

庄逝世前，康熙帝虽晨昏定省，但与嫡母仅保持官方关系。此后，母子二人关系更加亲密。康熙帝特意在紫禁城东侧为太后修建宁寿宫，让她移居于此。如今尚存的景福宫、梵华楼、佛日楼等可能就是仁宪皇太后当年的礼佛之处。

康熙出巡时，母子二人互赠衣裳、水果，太后六十、七十大寿时康熙也隆重庆祝。康熙五十二年，太后亲妹淑惠妃亡故，当时太后老迈，发苍齿摇，心中不乐，康熙对她说："太后圣寿已逾七旬，孙及曾孙殆及百余，且太后之孙，皆已须发将白而牙齿将落矣，何况祖母享如此高年。我朝先辈，常言老人牙齿脱落，于子孙有益，此正太后慈闱福泽绵长之嘉兆也。"太后闻言欢喜异常。

康熙五十六年，太后病重，康熙不顾年迈，仍到宁寿宫亲奉汤药。太后去世后，康熙悲痛欲绝，坚持行割辫之礼（割辫原仅用于帝丧）以尽哀思。从顺治十一年入宫，直到康熙五十六年去世，孝惠章皇后身居后位长达64年（7年皇后，57年太后），为中国历代后妃之最。

太后宫区域

　　在明代，紫禁城东北部和西北部都是太后、太妃养老的宫院。清代太后、太妃们养老则主要集中在西北部，因为东北部已被乾隆皇帝划出来作为太上皇的养老之地。如今西北部的太后宫区域内主要有慈宁宫、寿康宫、寿安宫三处宫院，另有英华殿为太后、太妃们的礼佛之地。乾隆皇帝建造的建福宫及建福宫花园也在这一区域。

　　在明代，皇帝每隔数日就要到太后宫问安。清代则更加严格，几乎每天都要问安，有时甚至一天两次。每逢节庆和太后生日，皇帝还要举行隆重仪式，并前往太后宫中朝贺，并举行宴会。对太后的请安问候是明清两代标榜"孝治天下"的重要内容。

慈宁宫

　　慈宁宫位于紫禁城内廷外西路隆宗门以西。明朝永乐年间初建紫禁城时，这里是仁寿宫、大善殿。明朝嘉靖四年（1525年），仁寿宫发生火灾。嘉靖十五年（1536年）嘉靖帝拆除大善殿，并在仁寿宫和大善殿原址修建慈宁宫，以供自己的生母蒋太后居住。此后，这里成为太后、太妃们的住所。清代沿用明朝旧制，曾数次修茸慈宁宫，也将其作为皇太后居住的正宫，乾隆还将原来慈宁宫的单檐改为重檐，并在慈宁宫西侧和西北侧增建寿康宫和寿安宫，奠定了今日太后宫区的规模和形制。

　　明代住在慈宁宫的后妃中较为著名的有嘉靖生母蒋太后，万历帝生母慈圣皇太后，万历帝宠妃郑贵妃、昭妃，还有明熹宗的皇贵妃等。到了清代，慈宁宫最早是昭圣皇太后即孝庄太后的寝宫，鉴于孝庄太后在清代的崇高地位，后世的太后一般都不太敢居住在慈宁宫（只有乾隆生母崇庆太后曾小住过一段时间）。所以清代的慈宁宫成了专门举办庆典的地方，皇太后圣寿节、恭上徽号、节日朝贺、进册宝及公主下嫁等庆典大都安排在慈宁宫，太后薨逝后梓宫也安奉于此，并在此治丧。

▲ 慈宁宫

慈宁门

  慈宁宫前面有一个东西走向的狭长广场，广场北侧正中就是慈宁宫的正门——慈宁门。此门始建于明代，后在乾隆年间仿照乾清宫样式进行改建，面阔五间，进深三间，黄琉璃瓦歇山顶，下有汉白玉须弥座，四周环绕石雕望柱、栏板。慈宁门前出三阶，中央设有龙凤御路石，阶前左右各陈设一只铜鎏金瑞兽（一般认为是麒麟）。大门两侧为"八"字形照壁，壁心的琉璃盒子以及岔角为菊、兰、牡丹等花卉图案。

  慈宁门虽为慈宁宫正门，但皇帝到慈宁宫请安时一般不走此门，而是走慈宁门北院东侧的永康左门。皇帝舆轿停在门外，皇帝步行入门，进入慈宁宫给太后请安。

金累丝香囊

▲ 慈宁门

慈宁宫正殿

  慈宁宫正殿矗立在院落的中央，面阔七间，前后出廊，上覆黄琉璃瓦重檐歇山顶，显得颇为壮观，不过这是乾隆重修后的形制，原来的正殿只有一层。大殿前有月台，月台上陈列着四尊鎏金铜香炉。大殿左右有山墙，墙上各开垂花门，通往后院。大殿上有用满文、蒙古文、汉文三种文字书写的匾额，其中汉文采用篆体。

  在清代，正殿基本不住人，而是为太后举行重大典礼的地方。殿内悬挂着"宝录骈禧"和"庆隆尊养"两副乾隆御题横匾。现在这里被辟为雕塑馆，展出大量珍贵佛像。

▲ "寿国香台"匾

咸若馆

　　咸若馆建于明初，时称咸若亭，万历十一年（1583年）改为现名。该馆位于慈宁宫花园北部中间，为园中主体建筑，是清代太后、太妃礼佛之所。

　　该馆坐北朝南，正殿为黄琉璃瓦歇山顶，抱厦为黄琉璃瓦卷棚顶。馆内装饰考究别致，室内明间柱子的装饰颇具藏式佛殿韵味；内悬清乾隆皇帝御书"寿国香台"匾，并陈设龛、案、佛像、法器、供物等，给人以庄严神秘、佛法无边之感。

慈宁宫花园

　　在慈宁门南侧为长信门，长信门外是一条南北走向的甬道。甬道东侧为造办处，西侧为慈宁宫花园，甬道西侧开有揽胜门通往花园。这座花园明代就存在，乾隆年间曾大修。慈宁宫花园因为受到宗法、礼制、风水等因素制约，所以建筑主次相辅、左右对称，有临溪亭、咸若馆、延寿堂、含清斋等建筑，布局规整却显得单调，主要靠内部的精巧装修及院中的水池、山石、花木来营造园林气氛。花园中的树木主要是松柏，间植梧桐、玉兰、银杏、丁香，集中种植在咸若馆前面以及临溪亭四周，花坛中密植牡丹、芍药。春华秋实，四季各有情调。

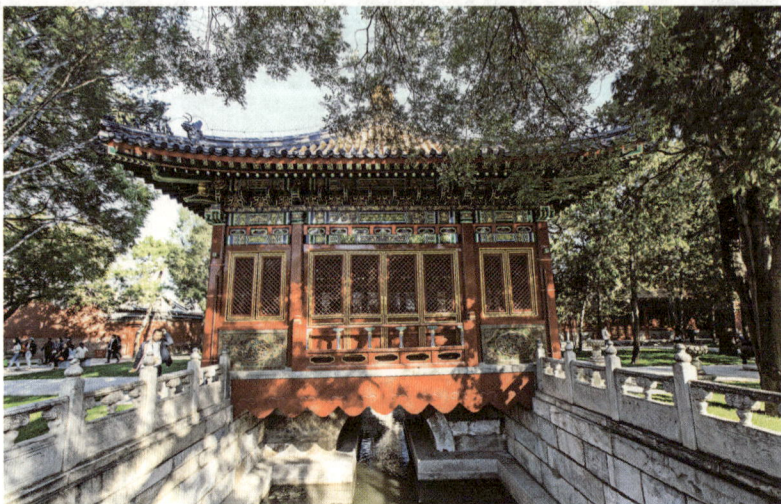
▲ 慈宁宫花园临溪亭

崇庆皇太后短住慈宁宫

　　崇庆太后钮祜禄氏是乾隆帝的生母,乾隆即位后,她上尊号为崇庆皇太后,移居寿康宫。乾隆三十六年(1771年)慈宁宫修缮后,崇庆太后一度入住慈宁宫,并有皇考裕贵太妃随住。

　　乾隆对母亲极为孝顺,每年三大节都会率王公大臣到慈宁宫向太后致贺。太后幼年是在江南度过的,因此对江南风物有着极深的感情,所以乾隆带母亲南巡了三次。太后晚年喜欢住在畅春园,乾隆帝特意在那里修建了一条苏州街,以供太后游赏。太后六十大寿前,乾隆借口疏浚瓮山泊,耗费480万两白银,在那里修建了清漪园,也就是颐和园的前身。

　　乾隆三十六年(1771年)十一月,五世同堂的崇庆太后迎来了八十寿辰。乾隆帝在刚刚修缮一新的慈宁宫为太后举办了盛大的寿宴。在宴席上,61岁的乾隆皇帝身着彩衣,模仿天真的儿童,在太后面前躬身起舞,并举杯为太后敬酒祝寿。皇子、皇孙、皇曾孙、额驸依次为太后献舞。这就是二十四孝之一的彩衣娱亲,也是清宫为太后祝寿的保留节目。

活到96岁的纯悫皇贵妃

　　纯悫皇贵妃耿氏是雍正帝的妃子,雍正即位后先封为裕嫔,雍正八年晋裕妃,她为雍正帝生育了皇五子和亲王弘昼。乾隆即位后尊她为皇考裕贵太妃。耿氏与崇庆太后关系很好,情如姐妹。崇庆太后入住慈宁宫期间,耿氏也一同陪住。崇庆太后去世后,乾隆帝感念裕贵太妃恩情,在谕旨中说:"四十余年,慈宁随侍,亲爱尤深,兹年届九旬,实宫闱盛事。"于是为她举行了盛大的册封典礼,尊她为皇考裕皇贵太妃。在仪式上,乾隆帝特意向她行二拜礼,耿氏非常感动,不敢受礼。耿氏九十寿辰时,乾隆还为她写诗祝寿。乾隆四十九年年底,耿氏去世,寿高96岁,在清代后妃中仅次于康熙帝定妃万琉哈氏(97岁)。耿氏谥号纯悫皇贵妃,入葬泰陵妃园寝,位列诸妃之上。

▲ 纯悫皇贵妃朝服像

寿康宫

寿康宫位于慈宁宫西侧、寿安宫南侧，乾隆元年建成。寿康宫南北有三进院落，正殿面阔五间，单檐歇山顶，左右有围廊配殿，后面还有一座寝殿，寝殿后面有通道通往后罩房。

寿康宫和北侧的寿安宫都是慈宁宫的附属宫殿，一般来讲，慈宁宫为太后居所，而寿康宫则是先皇太妃、太嫔的住处。但实际上太后也会在这两座宫殿中择一居住，乾隆朝的崇庆皇太后、嘉庆朝的颖贵太妃、咸丰朝的康慈皇太后都曾在此居住养老。清末同治年间，两宫太后垂帘听政时，按照礼制，两位太后应移居慈宁宫，但慈禧住进了寿康宫、慈安住进了寿安宫。宣统退位后，瑜太妃也曾居住于此。

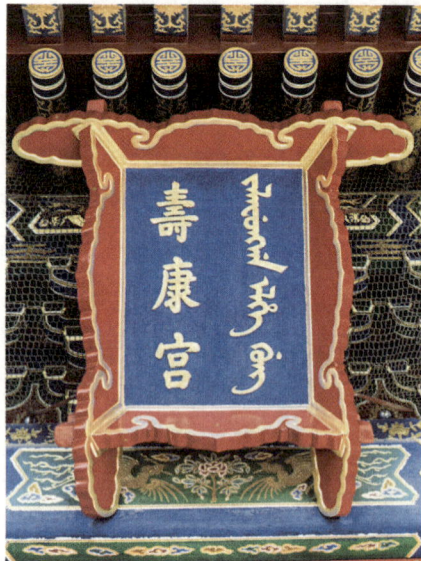

▲ 寿康宫匾额

▲ 寿康宫

寿辰被搅黄的颖贵太妃

颖贵太妃巴林氏，蒙古族，是乾隆帝的诸多嫔妃之一。嘉庆三年（1798年），太上皇乾隆敕旨："颖妃在位年久，且年届七旬，著加恩封为贵妃。"嘉庆帝即位后，尊称她为颖贵太妃，并和婉贵太妃一同居于寿康宫中，嘉庆五年（1800年）是颖贵太妃七十寿辰，嘉庆同母弟弟永璘（颖贵妃曾抚养过他）送去寿礼，无儿无女、寡居深宫的颖贵妃十分高兴。这本来是件好事，但嘉庆帝得知后却十分光火，把弟弟叫来训斥一番，指责他不向自己请示就擅做主张。这么一闹，颖贵太妃的古稀寿辰顿时变得索然无味，不久她就抱憾去世了。

▲ 乾隆颖妃

崇庆太后与寿康宫

寿康宫实际就是乾隆帝为了奉养母亲崇庆太后而建的，而寿康宫也是崇庆太后在紫禁城居住的主要宫殿。她居住于此时，乾隆帝每天都会前来问安。崇庆太后的七十寿辰也是在寿安宫举办的。86岁时崇庆太后病逝于畅春园的长春仙馆。此后，乾隆皇帝每遇年节都会到慈宁宫、寿康宫拜谒母亲故居，这个习惯一直保持到了他做太上皇以后。

▲ 金发塔

清代红雕漆龙纹圆盒

此展品精美异常，不仅盒顶雕有龙飞翔的图案，四周也雕有数只栩栩如生的小龙，实为难得的珍品。

康慈皇太后

康慈皇太后即道光帝的静妃博尔济特氏，她于道光元年入宫，为道光帝生了三子一女，但三个儿子中只有小儿子奕䜣长大成人。由于能生养，她也逐渐由贵人升为贵妃。道光二十年（1840年），道光帝的第三位皇后钮祜禄氏（即孝全成皇后）去世，由于道光帝对皇后极为恩爱，决定不再立皇后。一年后，静妃升为皇贵妃，统摄六宫。

皇后去世时，留下年仅十岁的皇四子奕䜣交给静妃抚养。静妃的小儿子奕䜣与奕䜣年龄相仿，同在上书房，十分友爱，犹如同胞兄弟。奕䜣文武双全，且聪明过人；奕䜣为嫡长子，忠厚老实。道光帝最看好奕䜣，几次准备写秘密立储诏书，

▲ 孝静成皇后

都被静妃阻止了。同时道光帝又痛惜奕䜣生母孝全皇后，因此在立储问题上一直游移不定。后来奕䜣在师傅杜受田的策划下，以德孝赢得道光帝青睐，被秘密立为储君。

奕䜣即位后，是为咸丰帝，他尊静妃为康慈皇贵太妃，并以道光帝侍奉恭慈皇太后的方式来侍奉她，让她住进寿康宫，还修缮圆明园中的绮春园供她居住。在道光朝，静妃统摄六宫，又抚养储君，出力最多，却没能得到正室名分，因此到了咸丰朝，她一直渴望能够被册封为太后。但咸丰帝则认为，自己母亲虽是皇后，却没享受过一天太后之福，康慈太妃既不是先帝皇后，也不是自己生母，出身也不甚高贵，仅凭皇帝养母就想以嫔妃身份当太后，历朝历代几乎没有这个先例，况且他已经按皇太后的规格来奉养她，实在没有理由再封她为太后。

康慈皇太后之死

咸丰三年（1855年），康慈太妃病情加重，咸丰帝和奕䜣轮班为太妃侍奉汤药。有一天，咸丰帝来到病榻前，太妃错将他认成了奕䜣，流着泪拉着他的手说："吾旦晚必不起，受天下之养者数年，死亦何憾。但恨汝父当年欲立汝时，吾娇情力辞，铸此一错，使汝从此低首他人下耳。"咸丰帝颇感尴尬，急忙岔开话题。太妃感觉不对劲，忽然认出面前的人不是奕䜣而是皇帝，便转过头不再说话。

太妃病危时，咸丰帝到寿康宫问安，正好遇到奕䜣出来，他对咸丰帝说："额娘已经快不行了！现在还留着一口气，等皇兄封她太后，就死而瞑目了！"咸丰帝有些不快，随口应了声："哦，哦！"就进入寝殿了。奕䜣借机矫诏，马上到军机处传皇帝"口谕"，令礼部准备册封皇太后典礼事宜。对此咸丰帝极为不满和愤怒，虽未取消给康慈的皇太后封号，但在丧葬礼仪上加以减杀，并且在谥号上不附帝号，还撤了奕䜣的差使，让他退回上书房读书。数年后，咸丰帝驾崩，奕䜣联合慈禧、慈安发动辛酉政变，掌握大权，他以同治帝名义为生母加谥号，并附帝号，配享太庙，所以康慈皇太后又称孝静成皇后。

寿康宫最后的主人

同治十一年（1872年）九月，同治皇帝大婚后，两宫太后不能再住在东西六宫中，于是分别从各自居住的宫中迁出，慈安太后住进寿安宫，慈禧太后则住进寿康宫。同治皇帝每天早晚两次都要前往寿安宫和寿康宫请安，直到两年后他一病不起。

瑜贵妃赫舍里氏是寿康宫最后一位主人。她是同治帝的后妃，其身材苗条、花容月貌，而且多才多艺，是同治帝四位妃子中最优秀的，深受慈禧太后喜爱。八国联军进北京时，慈禧、光绪与众多宫眷西逃，而同治帝的四位妃子则留守宫中，并以瑜贵妃总摄宫中事务。

光绪帝驾崩后，即位的宣统帝以同治继嗣身份即位，他尊瑜贵妃为皇贵妃。他退位后又尊奉她为敬懿皇贵妃。瑜贵妃生性强悍，与软弱无能的隆裕太后不和。隆裕太后驾崩后，瑜贵妃便接着抚养年幼的溥仪，并曾企图以溥仪养母的身份谋求皇太后的名位，但因袁世凯的指令而没能如愿。

1924年11月，溥仪及其妻妾被迫搬出紫禁城，瑜太妃和另一位老太妃——瑨太妃因年老行走不便而暂留，直到10天后才搬出紫禁城。当天，民国政府的接收人员进入宫中，查封宫殿。当他们进入寿康宫时，瑜太妃取暖的火盆还是热的。

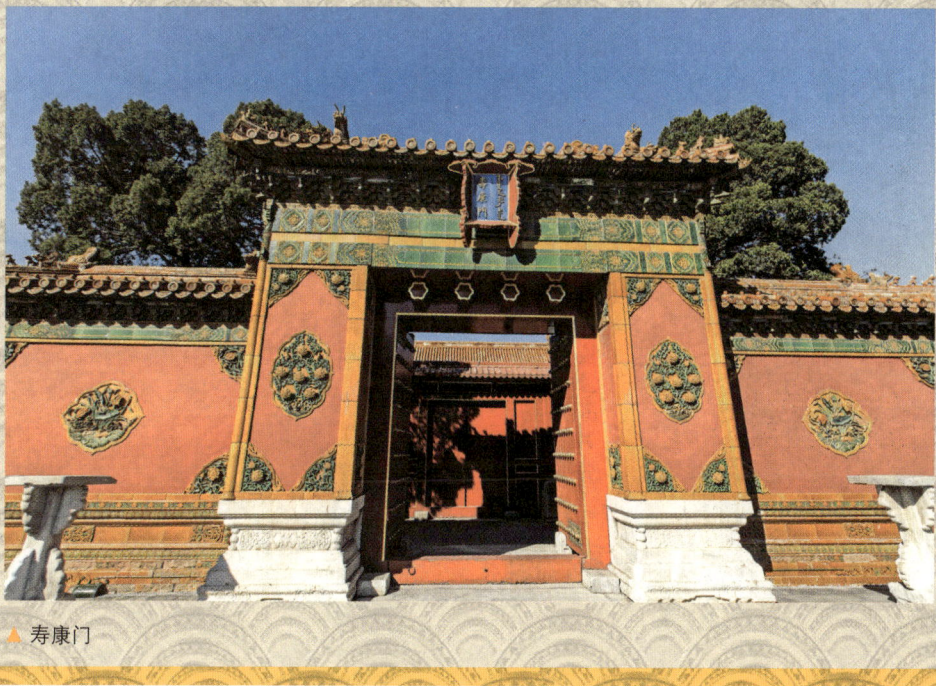

▲ 寿康门

门当、户对

门当是古民居建筑中大门建筑的组成部分，又称门座、门台、门鼓等；户对用于中国传统民居，特别是在四合院的大门顶部，是装饰门框的构件，通常成对出现。

门当

户对

天启帝乳母客氏横行寿安宫

万历皇帝的孙子天启皇帝是历代皇帝中的一个奇葩，他在位七年，每日却沉迷于木工雕刻，任由魏忠贤和其乳母客氏在宫中肆意横行。客氏原是河北定兴的农妇，18岁时选入宫中成为皇孙朱由校的乳母，朱由校生母早亡，客氏实际上成了他的养母。朱由校登基后不到10天就封乳母客氏为奉圣夫人，先住在乾西值房内，后迁居咸安宫。她"每日清晨入乾清暖阁侍帝，甲夜后回咸安宫"。客氏生活奢靡，夏天在咸安宫庭院里搭设凉棚，四周贮藏冰块供她降温。冬天，咸安宫的地炕内有烧不完的柴炭。每次出行，她必乘八抬大轿，其排场不亚于皇帝。客氏美艳动人，40多岁时面色仍如二八佳丽。每次梳头时，她必用宫女口中的津液，美其名曰"群仙液"，称其可保老无白发。她又喜欢穿着艳丽的江南服饰，极为妖冶。

▲ 魏忠贤

客氏仰仗天启帝的纵容而横行宫中，与魏朝、魏忠贤等宦官对峙。一天，魏朝与魏忠贤为了得到她，在乾清宫大打出手，将刚入睡的天启帝吵醒。天启帝起床对客氏说："客奶，你心里要谁管事，我替你断。"客氏示意倾向于魏忠贤，于是魏朝就此失势。

客氏心肠狠毒，曾以残忍手段害死数个曾被熹宗临幸过的嫔妃。张裕妃怀孕临产，客氏竟断其饮食，裕妃饥渴难忍，暴雨之夜到屋檐下接雨水喝，最后哭喊着断气。李成妃为张裕妃求情，也险些被其活活饿死。

天启七年（1627年），天启帝驾崩，崇祯帝即位。即位伊始，他便籍没宦官魏忠贤及客氏。魏忠贤上吊自杀，客氏则被发配至浣衣局，在那里被鞭笞至死，然后在净乐堂焚尸扬灰。

▲ 明代太监俑

英华殿

英华殿位于寿安宫北侧，紫禁城内廷外西路西北，始建于明代，初名"隆禧殿"，明隆庆元年（1567年）更名"英华殿"。这里是明清两代太后、太妃们的礼佛之地。

明朝时，每年万寿节、元旦在英华殿举办佛事，事毕之日有人扮成韦驮，抱杵向北而立，其他僧众演奏各种乐器，赞唱佛经，并且在当晚设五方佛会。每年夏历四月初八"浴佛日"，在英华殿供糕点"大不落夹"200对、"小不落夹"300对，供毕分赐百官。明朝慈圣皇太后去世后，万历帝上尊号"九莲菩萨"，并供奉御容于英华殿内。

清朝皇太后、皇后均以英华殿为礼佛之所。每逢祀神日，在案下设小桌，供奉"完立妈妈"（满族萨满教神之一）。平时每月供奉乳饼、水果，设太监专司香烛、扫洒、坐更等事宜。咸丰二年（1852年），咸丰帝亲至英华殿拈香礼拜。

▲ 英华殿

万寿节宴会上的陈设——"松棚果罩"

清代宫廷使用，用于盛装果品。

英华殿的菩提树

英华殿正殿面阔五间，为单檐庑殿顶，殿内设有七座佛龛，供奉密宗佛像。英华殿前有月台，月台上陈设香炉一座。台前有高台甬路和英华门连接。甬道两侧各种有一棵菩提树。这两棵菩提树是明万历帝的母亲慈圣皇太后亲手种植的，相传是从南海移植而来。菩提树是热带植物，无法在北京存活，这两棵树实际上只是与菩提树相似而已。此树六月开黄花，子与花并

▲ 英华殿外菩提树

发，附生在叶背，深秋子落，其子与南海菩提相似，只是稍小而偏黄，宫中人称其为金线菩提子，争相捡拾，并将其制成念珠，若传入民间则被视为珍品。这两棵菩提树到了清代则衍生成七株，乾隆帝曾作诗咏叹。

"九莲菩萨"孝定太后

孝定太后李氏是明神宗朱翊钧的生母，通州漷县人，穆宗为裕王时，李氏为宫女，在王府里侍候他，后来因姿色美丽，被纳为妾，生下两子三女。神宗即位后，上尊号为慈圣皇太后，她也是明朝最后一位皇太后。

明神宗早期，宫中有两位皇太后，一位是嫡母仁圣皇太后陈氏，住在慈庆宫，另一位就是慈圣皇太后李氏，住在慈宁宫。张居正请李太后照顾皇帝起居，因而李太后徙居乾清宫。神宗即位时年仅 10 岁，由母亲李太后代为处理朝政，而李太后有识人之明，她重用张居正和冯保，厉行改革，在万历初年形成了"万历中兴"的局面。李太后对少年天子万历帝的管教也比较严，小皇帝犯错，太后召他长跪，历数其过，有一次甚至几乎要将神宗废位。万历六年（1578 年），神宗大婚，太后返回慈宁宫居住，此后逐渐从朝政中隐退。万历十年（1582 年），张居正病逝，不久万历帝开始了对张居正的清算。但奇怪的是，太后并未阻止。此后万历皇帝逐渐沉湎于酒色之中，日益怠政，但李太后也没有予以纠正，以致国事日益糜烂。万历四十二年（1614 年），慈圣皇太后病逝。

▲ 慈圣皇太后

慈圣皇太后生前常在英华殿礼佛，并在此种下了两棵菩提树。慈圣皇太后去世后，万历皇帝思念母亲，便命人在两棵树的东北侧别殿内供奉太后御容。每年初一、十五他都要到这里瞻仰、追念。宫中人传说慈圣皇太后是"九莲菩萨"转世，万历皇帝便给母亲封了"九莲菩萨"的尊号。

建福宫区域

建福宫是慈宁宫北侧、西六宫西侧的一组建筑，始建于乾隆七年（1742年），系利用乾西五所中的西四所及其南侧的狭长地区建成。乾隆帝修建建福宫是为了"备慈寿万年之后居此守制"之用，即准备

▲ 建福宫

等崇庆太后去世后在此守制，但后来并未照此计划进行。乾隆帝很喜爱建福宫，经常来此宫游憩，吟咏诗赋很多，如《建福宫赋》《建福宫红梨花诗》等。后来，清宫定制，每年嘉平朔日（腊月初一）皇帝御建福宫开笔书福，以庆贺新禧。咸丰帝曾经奉皇贵太妃在建福宫进膳；孝德显皇后、孝贞显皇后（慈安太后）的神位也曾设在建福宫。

在建福宫北侧，有同期建成的建福宫花园。在花园东侧是由乾西五所改建而成的重华宫和淑芳斋。重华宫是乾隆作为宝亲王时所居住的府邸，他即位后升级为宫，并进行了改建。淑芳斋也是乾隆皇帝改建的，里面有一座小戏台，是紫禁城内使用最频繁的戏台之一。建福宫西侧为中正殿建筑群，有雨花阁、梵宗楼、宝华殿、中正殿等建筑，这里是一组宫廷佛堂，里面供奉着大量藏传佛教的佛像等。其中雨花阁突兀高耸，是宫内数十座佛堂中最大的，也是中国现存最完整的藏密四部神殿。

▲ 雨花阁

青玉三仙灵芝山子

旧藏于乾隆御题"五福五代堂"的景福宫中。

建福宫花园

建福宫花园在建福宫和中正殿北侧，园中有 10 多座建筑，形式各异、布局灵活。因其位于紫禁城之西，故又称"西花园"。花园以高大的方形延春阁为中心，分布着敬胜斋、碧琳馆、妙莲华室、凝晖堂、静怡轩等建筑。乾隆三十九年（1774 年）创建宁寿宫花园时，建福宫花园被当作蓝图之一，不少建筑都在宁寿宫花园中再现。乾隆帝十分喜爱建福宫花园，为其作了不少诗赋，并将其喜爱的珍宝收藏于此。嘉庆年间，曾经将这些珍宝全部封存。此后，建福宫花园一带一直被用作皇家珍宝的收藏之所。

▲ 建福宫花园

损失惨重的建福宫花园火灾

溥仪的小朝廷存在期间，宫中偷盗极其严重，内务府官员、太监、匠役等都争相偷盗，珍藏着乾隆及后世数位皇帝毕生收藏的建福宫花园自然是重灾区。正当溥仪决定对库藏进行清点时，1923 年 6 月 27 日一场大火莫名其妙地烧了起来，大火从敬胜斋开始，逐渐蔓延，最终将建福宫花园及南侧的中正殿全部焚毁。建福宫大火是中国文化史上的一次浩劫，大量宫廷珍宝被付之一炬。

事后，溥仪从内务府得到一份不完整的"糊涂账"，列出了烧毁物品清单：金佛 2665 尊、字画 1157 件、古玩 435 件、古书数万册。溥仪在自传中称："这是根据什么账写的，只有天晓得。"溥仪在自传中还说："固然是找不出什么字画、古瓷之类的东西了，但烧熔的金银铜锡还不少。内务府把北京各金店找来投标，一个金店以五十万元的价格买到了这片灰烬的处理权，把熔化的金块金片拣出了一万七千多两。金店把这些东西拣走之后，内务府把余下的灰烬装了许多麻袋，分给了内务府的人。后来有个内务府官员告诉我，他叔父那时施舍给北京雍和宫和柏林寺每庙各两座黄金'坛城'，它的直径和高度均有一尺上下，就是用麻袋里的灰烬提制出来的。"

如今这座花园已经得到复建，但并不对外开放。

文华殿区域

　　文华殿位于紫禁城东南，属于外朝之一，是皇帝便殿，也曾作为太子视事之所。文华殿后的文渊阁是紫禁城中最重要的藏书楼，曾收藏过《四库全书》。文华殿东侧的传心殿，则是祭祀孔子、周公等先圣之处。文华殿南有低矮的内阁大堂院落，是明清两代内阁的办公之地。内阁大堂东侧是各种府库。内金水河在这一区域蜿蜒流淌，最终在銮驾库的旁边流出城墙，注入筒子河。

文华殿

文华殿位于外朝协和门以东，与武英殿遥相呼应。文华殿初建于明永乐年间，明末李自成攻入紫禁城后将其焚毁殆尽，康熙年间又按照武英殿重建。在明代，文华殿曾一度作为太子的宫殿。因"五行说"东方属木，色为绿，表示生机勃勃，故屋顶覆盖绿色琉璃瓦。

▲ 文华殿

明清两代皇帝经常在文华殿举行经筵之礼。另外，明清殿试后的阅卷工作也在此进行。明代还设有"文华殿大学士"一职，以辅导太子读书。

文华殿后的文渊阁是为藏书楼，覆黑色琉璃瓦，"五行说"中黑色主水，有以水克火的之意。阁内藏《四库全书》与《钦定古今图书集成》。现文华殿被已辟为陶瓷馆。

文华殿的经筵之礼

经筵是中国古代帝王为讲论经史而特设的御前讲席，汉代就已经出现，到宋代形成制度，定名为经筵。经筵讲官以翰林学士及其他官员兼任或充任讲官。在宋代，每年二月至端午、每年八月至冬至为经筵讲期，讲官每逢单日入侍，轮流讲读。元、明、清三代沿袭此制度，明清两代的讲读之所一般都设在文华殿。

在明代，皇帝为皇太子时即应就读，受教于翰林院学士，称为东宫出阁讲学。皇太子登基之后，除继续就读以外，还要参加经筵。明代皇帝的经筵选在春秋两季气候温和之时举行，每月三次。早朝之后，皇帝在护卫的簇拥下来到文华殿，然后面南坐定，百官鱼贯而入、行礼。鸿胪寺官员事先将一张书案摆在御座前，专供圣鉴；另一张书案摆在数步之外，为讲官所用。然后两位身穿红袍的讲官和两位身穿蓝袍的展书官出列。讲官面对皇帝，展书官在书案两侧东西对立。左侧的讲官讲授"四书"，由左侧的展书官负责翻书；右侧的讲官讲授历史，由右侧的展书官负责翻书。讲官讲课时，其余人等必须凝神静听，皇帝也不例外。如果皇帝偶尔失态，讲官就会停止讲授，而反复朗诵："为人君者，可不敬哉？"直到皇帝端正仪表为止。

在明代，经筵日讲几乎成为儒臣接近皇帝以影响其行为、涵养其德性的唯一机会，自然受到特别的重视。若有某位帝王怠惰弃学，百官总会上疏谏诤。然而实际上，明代经筵也经常停废，嘉靖帝、万历帝数十年不上朝，经筵之事更是无从谈起。明孝宗是明中期最勤政的皇帝，弘治朝的经筵之盛一直为后世所称道。

清代沿袭明制，但以大学士知经筵事，以尚书、左都御史、通政史、大理卿、学士侍班、翰林等人侍讲。先讲四书五经，然后由皇帝宣示满、汉文御论，各官听讲。事毕，由各官行礼，于文渊阁赐茶。

清代康熙帝非常重视经筵，他年少时就勤于学习，曾因勤学过劳以致咯血。康熙十六年（1677年），他改隔日进讲为日日进讲，虽避暑瀛台，也未尝间断。三藩之乱期间，军事繁重，康熙仍命翰林院日日进讲，以免荒疏学问。康熙帝虽为少数民族帝王，但其学识超群，这与他对经筵的重视是分不开的。

万历帝的经筵教科书——《帝鉴图说》

万历皇帝朱翊钧即位时年仅 10 岁，内外政事全由张居正一手操持。张居正对小皇帝的教育非常重视，他指示大臣马自强、吕调阳等"采摭前代君人治迹"，编撰了一部书，用作指导朱翊钧学习的教材。马自强、吕调阳都是满腹经纶、为人耿直的大臣，都曾担任过万历帝父亲明穆宗的经筵讲师。在他们的精心选辑之下，一本图文并茂的历史故事书应运而生。张居正认为其"溯唐虞以迄汉、唐、宋理乱兴衰、得失可为劝戒者，条其事百余，各因事绘图，系之说"，故题名为《帝鉴图说》。

《帝鉴图说》分上、下两部，上部题名为《圣哲芳规》，编录上自尧舜、下止唐宋共 23 位古代帝王的"其善为可法者"的事迹共 81 则；下部题名为《狂愚覆辙》，共录三代以下共 20 位帝王的"恶可为戒者"的劣行共 36 则。每则一图，并有四字标题，有些篇目后面还有简单易懂的评述。由于此书图文并茂，少年天子一经观赏，便爱不释手。

令人痛惜的是，朱翊钧对张居正的这些谆谆教诲根本没听进去，当这位"少师兼太子太师"一死，他便全面推翻张居正倡行的新政，从此深居后宫，荒疏朝政，致使刚有起色的明王朝迅速滑入灭亡的深渊，而他自己也成为明朝又一个昏庸透顶的帝王。

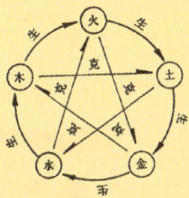

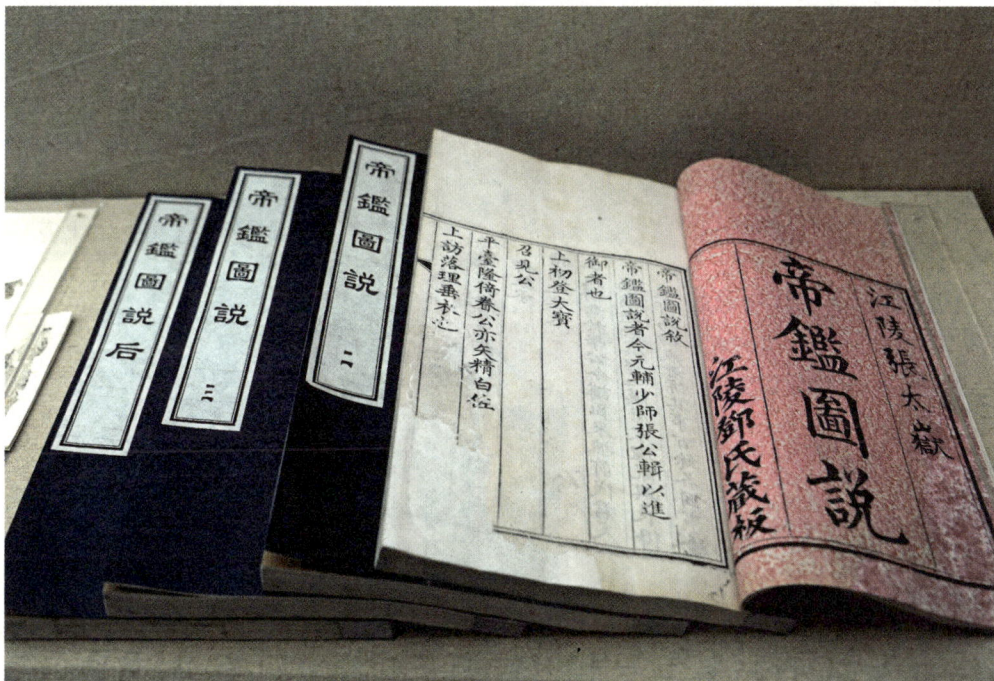

▲《帝鉴图说》

传心殿里的帝王心术

传心殿位于文华殿东侧，创建于康熙年间，是清朝皇帝御经筵前行"祭告礼"之所。传心殿主要由三座建筑组成，殿后设有祝版房、神厨、值房等。正殿传心殿坐北朝南，面阔五间，进深三间，黄琉璃瓦硬山顶。殿内正中设有皇师伏羲、神农、轩辕的神位，帝师陶唐、有虞的神位，王师禹、汤、文武的神位，均南向。殿内东侧设周公神位，西侧设孔子神位。皇帝参加经筵前会派大学士祭告，或亲自前往祭告。

▲ 传心殿

传心殿院落东部有一四方井亭，亭内有一口井，名曰大庖井，井水清冽，可以媲美玉泉山之水，故有"玉泉第一，大庖第二"之说，该井的井水至今仍没有干涸。

所谓"传心"，出自《尚书·大禹谟》："人心惟危，道心惟微，惟精惟一，允执厥中。"这16字被奉为上古帝王心心相传的治国心学，清代帝王对此尤其推崇，中和殿内有"允执厥中"匾，乾隆帝最喜爱的"田黄三联玺"中就有一方的印文是"惟精惟一"。

李自成在文华殿接见大臣

李自成入主紫禁城的时间并不长，当时紫禁城内的宫殿大多已被毁，他只能在未被毁的武英殿和文华殿处理政事。当时他的军国事务虽然繁杂，但还是抽出时间亲自接见了一些明朝降官和遗老。三月二十三日，李自成亲自在文华殿召见明中允梁兆阳，梁叩头说："先帝无甚失德，只因刚愎自用，至使君臣之谊否隔不通，以致万民涂炭，灾害并至。"李自成回答道："我只为几个百姓故起义兵。"梁又叩头说："主上救民水火，自秦、晋抵燕，兵不血刃。百姓箪食壶浆以迎王师。神武不杀，比隆尧舜，汤武不足道也。臣遭逢圣主，敢不精白一心，以答殊恩。"李自成很高兴，留坐款茶，谈得十分融洽。告辞时，梁兆阳向李自成打躬，李自成也举手作揖回礼。随后李自成即任命梁为兵部侍郎。

▲ 李自成

陶瓷馆

陶瓷馆位于文华殿内。中国是世界四大文明古国之一，有着悠久的历史和光辉灿烂的文化。早在一万多年前的新石器时代早期，我们的祖先就已发明了制陶术。在距今3000多年前的商代中期，我国已能烧造原始瓷器。西汉时期，北方低温釉陶的创烧成功是陶瓷发展史上的重大发明。东汉时期发明了真正的瓷器，这是中华民族文明史上的光辉一页。自唐以来，中国陶瓷远销世界各国。这不仅推动了世界陶瓷和文化的发展，也有力地说明了我国在历史上无愧于"瓷器之国"的盛誉。

故宫博物院共收藏陶瓷类文物约35万件，可谓自成体系，流传有序。现展出的400多件珍品都是经过精心挑选的，现按时代发展顺序予以展示，供观众鉴赏和研究。

▲ 陶瓷馆内的唐三彩马

▲ 粉彩孔雀牡丹纹汤盆

▲ 唐三彩文官俑

宁寿门八字影壁

八字影壁又叫撇山影壁，是位于大门或建筑物两侧、平面呈"八"字形的影壁。乾清门两侧的影壁即为此类型。

文渊阁

　　文渊阁是明清两代皇家藏书处，明代的文渊阁并不高大，位于文华殿前，明末被毁。清乾隆年间，乾隆皇帝在文华殿北侧仿照宁波范氏天一阁而建文渊阁。这座文渊阁高两层，上层为一整间，下层分六间，取"天一生水，地六承之"之意，意在防火，中间还有一个暗层。屋顶覆黑色琉璃瓦，绿琉璃瓦剪边，据阴阳五行学说，黑色主水，这里也是以水克火之意。紫禁城中的金水河流过太和门广场后河道变窄，蜿蜒流入文渊阁前的方池内，池上有桥。文渊阁后采用太湖石堆砌成假山，形如屏障，其间种植松柏。阁内一层正中朝南设宝座，上方朝南悬挂"汇流澂鉴"匾。

　　乾隆四十一年（1776年）文渊阁建成后，乾隆帝每年在文渊阁举办经筵。乾隆四十七年（1782年）《四库全书》完成时，乾隆帝在文渊阁设宴赏赐编纂《四库全书》的各级官员以及参加编纂的人员。随后《四库全书》及《钦定古今图书集成》入藏文渊阁。清宫规定，大臣官员中若有嗜古书、勤学习者，经过允许可到文渊阁内阅览书籍，但是不得损坏书籍，且严禁携书籍出文渊阁。

　　1933年，为躲避日寇，文渊阁收藏的古籍随故宫文物南迁，1949年运往台湾，现藏于台北故宫博物院。如今文渊阁内仅存空空如也的书架。

文渊阁 ▶

《四库全书》

　　《四库全书》是中国历史上规模最大的一套丛书。乾隆三十八年（1773年），乾隆命皇六子永瑢以及大臣于敏中、纪昀等人负责编纂，历时九年才完成，共收书3503种79337卷36304册，近230万页，约8亿字，收录了从先秦到清乾隆前的一部分古籍，涵盖了古代中国几乎所有学术领域。编撰《四库全书》的同时禁、毁图书3100多种，体现了清政府对文化的控制。

▲ 清代《四库全书》总目

　　《四库全书》分为经、史、子、集四大部，为了美观与便于识别，采用分色装帧，经部绿色，史部红色，子部月白色（或浅蓝色），集部灰黑色。《四库全书总目》因为是全书纲领，采用代表中央的黄色。乾隆四十九年（1784年），《四库全书》陆续完成，被抄写成七部，分别贮于北京紫禁城皇宫文渊阁、京郊圆明园文源阁、奉天故宫（今沈阳）文溯阁、承德避暑山庄文津阁，合称"内廷四阁"（或称"北四阁"）。又在镇江金山寺建文宗阁、扬州大观堂建文汇阁、杭州西湖行宫孤山圣因寺建文澜阁，即"江浙三阁"（或称"南三阁"），各藏抄本一部。副本存于京师翰林院。后来文源阁本毁于英法联军之手，文宗阁、文汇阁本毁于太平天国运动，翰林院本毁于八国联军之手。文澜阁本也在太平天国运动中损毁大半，后来陆续补齐。其余三阁版本至今仍保存完好。

纪晓岚故居

位于现北京市珠市口西大街241号。纪晓岚曾于11～39岁、48～82岁在此居住，前后共62年。

《四库全书》总纂官纪昀

　　纪昀，字晓岚，直隶献县人，他自幼聪颖过人，有"神童"之称。乾隆十九年（1754年）中进士，因学问渊博而受到乾隆帝赏识，后因牵涉亲家盐政亏空案而被发配新疆。两年后他回到北京，后来担任《四库全书》总纂官，是《四库全书》编纂过程中的实际负责人。

　　纪昀幽默风趣，清人牛应之说："纪文达公昀，喜诙谐，朝士多遭侮弄。"他的一些癖好也颇为奇特。他喜好抽烟，其大烟袋锅子闻名京城。他喜欢吃肉，"平生不谷食，面或偶尔食之，米则未曾上口也"。同时还很好色，传说他在编纂《四库全书》时数日单身当值，竟然"两睛暴赤，颧红如火"。乾隆帝见而大惊询问，纪晓岚就实话实说，皇帝大笑，遂赐两位宫女"伴宿"。现在看来，他的这些嗜好全是不良生活方式，但纪昀却寿高八十。

　　一些影视作品中，总有纪晓岚智斗权臣和珅的情节，实际上这些故事纯属虚构。纪昀在乾隆朝的地位比和珅低得多，且不能参与机要。有一次他为他人求情，结果被乾隆帝训斥："我谓汝尚能雕虫，且与秘翰一职。于我，优倡也。天下事，岂汝之能言者！"

《四库全书》总裁于敏中

于敏中，江苏金坛人，出身于诗书世家，其堂兄于振在雍正元年高中状元，于敏中则在乾隆二年（1737）也高中状元。此后，于敏中历任翰林院修撰、文华殿大学士、文渊阁领阁事、户部右侍郎等职位，并入值军机处，与和珅多有争斗。于敏中生前号称廉洁，乾隆帝对他甚为倚重，去世后入祀贤良祠。不久其家族发生财产纠纷，乾隆帝下令调查，竟查出于氏财产200万两。不久甘肃冒赈案发，此案牵涉于敏中，他的牌位也被撤出贤良祠。

于敏中生前曾担任《四库全书》总裁，但他去世后即被发现江南文汇、文宗、文澜三阁的《四库全书》"舛

大学士一等轻车都尉于敏中
内地土司事须漠字自始
至终勤劳弗替相机拟谕
厥功茂焉赐翎写像儒臣
勤肩

谬丛生，应删不删，且空白未填者竟至连篇累页"。负责此事的于敏中本应治以重罪，但乾隆帝念其已经去世，因而未予追究。

曾国藩发迹于文渊阁

曾国藩，湖南湘乡人，是"湘军"的创始人，镇压太平天国、开展洋务运动的首脑，"晚清中兴名臣"之首。曾国藩于道光十八年（1838年）中进士，入翰林院。数年后他以侍讲学士身份充任文渊阁直阁事，主要负责《四库全书》的保管，与校理官轮番值日。道光皇帝每年二月都会到阁中看书，曾国藩得以亲近皇帝，与其一同阅览《四库全书》。不久，曾国藩即升任内阁学士兼礼部侍郎衔，骤升四级。

曾国藩在文渊阁一共干了四年，可以说这里才是他的发迹之地。后来曾国藩转战江南，成为一代儒将，军旅之中诸事繁杂，但曾国藩身边依然有着丰富的藏书，这与他在文渊阁当值时就培养起来的藏书爱好是分不开的。

南三所

南三所在文华殿建筑群的北侧，在明代这里建有端敬殿、端本宫，为东宫太子的居所。端本宫的前身是慈庆宫，是嘉靖帝为太皇太后也就是其祖母邵氏居住所建的，但宫殿未成而邵氏已逝，于是让嘉靖帝的伯母慈寿太后首先入住。万历年间，仁圣皇太后（万历帝嫡母）也居住在慈庆宫。崇祯年间，懿安皇后（明熹宗皇后）居住于慈庆宫。后来因为崇祯帝太子成婚，懿安皇后便迁居北侧的仁寿宫（宁寿宫前身），慈庆宫改为端本宫，作为太子宫殿。

这组建筑中原来有座撷芳殿，清康熙年间太子胤礽居住于毓庆宫，而其女眷则居住于撷芳殿。乾隆年间，在端本宫原址上兴建了三座院落，作为皇子的居所，因其位于宁寿宫南，古称"南三所"，也称"阿哥所"或者"所儿"。乾隆年间，嘉庆帝曾在此居住长达 20 年，乾隆六十年封为皇太子后才迁居毓庆宫。嘉庆年间，南三所成为皇子成婚后的住所，道光帝本人即出生于南三所，其成婚后到即位前也居住于此，其子奕纬、奕䜣、奕訢均曾在南三所居住。光绪三十三年（1907 年），清廷宣布"预备仿行宪政"，为此成立宪政编查馆，设在南三所。宣统年间，醇亲王载沣担任摄政王，也以南三所作为起居之地。

▲ 南三所

屏风

屏风指放在室内用来挡风或隔断视线的用具，有单扇、多扇之分，可以折叠，起到分隔、美化、挡风、协调等作用。

清代书法屏风

明末三大疑案之一——梃击案

在慈庆宫尚未改为端本宫时，明神宗万历年间，太子朱常洛便曾将慈庆宫作为东宫，万历四十三年（1615 年）发生了张差持梃企图闯进慈庆宫事件，即梃击案。

当年五月，张差手持木棍闯入慈庆宫，击伤守门太监，太子内侍韩本用闻讯赶到，在前殿逮捕张差。经过御史刘廷元审讯，张差是蓟州井儿峪人，语言颠三倒四，常提到"吃斋讨封"等语。刑部提牢主事王之采认为事有蹊跷，便用饭菜引诱他："老实招供就给你饭吃，不老实就把你饿死。"张差低头，又说："不敢说。"王之采命众人回避，亲自审问。原来张差靠砍柴与打猎为生，在一个月前，张差在济州卖完货后，赌钱输了，结果遇上一位太监，太监说可以带他赚钱，张差随这位太监入京，见到另外一位老太监，老太监给他酒肉。几天

▲ 明光宗朱常洛

后，老太监带他进入紫禁城。老太监给了张差一根木棒，又让他饮酒壮胆，并带他到慈庆宫，叫他进官后见人即打，尤其是穿黄袍者（即太子朱常洛）即为奸人，一定要把他打死。老太监言明，如打死穿黄袍者，重重有赏，如被人捉住，他会救张差。张差供出是受郑贵妃手下太监庞保、刘成指使。

梃击案发生后，郑贵妃惶惶不可终日，向皇帝哭诉，结果皇帝和太子不愿深究，最后以疯癫奸徒罪将张差处以凌迟。张差临死前曾说："同谋做事，事败，独推我死，而多官竟付之不问。"不久刑部、都察院、大理寺三法司前后五次会审庞保、刘成两人，由于人证消失，庞、刘二人有恃无恐，矢口否认涉案。不久，明神宗密令太监将庞保、刘成处死，全案遂无从查起。

不过此事之后，郑贵妃的势力大减，彻底放弃了立自己儿子福王为太子的企图，太子朱常洛的地位更加稳固。数年后，明神宗驾崩，朱常洛即位，是为明光宗。

内阁

内阁大堂是文华殿南侧的一组建筑，其紧邻皇宫南墙，明清两代的内阁就是在这里办公的。在清代，内阁大堂又称"大学士堂"，是清朝大学士直舍，里面主要的建筑有内阁大堂、蒙古堂、汉本堂、满本堂、汉票签房等。核心建筑——内阁大堂坐北朝南，面阔仅三间，上覆黄琉璃瓦。与紫禁城内其他建筑相比，内阁大堂颇为寒酸，这也充分显示了封建社会中对皇权的尊崇。

明清两代，科举的最高等级的考试——殿试结束后，负责评卷的大臣要连续数夜都在内阁留宿，一方面可加快评卷速度，另一方面也是为了杜绝请托作弊。

▲ 内阁大堂

拱门

拱门指上端呈弧形的门，也指门口由弧线相交或由其他对称曲线构成的门。

明代实际上的宰相——内阁

▲ 内阁大学士解缙

在明清两代，内阁是皇帝的秘书班子。明初，明太祖在胡惟庸案之后废除了宰相一职，大权独揽，大小事务均事必躬亲。但人的精力毕竟是有限的，精力再旺盛的皇帝也不可能亲自处理每件事，于是朱元璋开始设置殿阁大学士若干人，作为皇帝顾问，这也是内阁的前身。大学士们的办公场所在中极殿、建极殿、文华殿、武英殿以及文渊阁和东阁。因为这些地方都在内廷，所以明代大学士就被称为内阁学士或内阁大学士。明成祖朱棣当政时，内阁得以制度化，解缙、胡广、杨荣、杨士奇等人成为第一批内阁学士。永乐年间的重大政事，皇帝都会征求他们的意见。

到了明仁宗、明宣宗时期，内阁地位进一步提高，杨荣、杨士奇、杨溥组成的"三杨"内阁显赫一时，他们凭借朝旧臣元老的地位和极深的资历受命辅政，加上皇帝年幼，只得把政务交给内阁办理，于是内阁被赋予了"票拟"大权，就是所有的章奏先由内阁大学士看过，然后用一个小纸条写上处理意见，再送进宫里由皇帝最终决定，这叫作"条旨"。皇帝看过以后把纸条撕了，再亲自用红笔写上意见，叫作"批红"，亦称"朱批"。皇帝批好了交由大臣执行，这就是正式的谕旨。于是，内阁拥有代替皇帝起草批示的权力，其重要地位是可想而知的。但是，最终的决定权还是在皇帝手中。仁宗、宣宗时期，"三杨"以及万历前期张居正的"票拟"差不多都转化为"朱批"的蓝本，在这种情形下，内阁权力就非常大了。

随着内阁权力的不断增大，内阁成员的地位也不断提升，从明朝中后期开始，内阁大学士开始由尚书担任，而这些尚书有的还兼任太保、太傅、少保、少傅等，有很高的政治地位，六部尚书实际上成了内阁的下属。在内阁中，又按地位高低顺序分为首辅、次辅、群辅，首辅"偃然汉唐宰辅，特不居丞相名耳"。于是相继出现了像夏言、严嵩、徐阶、高拱、张居正等没有丞相之名却有丞相之权的"权相"。

到了清康熙年间，内阁的职权转移到了南书房，雍正设立军机处以后，真正的内阁被架空，军机处成为实际的内阁，这种情况一直延续到清末。

东华门

　　东华门为紫禁城的东门，在紫禁城的四门中午门是皇宫正门，不轻易开启；神武门是皇后、嫔妃、宫女们的专用门，门禁较严；西门是皇帝往返西苑及圆明园等地的必经之门；而东华门的功能则比较多，不仅是大臣上、下朝的必经之门，也是匠役的出入之门，另外它还是皇家丧事的出入之门。皇帝若在宫外驾崩，则遗体需由东华门运入大内，在紫禁城治丧后，其梓宫也从东华门送出，运往山陵。正因为如此，东华门在民间俗称"鬼门"，其门上的门钉与其他三门不同，只用八路九颗，内含阴数。东华门外就是热闹的街市，饭馆林立。道光帝经常派人出东华门买烧饼吃。军机章京们下朝后，也经常到东华门外的小饭馆吃点东西。

　　因为出入东华门的人员较杂，所以东华门的门禁也比较松弛。清嘉庆年间攻入紫禁城的天理教徒中就有一队是从东华门攻入的，但由于在东华门前与卖煤人争道，情急之下露出了所藏的兵刃，遂被东华门的守门官兵察觉，立刻关闭东华门，因而只有仅十余人闯入东华门，旋即失败。目前，已开放东华门至午门城墙供游人参观。另外，东华门城楼现有"营造之道——紫禁城建筑艺术展"，可登城领略紫禁城的建筑成就。

▲ 东华门

和珅进《元音寿碟》组印

金嵌珠宝花饰

下马碑

在东华门外矗立着一块下马碑，用汉、满、蒙、藏文等数种文字书写着"官员人等至此下马"。紫禁城作为宫禁重地，严禁骑马入内，明代百官入朝都是在门外下马后步行进入的。清朝初年，开始有亲王、郡王被赐予紫禁城内骑马的特权。康熙帝为了体恤老臣，也允许一些年老重臣可以骑马入内。朝臣得赐在紫禁城内骑马，既是皇帝对大臣的恩遇，也是一种荣典。凡获恩准者，只许骑马而不许乘轿。自东华门入紫禁城者，可骑马至景运门外之箭亭下马；自西华门而入者，可骑马至隆宗门外以南之内务府前下马。到了乾隆年间，凡有资格在紫禁城内骑马者，由吏部于每年年终开列名单奏进皇帝批准，一品以上不论年岁均可享此待遇，侍郎则必须 60 岁以上始能开列，个别侍郎未满 60 岁而蒙赐紫禁城内骑马者为特例而非制度。乾隆三十六年（1771 年）后，又开始允许二品以上且超过 60 岁的大臣乘轿进入东华门，入宫后可一直抬轿到景运门外。原来赐紫禁城内骑马之制逐渐被在紫禁城内坐肩舆（坐轿）或坐车所替代，但赐紫禁城内骑马之制仍存，往往作为一种荣誉赏赐大臣。

▲ 东华门下马碑

刘统勋病逝东华门

刘统勋，山东诸城人，是乾隆中期的大臣，也是刘墉的父亲。刘统勋为官清廉，不结朋党，敢言直谏，勇于任事，在吏治、军事、治河等方面都有显著政绩，因此深得乾隆帝的敬重与信赖。晚年时，乾隆帝命他入值军机处，并享有乘轿入紫禁城的恩典。

乾隆三十八年（1773 年）十一月的某天清晨，天气寒冷，天色未明，家住东四牌楼的刘统勋像往常一样乘轿上朝。当时他已年逾八旬，他早上起来就觉得不太舒服，但他仍然强打精神坐上轿子。当轿子抬到东华门前，轿夫感觉轿子偏了，便停了下来，打帘一看，刘统勋已经不行了。当时乾隆帝正准备朝会，听说之后，立即命福隆安拿着药飞奔急救，但依然无济于事。乾隆帝在乾清门外痛哭流涕，对左右大臣说："朕失一股肱！"为刘统勋治丧期间，乾隆帝亲临祭奠，到其家宅后发现"门闾湫隘"，入室之后"见其俭素，为之恸"。为此乾隆帝大为感动，事后常对近臣说："如刘统勋方不愧真宰相，汝等宜法效之。"

武英殿区域

　　武英殿位于紫禁城的西南部，与文华殿遥相对应，其规制与文华殿类似。武英殿西侧的断虹桥是紫禁城内仅存的元代建筑，桥北的老槐树也是宫中少有的阴凉之地。武英殿北侧是宫中宦官的总署，也是清朝内务府的所在地。武英殿西侧原为自咸安宫迁来的官学，现已改为宝蕴楼，成为文物库房。武英殿南侧的南熏殿则是存放历代帝王像的地方，其周围还有御书处、瓷器库、啷筒处等。

武英殿

武英殿位于外朝熙和门以西，与文华殿遥相呼应。武英殿规制与文华殿相同，也是面阔五间的单檐歇山顶建筑，后侧有廊道通往后殿——敬思殿。正殿东西为凝道殿和焕章殿两座配殿。明朝早期，皇帝斋居、召见大臣都在武英殿，后来则转到文华殿。明末农民起义军领袖李自成曾在武英殿举行即位仪式后仓皇退出北京。清兵入关后，摄政王多尔衮曾在此处理日常政务。后来武英殿也常作为皇帝的便殿，举行小型朝典。康熙后，武英殿始开书局，大量刊刻书籍。乾隆年间，武英殿作为皇家出版地刊印了《武英殿聚珍版丛书》，世称"殿本"。

在武英殿西北方平台上有一处建筑，即浴德堂。此建筑带有鲜明的阿拉伯式风格，有人认为此处为乾隆帝的香妃沐浴之所，实则为印书蒸纸处。

现武英殿被辟为书画馆。

▲ 武英殿

李自成登基武英殿

明末农民战争延续了10余年，崇祯十七年（1644年）三月十八日，李自成的军队攻入北京，当天晚上，崇祯帝在景山自缢。次日中午，李自成身着缥衣，头戴毡笠，自长安西门入承天门，直奔紫禁城，坐上了金銮殿的皇帝宝座。

然而好景不长，李自成虽然占领北京，但镇守山海关的明朝宁远总兵吴三桂仍不投降，并勾结清军入关。李自成被迫迎战。四月二十一日，李自成与吴三桂在一片石激战，在吴三桂与清军联手的情况下，农民军遭遇惨败。四月二十六日李自成逃到京城，手下仅剩三万余人。遭受重创的李自成决定放弃京师，向其大本营——西安撤退（他在西安称帝）。

四月二十七日，离京前李自成决定登基称帝。他没有在太和殿登基，而是选在了武英殿。早在李自成入京后不久，其部下和明朝降官就多次劝他早日举行登基大典。但李自成忙于清点明官财物，没有应允，但已经命人演习登基大典的朝仪了。登基次日，李自成尊封自己的七代考妣为帝后，又怒杀吴三桂家34人。当天深夜，李自成的大队人马离开了京城。二十九日凌晨，最后撤离的军队纵火焚烧了紫禁城和京城门楼，在熊熊火光中一个朝代正式落幕。

多尔衮驾临武英殿

四月底李自成刚刚撤出，五月初二，多尔衮便率领清军进入北京。当时明朝百官传闻吴三桂保护崇祯太子回京即位，遂带领銮驾仪仗齐集朝阳门跪接。不料迎来的却是清军马队，为首的正是多尔衮。明朝百官们顺势请多尔衮乘坐皇帝銮驾，从朝阳门经正阳门进入紫禁城。当时紫禁城几乎已被李自成的军队焚毁，武英殿尚完整。于是多尔衮来到武英殿，并在此发布命令，他宣称清军为仁义之师，进京只是为了替明帝报仇。他又命令诸将入城后不许闯入民宅，对百姓要秋毫无犯，违令者严加惩办。随后多尔衮下令对崇祯帝发丧三日，以皇帝礼安葬，已归顺的明朝旧臣一律升官一级，于是人心始定。

此后，多尔衮便在武英殿处理政事，也正是在这里，他决定迁都北京。当年九月十九，年仅六岁的顺治帝由其母孝庄太后陪伴抵京，住进武英殿。而多尔衮则搬往明朝的南宫，即今日南池子大街的普渡寺。十月初一，顺治帝去天坛祭天，并在太和门又举行了一次登基大典，正式成为统治中国的皇帝。

御道、御路

指专供皇帝走的路。每逢大典，太和殿外的白石台基上跪满文武百官，中间御道两边排列着仪仗，皇帝端坐在宝座上接受山呼。

浴德堂真的是香妃浴室吗

浴德堂位于武英殿院内西北平台上，地处敬思殿西侧。该堂的名称源自《礼记·儒行》中的"儒有澡身而浴德"。该堂为清朝词臣校书的值房，专司刊刻、装潢图书等事宜。浴德堂坐北朝南，面阔三间，黄琉璃瓦卷棚歇山顶，后檐靠西侧接抱厦两间。浴德堂后偏西有北房，面阔两间，黄琉璃瓦卷棚硬山顶。浴德堂东次间后檐辟门，接有砖砌拱券通道，通往后室，通道曲折如同曲尺。后室平面呈方形，上覆穹顶，建筑带有阿拉伯式风格。后室内四壁至顶均贴有素白琉璃面砖，顶部开有一圆窗，后墙筑有铁制壁炉以供烧水用。后室外有锅台，西侧有井亭一座，悬石槽引水入锅，烧水获得的蒸气通入后室内。据考证，这座小室是元朝宫城内遗存的土耳其浴室，相传明朝曾作为皇帝斋祓处。清朝在武英殿设御书处，该室遂改为蒸纸处，用来蒸熏印刷图书时所用的纸张。由于裕德堂的穹顶颇具西域风格，因此一直有传言称其为香妃的浴室，民国年间还有人在此"发现"了香妃画像，轰动一时。但那次"发现"显然并不可信。裕德堂东间确实曾作为贮存西洋药物和花露水的地方，称为露房，这个房间原来确系浴室，但其地处紫禁城外朝，香妃在此沐浴的可能性极小。

▲ 新疆喀什香妃墓

传奇的香妃

民间传说中的香妃，其原型实际上是乾隆帝的容妃。小说中说容妃身体带有异香，"玉容未近，芳香袭人，既不是花香也不是粉香，别有一种奇芳异馥，沁人心脾"。但历史上的容妃是否真的如此，史书并未记载。

容妃是维吾尔族，姓和卓木，史称和卓氏，或霍卓氏，是新疆的宗教贵族。容妃家族与乾隆年间叛乱的大小和卓世代不和，因此清军进攻叶尔羌时，其家族曾配合清军与大小和卓叛军作战。乾隆二十五年，容妃父兄将其献给乾隆皇帝，乾隆帝封她为和贵人，两年后晋封为容嫔，不久又晋升为容妃，容妃在后宫颇受宠幸，乾隆三十年南巡，三十六年东巡泰山，四十三年东巡盛京，容妃都随驾陪伴。乾隆五十三年（1788年）四月十九日，容妃因病去世，年55岁，葬清东陵。二十日，其遗物除陪葬外，按旨赏赐给其他妃嫔、公主、亲属及本宫太监、宫女。乾隆帝的两女儿固伦和敬公主和固伦和孝公主得到了最多的赏赐。

断虹桥

▲ 断虹桥

断虹桥位于熙和门外、武英殿以东。断虹桥的"断虹"之名为俗称，明朝和清朝未见记载。该桥为单拱石券，横跨在内金水河上。断虹桥为南北向，长18.7米，最宽处达9.20米。桥面铺砌汉白玉巨石，桥面两侧的石栏板上雕有穿花龙纹图案，望柱上雕有神态各异的石狮。断虹桥的建造年代尚无定论，有的认为建于明朝初年，有的认为建于元朝。该桥用料考究、装饰华丽、雕刻精美，在紫禁城内各桥之中堪称魁首。

断虹桥以北古槐成林，素有"十八棵槐"的说法，是紫禁城内独具特色的一景，也是紫禁城内知名的古树群。现存的槐树已经不足18棵，但原有风貌仍然可见。相传这些槐树种植于元朝。

月亮门

又称洞门或月门，为中国古典园林与大型住宅中在院墙上开设的圆弧形洞门。

道光帝伤心断虹桥

道光帝即位前以皇子身份住在南三所，在那里生育了长子奕纬。道光帝即位后，对奕纬寄予厚望，但奕纬很不成器，不喜欢读书。上书房的师傅教导他，他不但不听，还经常对师傅不敬。有一天，师傅实在受不了了，就对他说："你现在不好好读书，将来如何做皇帝！"奕纬竟顶嘴道："我要是做了皇帝，第一个就先杀了你！"把师傅给噎得说不出话来，只好跑到养心殿向道光帝告状。

道光帝听后勃然大怒："快去把那个畜生给我叫来！"太监就赶忙把奕纬领到御前，奕纬刚要下跪请安，道光帝不等他跪下，上去就是一脚。这一脚正中奕纬下体，力量又极大，当时奕纬就口吐白沫而不省人事了，数天后不治身亡。对此道光帝后悔不已。

后来有一天，道光帝从武英殿旁的断虹桥经过，突然发现东边栏杆上第四个狮子有些异样，这只石狮子一爪放在头上，一爪护在胸腹之间，表情痛苦，像极了奕纬被踢时的模样。道光帝触景生情，想起了死去的长子，心如刀割，便下令用红布将那个狮子盖住。后来，宫里人纷纷传言，奕纬其实是那只石狮子转世。

西华门

　　西华门坐东朝西，与东华门遥相呼应。西华门外设有下马碑石。西华门和东华门形制相同，平面呈矩形，城台为红色，下有汉白玉须弥座，城台当中辟有三座券门，券洞为外方内圆。城台上有城楼，黄琉璃瓦重檐庑殿顶，基座四周围以汉白玉栏杆。城楼面阔五间，进深三间，四周出廊，梁枋绘墨线大点金旋子彩画。门楼用来安放阅兵所用的棉甲以及锭钉盔甲。西华门西檐下悬挂的"西华门"匾额原来是用满文、蒙古文、汉文三种文字书写，后来减为满文、汉文两种文字，辛亥革命后仅有铜质汉字。

　　由于西华门正对着皇家园林西苑，清朝帝、后游幸西苑、西郊诸园多经西华门出紫禁城。乾隆十六年（1751年）皇太后六十寿辰、乾隆五十五年（1790年）乾隆帝八旬万寿节，西华门以外经西直门至海淀的沿途张灯结彩，预先设立了彩棚乐戏以示庆贺。

▲ 西华门